《孟子》英译本比较研究

刘单平 著

中国社会科学出版社

图书在版编目(CIP)数据

《孟子》英译本比较研究／刘单平著 . —北京：中国社会科学出版社，2022.8
ISBN 978-7-5227-0422-7

Ⅰ.①孟… Ⅱ.①刘… Ⅲ.①《孟子》—英语—翻译—对比研究 Ⅳ.①H315.9②B222.55

中国版本图书馆 CIP 数据核字（2022）第 113180 号

出 版 人	赵剑英
责任编辑	刘凯琳　乔镜蕾
责任校对	闫　萃
责任印制	王　超

出　　版	中国社会科学出版社
社　　址	北京鼓楼西大街甲 158 号
邮　　编	100720
网　　址	http://www.csspw.cn
发 行 部	010-84083685
门 市 部	010-84029450
经　　销	新华书店及其他书店

印　　刷	北京明恒达印务有限公司
装　　订	廊坊市广阳区广增装订厂
版　　次	2022 年 8 月第 1 版
印　　次	2022 年 8 月第 1 次印刷

开　　本	710×1000　1/16
印　　张	18.5
插　　页	2
字　　数	255 千字
定　　价	98.00 元

凡购买中国社会科学出版社图书，如有质量问题请与本社营销中心联系调换
电话：010-84083683
版权所有　侵权必究

前　　言

　　本书是对"中国文化如何有效走出去"的思索及当前中国传统典籍外译面临诸多困境的回应。儒家经典是中国传统文化的重要载体。随着中华文化更主动、更广泛地走向世界，儒家典籍外译本在宣扬中华民族文化，塑造良好国家形象的作用日益凸显。不仅如此，典籍外译本还直接影响到以其为研究对象的海外学者对中国文化的研究和评价，因而必须重视对典籍外译本的研究。

　　作为儒家经典的重要文本，《孟子》继承并发展了孔子的思想，在我国思想文化史上具有重要地位，对世界哲学和文化的发展也产生了较大的影响。但是，纵观不同时期的《孟子》英译本可以发现，无论是传教士还是汉学家的译本，都不能完全准确地传达儒学精神，有意或者无意地误读《孟子》思想的译文较为普遍，因而有必要在宏观视野下对一个世纪以来的主要《孟子》英译本进行比较研究，发掘影响译者准确翻译原文的诸多因素，并探求确保译著准确再现原文内涵的途径。于是在外译的众多中国古代典籍中，选择《孟子》英译本作为研究对象。借助国家图书馆、国内各大高校图书馆以及海外著名大学图书馆的馆藏资源以及网上图书资源，共收集到国内外学者翻译的《孟子》英语全译本、节译本著作15种。在通读之后，选取了理雅各（James Legge）、伦纳德·赖发洛（Leonard A. Lyall）、刘殿爵（D. C. Lau）、大卫·亨顿（David Hinton）和赵甄陶等译者的五种《孟子》英语全译本进行精读。第一轮精读主要是对照《孟子》原文，将五种英译本逐句录入，并仔细分析、认真对比译文，总体把握译本特色。第一轮精读完成后，又对研究对象进行进一步取舍，将最有特色的 3 部英译本，即理雅各、赖发洛和刘殿爵的译本作为最终研究对象，因为它们能够彰显《孟子》英译本的历史和文化"貌相"。从时间上看，理雅各、赖发洛和刘殿爵的《孟子》英译本分别出版于 1861 年、1932 年和 1970 年，可以体现一个世纪以来《孟子》英译本的历史发展轨迹。从译者的身份看，理雅各是来华传教士，尽管他追求忠于原作，其译本也曾被公认为是最标准的翻译版本，但在理解和翻译《孟子》时，通常会受传教士价值观念的影响。他的英译本在一定程度上体现了外国传教士对中国传统文化，尤其是孟子思想的态度。赖发洛作为在华海关洋员，长期在中国内地任职，能够直接接触中国人和中国文化。他的《孟子》英译本能够较为客观地展示普通外国人眼中的孟子形象。赖发洛的《孟子》英译本以简练著称，是对存在了 60 多年、被奉为标准译本的理译本冗长风格的大大改进和挑战。刘殿爵是著名汉学家，精通中国传统文化。他的《孟子》英译本包含了他多年来《孟子》研究的最新成果。译本注释简洁精悍，译文流畅，在许多地方都对先前译文作了改进和创新。2009 年 7 月 27 日，美国总统奥巴马在中美首轮战略与经济合作对话开幕式的致辞中，所引用的"山径之蹊，间介然用之而成路；为间不用，则茅塞之矣"的译文就出自刘殿爵的《孟子》英译本。可见，研究这些不同时代、不同身份译者的《孟子》英译本，可以体会他们对孟子思想的不同认识轨迹，感受他们眼中儒家思想的独特魅力。

研究内容上，学界以往多关注对《孟子》个别译本的分析研究，研究重点也多囿于纯语言学或翻译学领域。本书首次立足于跨文化比较研究的高度，对一个世纪以来的主要《孟子》英译本进行历史学和哲学方面的系统分析。对《孟子》英译本进行历史学方面的研究主要从宏观和微观两个层面展开。宏观方面，将《孟子》英译的历史置于中西文明史和中西文化交流史的宏观背景下，系统研究 16 世纪以来《孟子》英译本在西方世界的传播历程和传播特点，并从时代背景和译者身份出发，将《孟子》英译史概况为传教士以传教为目的的经典翻译和学者以研究、传播中国文化为目的的经典翻译两个阶段。微观方面，选取有代表性的几个《孟子》英译本，从译者的身份、生活经历、学术背景、编排体例等方面进行细致梳理和对比研究，以窥译者的翻译目的、翻译动机，以及译者对译本乃至中国传统文化的态度。通过宏观和微观两个方面的系统梳理，探求传统典籍跨文化传播的一般规律，总结代表性《孟子》英译本的特色，并探究了造成译本不同特色的原因。不仅如此，该书还依托理雅各、赖发洛和刘殿爵的《孟子》英译本，参照当前比较流行的大中华文库版《孟子》以及大卫·亨顿（David Hinton）的《孟子》英译本，探讨了当前典籍英译存的误区，以期可以找到将典籍中包含的传统文化以"准确真实的本来面貌"推向世界的方法。

对《孟子》英译本能否准确再现原文的哲学内涵进行系统分析是本书的重点。该书立足理雅各、赖发洛和刘殿爵的《孟子》英译本，通过系统对比研究，审视英译本能否准确再现原文丰富的哲学内涵。为了准确理解孟子思想，除了大量收集、阅读前人的训诂资料、借助训诂方法了解字词含义之外，还广泛借鉴国内外学者《孟子》思想研究的最新研究成果，对比参照郭店楚墓竹简等地下出土文献。在尽量准确理解《孟子》原文的基础上，逐字逐句对理雅各、赖发洛和刘殿爵的英译本进行对比分析，选取那些能够集中体现孟子哲学思想的章节作为研究重点，关注译者对《孟子》中所包含的哲学思想和文化内涵的理解和译介程度，如仁政和性善论等。同时，重点分析译者对学术界公认的较难理解和存在着争议的章节，如"知言养气"章、"天下之言性"章等的翻译。对存在句读分歧的章节，如"冯妇"章、"山径之蹊"章等，也给出特别关注。

通过对《孟子》英译本进行全方位、系统化的比较，可以发现译本的多样化客观存在、不可避免。但是，承认译本的多样化并不意味着认同译者可以随意发挥、任意诠释原文之意。译本是原文本的化身，不管它如何多变，必须要以原文本作为蓝本和依据，力求再现原文本的思想和文化内涵。"原样理解"永远是跨文化研究孜孜以求的目标。

虽然本书以"原样理解"为追求，以审视英译本能否准确再现原文的哲学内涵为目的，但是碍于笔者自身学术涵养不足，可能无法对《孟子》中所包含的哲学思想理解、诠释得精确到位，对《孟子》英译本的理解评价也可能有偏颇之处，诚愿各位同道专家，不吝赐教指正。

本书得以出版，首先，要衷心感谢我的导师曾振宇教授的悉心指导。本书从选题到定稿，都是在先生的悉心指导下完成的，倾注了他大量的心血。其次，要感谢我的父母的辛苦付出，让我能够全身心投入书稿的写作和修改过程中。再次，要感谢我的先生王承伟自2004年以来始终陪伴在我身边，和我一起积极面对生活、学习和工作中的各种压力和挑战。最后，尤其感谢我的女儿王清若，她不仅让我体会到初为人母的喜悦，还重新激发了我的学术热情，激励我努力成为最好的自己。

目 录

第一章 绪论 ……………………………………………… (1)
  第一节 《孟子》英译研究的意义 ……………………… (1)
  第二节 《孟子》英译本研究现状 ……………………… (4)
    一 中国学者的《孟子》英译本研究 ………………… (4)
    二 海外学者的《孟子》英译本研究 ………………… (12)
    三 古今学者对《孟子》注解及典籍翻译相关
       理论的阐释 ……………………………………… (16)
  第三节 研究对象、研究方法及研究视角 ……………… (18)
    一 研究对象 …………………………………………… (18)
    二 研究方法 …………………………………………… (18)
    三 研究视角及研究内容 …………………………… (20)

第二章 《孟子》在国内外的传播 …………………… (24)
  第一节 《孟子》在国内的传播 ………………………… (24)
    一 汉代:《孟子》地位缓慢上升 …………………… (25)
    二 唐宋时期:《孟子》由"子"升"经" ……………… (28)
    三 元明时期:孟子的亚圣地位最终确立 …………… (31)
  第二节 《孟子》在西方的传播 ………………………… (32)
    一 传教士的《孟子》翻译 …………………………… (32)
    二 学者的《孟子》翻译 ……………………………… (35)

三　《孟子》对西方社会的影响 …………………………（37）

第三章　译者和译本简介 ……………………………………（41）
　第一节　理雅各英译《孟子》 …………………………………（42）
　　一　理雅各其人 …………………………………………（42）
　　二　理雅各的《孟子》英译本 …………………………（45）
　第二节　赖发洛英译《孟子》 …………………………………（49）
　　一　赖发洛其人 …………………………………………（49）
　　二　赖发洛的《孟子》英译本 …………………………（52）
　第三节　刘殿爵英译《孟子》 …………………………………（56）
　　一　刘殿爵其人 …………………………………………（56）
　　二　刘殿爵的《孟子》英译本 …………………………（59）

第四章　《孟子》英译本比较（上） ………………………（65）
　卷一　梁惠王章句上 ……………………………………（66）
　卷二　梁惠王章句下 ……………………………………（76）
　卷三　公孙丑章句上 ……………………………………（90）
　卷四　公孙丑章句下 ……………………………………（115）
　卷五　滕文公章句上 ……………………………………（122）
　卷六　滕文公章句下 ……………………………………（134）
　卷七　离娄章句上 ………………………………………（145）
　卷八　离娄章句下 ………………………………………（162）

第五章　《孟子》英译本比较（下） ………………………（183）
　卷九　万章章句上 ………………………………………（183）
　卷十　万章章句下 ………………………………………（188）
　卷十一　告子章句上 ……………………………………（191）
　卷十二　告子章句下 ……………………………………（199）
　卷十三　尽心章句上 ……………………………………（200）

卷十四　尽心章句下 ………………………………………… (217)

第六章　译本特色及成因 ……………………………………… (220)
第一节　译本特色总结 ……………………………………… (220)
　　一　理雅各的《孟子》英译本特色 ……………………… (220)
　　二　赖发洛的《孟子》英译本特色 ……………………… (226)
　　三　刘殿爵的《孟子》英译本特色 ……………………… (229)
第二节　造成译本不同特色的原因分析 …………………… (232)
　　一　理解阶段影响译者翻译活动的因素 ………………… (232)
　　二　书写阶段影响译者翻译活动的因素 ………………… (234)
　　三　译者的历史性对翻译活动的影响 …………………… (236)

第七章　《孟子》等古代典籍外译的误区分析 ……………… (241)
第一节　利用反向格义，西化《孟子》思想 ……………… (241)
　　一　对《孟子》核心概念的翻译 ………………………… (242)
　　二　对《孟子》思想的译介 ……………………………… (246)
第二节　忽视语义的不确定性，错误传达原文之意 ……… (251)
　　一　囿于字面意思，机械翻译 …………………………… (251)
　　二　轻视训诂，错解词义 ………………………………… (253)
第三节　脱离原始文献，忽视句读分歧 …………………… (256)
　　一　《孟子》"冯妇"章的断句与义理诠释 …………… (256)
　　二　断句分歧与篇章宗旨的表达 ………………………… (259)
　　三　断句分歧与感情色彩的传递 ………………………… (265)

结　语 …………………………………………………………… (268)

参考文献 ………………………………………………………… (273)

第一章

绪　论

第一节　《孟子》英译研究的意义

儒家经典是中国传统文化的重要载体，体现着中华民族文化的灵魂。当前，我国非常重视传统文化的对外传播。国家推动文化传播的努力主要表现在两个方面：一是系统、全面地向世界推出外文版的中国文化典籍；二是在世界各地广建孔子学院，宣传和推广中国的语言文化。基于中西语言的较大差异和外国人学习汉语有诸多困难等现实，典籍外译本自然就构成了传统文化外传的重要手段。现在，越来越多的人开始认识到外译的中国古代典籍担当着承载、宣扬中华民族文化，塑造良好国家形象的重任。中国在译入语国家及其文化中的形象和身份在很大程度上也会受经典作品译文的影响，所以必须重视对典籍外译本的研究。

典籍外译不仅仅是传播中国文化，提升我国"软实力"的重要手段，还直接影响海外学者对中国文化的研究和评价。"海外学者把英译文本看作中国文本本身，把中国概念的英译'对等词'当作中国概念本身，在此基础上对中国文化作进一步的阐释、研究和应用，其研究的走向与结果，跟所凭藉的英译本面貌有着直接而必然的联系。"[①]

[①] 徐来：《英译〈庄子〉研究》，复旦大学出版社2008年版，第3页。

因而必须重视典籍英译本的质量，探求确保译本尽可能忠实于原著的途径，从而为外国学者研究中国传统文化提供尽可能翔实、可靠的资料。

当前国内学术界对典籍西译本的研究主要局限在纯语言学或翻译学领域，从思想文化和哲学角度研究典籍外译本的不多。20世纪50年代，西方学者的翻译研究内容开始发生重大变化。以前的研究都集中在讨论两种语言文字转换层面上的一些问题，此后开始关注文化在翻译中的地位，以及翻译在文化传播中的作用。这一转变虽波及中国学者，但是影响不大。国内译者仍把更多的精力放在文本间的字符转换上，对典籍英译本所承担的文化传播功能重视不够；学者在研究典籍英译本时，也多以利用纯语言学的研究范式对译文的语言风格进行比较分析、讨论得失为主，对典籍中所蕴含的思想文化不甚关注。因而有必要选择当前比较流行的典籍英译本作为研究对象，从跨语言文化角度审视英译本在传播传统文化时面临的各种问题，列举译本在外传过程中对传统文化的误译、漏译现象，并探究造成译本偏离原著的原因，呼吁译者和研究者重视典籍外译本中所承载的文化内涵。

在外译的众多中国古代典籍中，选择《孟子》英译本作为研究对象基于以下原因。

首先，研究《孟子》英译本有助于推动《论语》的研究。《论语》是记载孔子言行的语录体，尽管能集中体现孔子的思想，但多为只言片语，缺乏前后关联和语境联想，因而在理解上多有分歧。与《论语》相比，《孟子》的篇幅更长，对背景交代得更为详尽，便于读者在比较完整的语境下准确理解孟子的思想。孟子是孔子思想的集大成者，将《孟子》和《论语》参照阅读，对理解存在歧义的《论语》内容大有裨益。

其次，研究《孟子》英译本有助于全面系统地传播儒家文化。孟子是第一个将儒家思想理论化和系统化的人。他的影响和地位仅次于孔子，是儒学发展史上承前启后的重要人物。他不仅继承了孔子的思想，还将其发展和理论化；他开创性地提出了性善论的学说，并以此为基础形成了完善的道德修养论；他详细描绘了仁政、德治的政治理想，并以重义轻利为核心为中国人塑造了"富贵不能淫，贫贱不能移，威武不能屈"的大丈夫形象。《孟子》一书还具有较高的文学价值，既生动形象地展示了一幅幅唇枪舌剑的论辩场面，又为后世留下了众多脍炙人口的成语典故。可见，准确译介《孟子》有助于全面系统地传播儒家文化。

再次，对具有代表性的《孟子》英译本进行比较研究，科学总结不同英译本的特点，有助于外国学者和普通读者根据自己的需要选择所需译本。最早把《孟子》翻译成西方语言的人是外国传教士，后来大批西方汉学家和中国学者也纷纷加入，使翻译主体呈现出多元化的趋势。与翻译主体多元化相对应的是译本的多样化。由于译者的身份和生活时代不同，翻译目的和翻译策略有别，对儒家经典的理解和认知程度各异，他们对同一个《孟子》文本的翻译，往往会呈现出不同的特色。对特点各异的《孟子》英译本进行总结，方便读者各取所需。

此外，当前国内学术界对《孟子》英译本的重视和研究相对不足。《孟子》英译本无论在数量还是在研究的广度和深度上都远远落后于《论语》，这与《孟子》在儒学和中国传统文化中的地位不符。《孟子》作为儒家经典的重要组成部分，在我国思想史和文学史上具有重要地位，对世界哲学和文化的发展也产生了较大影响。研究《孟子》英译本对促进中西文化交流具有深远意义，但是当前国内学术界对《孟子》英译本的研究重视不够。

最后，纵观各个时期的《孟子》英译本可以发现，无论是传教士还是汉学家的译本，都不能完全准确地传达儒学精神，有意或者无意地误读《孟子》思想的译文十分普遍。因而有必要选取最具代表性的《孟子》英译本进行全面比较，分析译著对典籍中所包含的思想文化的译介程度，并探求确保译著准确再现原文所包含的思想文化内涵的途径。

第二节 《孟子》英译本研究现状

对《孟子》英译本研究现状的梳理主要从中国学者和海外学者的研究两个方面展开。首先看中国学者对《孟子》英译本的研究。

一 中国学者的《孟子》英译本研究

目前中国学者对《孟子》英译本的研究无论从广度还是深度上讲都相对不足。从收集到的材料看，研究对象多囿于理雅各的《孟子》英译本，内容也主要集中在语言转换机制和效果关联问题上，对译本能否准确再现原文本的思想文化内涵不甚关注。

（一）与《孟子》英译本研究相关的硕博论文和期刊文章

华中师范大学2001届硕士毕业生余敏的学位论文《从理雅各英译〈孟子〉看散文风格的传译》由华先发教授指导。该文以中国古典名著《孟子》和理雅各的英译本《孟子》为样例，将原文与译文的散文风格进行了对比分析，认为理雅各英译的《孟子》在风格上切合于原文，从而证实散文风格是可译的。

四川大学2005届硕士毕业生任伟的学位论文《试论中国译者在汉籍英译中的角色——以〈孟子〉为例》由张基佩教授指导。文章以大中华文库版《孟子》为主线，讨论了大中华文库版《孟子》在翻译中的得与失，以及译本在注释中存在的一些问题。

中国海洋大学2005届硕士毕业生赵文源的学位论文《文化词语的翻译——比较〈孟子〉的两个英译本》由杨连瑞教授指导。该文以理雅各的《孟子》译本和赵甄陶主译的大中华文库版《孟子》为研究对象，列举了八种翻译文化词语的方法，认为这些方法互有短长，在实际的翻译过程中，组合在一起使用才能比较理想地传达文化词语的内涵。

福建师范大学2006届硕士毕业生陈琳琳的学位论文《理雅各英

译〈孟子〉研究》由岳峰教授指导。该文以理雅各的《孟子》英译本为基础材料，从词汇、句法、风格三个层面分析了理氏译本与原文的对等问题，认为理想的译作应在内容、形式、结构、风格上反映原文风貌。

山东大学 2008 届硕士毕业生张静的学位论文《理雅各〈孟子〉翻译研究》由周晓瑜教授指导。作者总结了理雅各的翻译理论及翻译方法，认为理雅各在翻译《孟子》时，能够把传统的儒家释经方法运用到翻译实践中，并提出了儒、耶互补互学的思想，为中国古籍西译奠定了新的指导思想，开创了新的道路。

上海外国语大学 2012 届硕士毕业生李亚丽的硕士论文《〈孟子〉英译研究——两个译本的个案分析》，通过对理雅各和赵甄陶的孟子英译本进行比较，指出译者在翻译经典时应该注意的问题。

曲阜师范大学 2015 届硕士毕业生王美玲的学位论文《阿瑟韦利英译〈孟子〉研究》对孟子中涉及的字义、词义和部分思想进行研究。

内蒙古大学 2016 届硕士毕业生王菁的学位论文《〈孟子〉英译比较研究——以孟子的经济思想为例》则是通过巴斯内特为代表的"文化翻译观"为理论分析工具，采用描写性研究方法，研究比较三个代表性英译本对六个经济话题的英译。

山西师范大学 2017 届硕士毕业生刘艳的学位论文《期待视野下〈孟子〉三个英译本的对比研究》从接受理论"期待视野"的角度对理雅各、刘殿爵以及赵甄陶、张文庭和周定之的《孟子》英译本的差异性进行了比较研究。

华中师范大学 2019 届硕士毕业生陈逸鸣的学位论文《理雅各〈孟子〉译注本的文学诠释研究》围绕文化语词、语言风格、人物形象、美学思想等方面总结了理雅各《孟子》英译本的文学诠释特点。

西北大学 2020 届硕士毕业生谢宏曼的学位论文《从文化翻译理论研究〈孟子〉英译本中文化专有项的翻译》通过分析理雅各、赖发洛和刘殿爵对《孟子》中出现频次较高的文化专有项的翻译情况，为文化专有项的翻译研究提供借鉴。

西华大学 2021 届硕士毕业生张营的学位论文《接受美学理论视角下中国传统文化典籍英译研究——以理雅各〈孟子〉英译本为例》，在分析理雅各的《孟子》英译本的基础上，主张译者应借鉴接受美学理论，注重译入语读者的接受度。

除了上述学位论文，学术期刊上刊登的与《孟子》英译本研究相关的文章主要有：

1995 年，《中国翻译》第 6 期刊登了楚至大的文章《难能可贵与美中不足——评理雅各两段〈孟子〉的译文》。楚至大认为理雅各错误翻译了《孟子》中"楚大夫欲子学齐语"以及"拔苗助长"的故事，并指出对原文理解欠深入和缺乏背景知识是造成误译的原因。

2002 年，洪涛在《聊城大学学报》（社会科学版）第 1 期上发表文章《〈孟子〉英译所涉及的字义问题与文化问题》。他以理雅各和刘殿爵的译文为评论对象，认为在翻译具有独特文化背景的事物时，为了避免曲解原意，有时只能用注释加以补充说明，甚至只能用拼音文字翻译。

2003 年，《聊城大学学报》（社会科学版）第 3 期刊登了洪涛的文章《〈孟子〉辩辞的英译》。作者从句式、意合形合现象和譬喻三个方面探讨了理雅各和刘殿爵在翻译孟子辩辞上的得失，指出在翻译孟子辩辞时亦步亦趋并不是最好的做法，有时应迁就英语的习惯。

2005 年，陈琳琳的文章《析论理雅各对〈孟子〉中些许成语典故的翻译》在《江西科技师范学院学报》第 3 期发表。作者认为，理雅各对《孟子》中些许句子的翻译，特别是对某些成语典故的翻译，依然显示出译者对儒经缺乏融会贯通的理解，存在误解原文或过于刻板僵硬的缺憾。

2008 年，任伟的文章《大中华文库版〈孟子〉文本外注释研究》在《重庆科技学院学报》（社会科学版）第 7 期发表。作者探讨了大中华文库版《孟子》在文本外注释中存在的问题，强调前言、总序部分的翻译处理绝对不能马虎。

2009 年，吴志刚的文章《准确理解原作是典籍英译的关键——理雅各英译〈孟子〉指瑕》在《重庆科技学院学报》（社会科学版）第 5 期发表。作者以湖南出版社 1992 年出版的理雅各英译《四书》为研究对象，指出理雅各的《孟子》英译本是因缺乏对原作的准确理解而发生误译的典型。

2009 年，季红琴的《〈孟子〉称谓翻译中人际功能的丢失与非等值重构》发表在吉首大学学报（社会科学版）第 2 期。文章以大中华文库版《孟子》译本为例，指出文化和语言差异是导致译文丧失原文的人际功能，甚至重构与原文非等值的人际功能的主要因素。

2015 年，刘翌、包通法的《〈孟子〉译本精神构式比较研究》发表在《上海翻译》第 2 期，是一篇以西方现代译论——翻译目的论为视角比较中国典籍《孟子》英译本的论文。

2017 年，何霖生的《〈孟子〉英译的再研究》发表在《中州大学学报》第 3 期。本文详细分析了《〈孟子〉译本精神构式比较研究》所举之例证，质疑其研究手段——以功能派翻译目的论为评判标准，认为以此理论为标准去认定《孟子》英译之优劣有失客观公允。

2019 年，武书敬的《接受美学视域下中国文化典籍〈孟子〉英译研究》发表在《牡丹江大学学报》第 5 期。文章以接受美学理论为指导，在《孟子》英译史的基础上，探讨了《孟子》的英译之道。

2022 年，娄宝翠、赵东阳的《互文性视角下翻译与文化的互动——基于〈孟子〉核心概念英译的考察》发表在《河南师范大学学报》第 3 期。文章围绕《孟子》英译本对《孟子》中核心概念的英译展开，主要探讨了概念译名的互文性特征。

（二）中国学者对译者的研究主要围绕理雅各展开，着重介绍他的生平，评价他的中国典籍译本，肯定他对中国经典西传的贡献

2003年，王辉的《理雅各与〈中国经典〉》刊登在《中国翻译》第2期。作者对理雅各的生平译述作了评介，呼吁更多学人关注这位被忽视、被误解的译经大师。同年，他的文章《理雅各英译儒经的特色与得失》发表在《深圳大学学报》（人文社会科学版）第4期。王辉总结了理氏译本的特色，赞扬了译作忠于原作、贴近原文、善为读者考虑的优点，同时指出理雅各的译本存在明显的时代局限性。

2004年，《集美大学学报》第2期刊登了岳峰的文章《关于理雅各英译中国古经的研究综述——兼论跨学科研究翻译的必要性》。作者通过综述学者对理雅各译本的研究状况，呼吁对历史上多数翻译大师及其译本的研究都应借鉴跨学科的研究范式，以期产生突破性的研究成果。同年，岳峰的《理雅各宗教思想中的中西融合倾向》刊登在《世界宗教研究》第4期。文章分析了理雅各对中国文化诠释和评价上所表现出的中西宗教融合倾向，并探求了这种倾向产生的原因及对理雅各的影响。

2005年，段怀清的文章《理雅各〈中国经典〉翻译缘起及体例考略》在《浙江大学学报》（人文社会科学版）第3期发表。文章指出，就内容而言，《中国经典》的前言多涉及其翻译缘起、翻译方法、体例及相关事宜；就功能而言，则构成了《中国经典》的有机部分。这些文献与"中国经典"一起，共同记录并见证了维多利亚时代一个英国传教士兼汉学家走进中国古代思想文化经典的途径及其跨文化交流方式。

2008年《中国研究》第8期刊登了何立芳的文章《理雅各英译中国经典目的与策略研究》。作者通过分析理雅各的翻译策略与目的指出，理雅各的翻译思想属于一种后殖民翻译理论，基本上做到了

"不背离原作"和"符合译入语习惯"的翻译原则。

2008年，陈可培、刘红新的文章《理雅各研究综述》刊登在《上海翻译》第2期。文章较为全面地梳理了20世纪以来国内外学者对理雅各的研究。

2008年，王东波的《理雅各与中国经典的译介》在《齐鲁学刊》第2期发表。作者简要介绍了理雅各的生平，着重分析总结了理雅各翻译中国经典的特色，并指出理译本存在行文古涩呆板、误解、误译和语篇缺乏衔接等问题。

2010年，何立芳的《理雅各传教士身份与翻译家身份的交叉性解析》发表在《乐山师范学院学报》第9期。本文通过回顾理雅各的中国经典译本，探讨其传教士身份和翻译家身份对译本的交互影响。

2017年，岳峰、余俊英的《理雅各翻译中国古经的宗教融合倾向》发表在《西安外国语大学学报》第2期。文章通过回顾理雅各的翻译实践，指出其翻译内容受到了他的宗教融合理念的影响。

2019年，胡译之的《理雅各眼中的中国及其中国观》发表在《社会科学》的2期。作者认为，理雅各评价中国时的"矛盾"态度是由其传教士和学者的双重身份决定的。

2020年，游贤育的《再论理雅各之"合儒"与柯大卫之"攻儒"——以〈孟子〉译本为例》发表在《中国翻译》第6期。作者在比较理雅各和柯大卫的《孟子》英译本的基础上，集中探讨了传教士译者"攻儒""合儒"的本质与异同。

2022年，张宏雨、刘华文的《"东学西传"视阈下中国典籍的海外传播——基于理雅各跨文化译介的理论品格》刊登在《河南大学学报》第1期。文章指出，"以意逆志"观是理雅各中国经典翻译中的一条重要的译介总纲。

除了上述期刊文章，对本书写作影响较大的学位论文还有如下几篇。

福建师范大学外国语学院教授岳峰是国内首位系统、深入研究英国著名汉学家、伦敦会传教士理雅各的学者。他的博士学位论文《架设东西方的桥梁——英国汉学家理雅各研究》① 客观、系统、多角度、全方位地探讨了理雅各的生平、学术成就和思想意识。岳峰利用掌握的大量一手资料，运用跨学科的研究方法，重点论述了理雅各在传播中国文化，推动中国近代化上的贡献。他对跨学科研究方法的使用以及翻译在文化传播中的作用的强调，启发了笔者对研究方法的选择以及对译者能否准确传达《孟子》文本中所蕴含的哲学思想和文化内涵的关注。

山东大学2008届博士毕业生王东波的学位论文《〈论语〉英译比较研究——以理雅各译本与辜鸿铭译本为案例》由方辉教授指导。王东波对理雅各和辜鸿铭的译本从"信""达""雅"的角度进行了系统的比较，并对两个译本的特色和优劣作了归纳总结。他强调典籍翻译是一项复杂的工程，需要有对原文及其文化内涵的深刻理解和把握，还需要对外语即目的语深厚的造诣。他的写作思路对本论文篇章布局的安排具有较大影响。

（三）与《孟子》英译本研究相关的专著以及对写作具有较大启发的论著

论文集和专著方面，中国学者围绕《孟子》英译本的研究很少，其中最具代表性的论文集是2004年香港中文大学出版的《采撷英华：刘殿爵教授论著中译集》。《采撷英华》编委会将刘殿爵的二十篇最具影响力的英文论文译成汉语，编为一集，便于国内学者了解刘殿爵的主要学术观点及其在典籍英译和中西文化交流上的贡献。论文内容广泛，包含刘殿爵的《论语》《孟子》和《老子》英译本的前言、附录及其在典籍翻译中发现的问题，道家形而上学与柏拉图的形相论的比较研究，儒家经典文本语言的研究等。

最具代表性的专著是李玉良、罗公利的《儒家思想在西方的

---

① 岳峰：《架设东西方的桥梁——英国汉学家理雅各研究》，博士学位论文，福建师范大学，2003年。

翻译与传播》。该书于 2009 年由中国社会科学出版社出版。作者指出，"本书关注的问题主要集中在两点：一是儒家主要经典翻译（主要是英译）的宏、微观状况；二是儒家思想在西方社会的传播状况，以及对西方社会，尤其是当今西方社会的影响状况。"① 该书以《大学》《中庸》《论语》《孟子》和《荀子》的典型英文译本为研究对象，从译本中节选出部分章句进行比较研究，以凸显译文中存在的问题。本书还重点考察了儒家思想的基本哲学概念"仁、义、礼、忠、孝、君子"的含义，并重点分析了英文译本对这些概念的译法能否以及在何种程度上体现了儒家思想的本义。该书的一些观点和内容启发了笔者的研究思路，并对写作提供了许多借鉴。

2008 年，徐来的《英译〈庄子〉研究》由上海复旦大学出版社出版。该书以 1881—2000 年一百余年的英译《庄子》为研究对象，采用"描述性"方法，以翻译的"文化转向"为视角，考察了《庄子》的英译历史及译本面貌，并从文化和文学两方面讨论了典籍英译过程中的共同现象与问题。该书虽未涉及与《孟子》英译相关的内容，但在研究视角和研究方法上给论文写作提供了很好的借鉴。

综上所述，中国学术界对《孟子》英译本的研究多以理雅各的译本为研究对象，研究方法也以利用纯语言学的研究范式对译文的语言风格进行比较分析、讨论译文得失为主。少数学者对跨学科研究方法的强调，以及对《孟子》中核心概念的文化内涵的重视为本文研究方法的改进和研究内容的创新提供了借鉴。中国学者对译者理雅各的研究较为全面，涵盖了其生平、传教事业、宗教思想、译著特点等各个方面。与之相比，他们对译者赖发洛、刘殿爵等及其译本的研究相对不足。

---

① 李玉良、罗公利：《儒家思想在西方的翻译与传播》，中国社会科学出版社 2009 年版，第 11 页。

二 海外学者的《孟子》英译本研究

就目前收集到的资料来看,海外学者对《孟子》英译本的研究更为丰富,涵盖了译者和译本研究、译作评价、关键词翻译、《孟子》哲学思想的译介,以及从比较哲学的角度对中西方传统的思维方式、人格论、社会政治观、天道观和概念论等的研究,其中对本文写作影响较大的文章和著作如下。

1932 年,英国人伦纳德·赖发洛的《孟子》英译本出版。在接下来的几年里,学者们对本书的评论陆续在著名的汉学研究杂志上刊登。

1933 年,《哲学杂志》(*The Journal of Philosophy*)第 30 卷第 26 期刊登了德效骞(Homer H. Dubs)的《评赖发洛的〈孟子〉英译本》(*Review: Mencius by Leonard E. Lyall*)。德效骞认为,赖发洛的译本极大改变了 60 多年来一直被奉为圭臬的理雅各译本的冗长风格。虽然译本在一定程度上恢复了《孟子》原文简练的风格,但有时会带来传意上的不便。例如,在整本书中,赖发洛始终把"仁"翻译为"love",但"仁"有时候更具有"kindness"的含义,暗示上级对下级的和善、亲切。尽管如此,对想要了解孟子的普通读者来说,本书非常值得推荐。①

同年,爱德华(E. Edwards)的《评赖发洛的〈孟子〉英译本》(*Review: Mencius by L. A. Lyall*)发表在《东方研究学院学报》(*Bulletin of the School of Oriental Studies*)。爱德华认为,早期的《孟子》译本多关注汉学家和研究者的需要,而赖发洛的英译本更能引起公众的兴趣。对于普通读者来说,赖发洛的译文可读性更强。但是,赖发洛用同一个英语单词翻译具有丰富内涵的中国文化特有词的做法,

---

① Homer H. Dubs, "Review: Mencius by Leonard E. Lyall", *The Journal of Philosophy*, Vol. 30, No. 26 (Dec 1933), pp. 717–719.

很难实现新译本应比旧译本更清楚表达原文之意的目的。①

1935 年，戴闻达（J. J. L. Duyvendak）的《评赖发洛的〈孟子〉英译本》（Review: Mencius by Leonard A. Lyall）发表在《哲学杂志》（The Journal of Philosophy）第 32 卷第 13 期。戴闻达认为，尽管理雅各的译本非常有名、非常好，但略显僵硬、冗长，并且很难找到，因此需要有新的译本出现。赖发洛在翻译《孟子》时作了大胆尝试。他用通俗易懂的语言翻译《孟子》，使译文对普通读者具有非常大的吸引力。令人遗憾的是，译者对最近几年（指 1935 年之前）汉学家的最新研究成果不是很熟悉，这在其译本中有所体现。②

韦利（Arthur Waley）的《孟子札记》（Notes on Mencius）③ 对研究理雅各的《孟子》英译本大有裨益。1949 年，《孟子札记》发表在《泰东》（Asia Major）上。在这篇文章里，韦利对理雅各的《孟子》英译本的勘误多达 104 处。这些勘误对汉学家理解和研究《孟子》具有很高的学术价值，故香港大学出版社在 1960 年再版《中国经典》时，将之收录其中。

1953 年，卜弼德（Peter A. Boodberg）的《一些儒学核心概念的语义学研究》（The Semasiology of Some Primary Confucian Concepts）发表在《东西方哲学》（Philosophy East and West）第 2 卷第 4 期上。他从语义学的视角系统分析了"君子""德""道""礼""仁""义"等儒学核心概念，在总结现有译法及其弊端的基础上，提出通过创造新词来体现核心概念含义的特殊性。④

1972 年，厄尔·J. 科尔曼（Earle J. Coleman）的《评刘殿爵的

---

① E. Edwards, "Review: Mencius by L. A. Lyall", Bulletin of the School of Oriental Studies, Vol. 7, No. 1 (1933), pp. 203 - 204.

② J. J. L. Duyvendak, "Review: Mencius by Leonard A. Lyall", The Journal of Philosophy, Vol. 32, No. 13 (Jun. 20, 1935), p. 362.

③ Arthur Waley, "Notes on Mencius", Asia Major, new series, No. 1 (1949), pp. 99 - 108.

④ Peter A. Boodberg, "The Semasiology of Some Primary Confucian Concepts", Philosophy East and West, Vol. 2, No. 4 (Jan. 1953), pp. 317 - 332.

〈孟子〉英译本》(Review: Mencius by D. C. Lau) 发表在《东西方哲学学刊》(Philosophy East and West) 第22卷第1期。科尔曼指出，理雅各的译本出现的时间较早，译文中有过时、僵硬晦涩的语言；刘殿爵的译文结构紧凑，用词恰当，擅长用现代英语表达原文内容，因而更容易为普通读者接受。①

《通报》(T'oung Pao) 是国际性权威汉学杂志之一，能及时报道全世界最新出版物的信息，并对其中最重要的著作发表书评。1973年，《通报》上刊登了琼克尔（D. R. Jonker）的《评刘殿爵的〈孟子〉英译本》(Review: Mencius by D. C. Lau)。琼克尔指出，刘殿爵的英译本用词精确，布局合理，连贯性、可读性强，在各个方面都达到了当今学者和普通读者的需求，足以代替理雅各的译本。②

倪德卫（David S. Nivison）是二战后美国哲学界最重要的四位哲学家兼汉学家之一。1980年，他在《东西方哲学学刊》(Philosophy East and West) 第30卷第1期上发表《〈孟子〉翻译研究》(On Translating Mencius) 一文。在本文中，倪德卫首先介绍了译者理雅各、顾赛芬、卫礼贤、兰雅、翟林奈、詹姆斯·威尔、杜百胜、翟楚、刘殿爵的学术背景，接着介绍了各自《孟子》译本的排版效用，最后以准确性为原则，探讨了译文中存在的问题。③

与《孟子》英译本研究相关的专著和论文集如下。

1996年，江苏人民出版社出版了郝大维和安乐哲的《孔子哲学思维》一书。该书由蒋戈为、李志林翻译成中文。虽然本书以孔子为研究对象，但为我们研究孔子思想的集大成者孟子提供了重要借鉴。该书运用比较哲学的研究方法，对西方传统的思维方式和孔子

---

① Earle J. Coleman, "Review: Mencius by D. C. Lau", *Philosophy East and West*, Vol. 22, No. 1 (Jan 1972), pp. 113 – 114.

② D. R. Jonker, "Review: Mencius by D. C. Lau", *T'oung Pao*, Second Series, Vol. 59, Livr. 1/5 (1973), pp. 268 – 272.

③ David S. Nivison, "On Translating Mencius", *Philosophy East and West*, Vol. 30, No. 1 (Jan 1980), pp. 93 – 122.

的思维方式、中西人格论、社会政治观、天道观和概念论进行了系统比较，旨在凸显中西文化的差异，促进不同文化的对话。

2002年，夏威夷大学出版社（University of Hawai'i Press）出版了陈金樑（Alan K. L. Chan）主编的《孟子：背景及解释》（Mencius: Contexts and Interpretations）。该论文集收录了包括信广来、倪德卫、安乐哲等数位儒学家的文章13篇，集中论述了孟子的人性论和道德说。方朝晖指出，该书"代表了美国孟子研究的最新成果"，"出版后在美国几家最权威的汉学或东亚研究杂志，包括《亚洲研究》《中国宗教杂志》《国际中国评论》上都发表了书评介绍"。① 可见，这本论文集在西方具有较大影响。

2006年，江苏人民出版社出版了倪德卫（David S. Nivison）的《儒家之道：中国哲学之探讨》。该书由周炽成译为中文，收集了美国汉学家倪德卫数十年的代表作，集中体现了他研究中国哲学的成果。该书由"中国哲学探讨""古代哲学"和"最近的几个世纪"三部分组成。倪德卫对《孟子·告子上》《孟子·尽心上》中存在问题的探讨、以及对《孟子》主要英译本的评析，为笔者比较理雅各、赖发洛和刘殿爵的《孟子》英译本提供了重要参考。尤其是倪德卫研究《孟子》中特别的段落和关键术语时所使用的方法论，为论文写作提供了重要借鉴。该书的导言将这一方法论概括为以下几个步骤：（1）阅读文本的古典的和当代的各种注。正如倪德卫说明的，人们可以在这些注中发现大量的不一致，它们提示了多种多样的可能的解释策略。（2）阅读文本的不同的翻译。这种阅读通过迫使人们问其他的译者如何得出他们的结论以及为什么它们是站得住脚的而帮助澄清解释上的争议。（3a）就一个关键词来说，要寻找这个词在各种注和翻译中的解释和这个词在其他语境中的出现。（3b）就一些短语来说，要寻找这个词在各种注中的释义和在其他语境中

---

① 方朝晖：《儒学在美国：动向与反思》，http://www.guoxue.com/ws/html/chinassx3/20041102/486.html，2004年11月2日。

有类似句法的句子。(4) 在收集了各种解释假设和证据之后,(在其他所有的东西都相同的情况下) 更喜欢那些能把合理的意义归于文本的解释。(5) 倪德卫方法论的最后一步是:更喜欢那些整体主义的解释,因为它们根据个别思想家的思想整体和思想家的整体知识背景而使文本的一个特定片段有意义。①

此外,根据岳峰的研究,从宗教哲学的角度研究理雅各的译本的国外学者的论著还有:美国学者、香港浸会大学访问教授费乐仁博士(Dr. Lauren F. Pfister) 的《服侍圣人还是闷死圣人——理雅各等〈四书〉译者研究》《理雅各:苏格兰式的现实主义与十九世纪的汉籍西译》《理雅各著述研究的新视点》;美国宾州勒亥大学(Lehigh University, Pennsylvania, USA) 的宗教史专家诺曼·吉拉多特教授(Professor Norman J. Girardot) 的专著《中国文献的维多利亚式翻译——理雅各东方朝圣之行》以及美国学者大卫·哈尼(David B. Honey) 的《神坛焚香:汉学家先驱与中国经典文献的发展》等。②

海外学者的研究不仅在研究方法和研究视角上为论文的写作提供了借鉴,还有利于笔者较快了解国外孟子研究的最新成果以及《孟子》英译本在西方社会的影响力。但也应看到,他们在理解《孟子》文本和传播孟子思想时,有利用西方概念和哲学思想,西化孟子思想的倾向。

三 古今学者对《孟子》注解及典籍翻译相关理论的阐释

在解读《孟子》思想上,宋代朱熹的《四书章句集注》(中华书局 1983 年版)、清代戴震的《孟子字义疏证》(中华书局 1982 年版)、焦循的《孟子正义》(中华书局 1987 年版)、康有为的《孟

---

① [美] 倪德卫:《儒家之道:中国哲学之探讨》,周炽成译,江苏人民出版社 2006 年版,第 4—6 页。

② 岳峰:《关于理雅各英译中国古经的研究综述——兼论跨学科研究翻译的必要性》,《集美大学学报》(哲学社会科学版) 2004 年第 2 期。

微》(中华书局 1987 年版)、杨伯峻的《孟子译注》(中华书局 1960 年版)、《孟子导读》(中国国际广播出版社 2008 年版)、陈器之的《孟子通译》(湖南大学出版社 1989 年版)、陈生玺的《张居正讲评〈孟子〉》(上海辞书出版社 2007 年版),任俊华、赵清文的《大学·中庸·孟子正宗》(华夏出版社 2008 年版)、杨泽波的《孟子与中国文化》(贵州人民出版社 2000 年版)、《孟子评传》(南京大学出版社 1998 年版)、《孟子性善论研究》(中国社会科学出版社 1995 年版)、梁涛的《郭店竹简与思孟学派》(中国人民大学出版社 2008 年版)、杨国荣的《孟子的哲学思想》(华东师范大学出版社 2009 年版)、黄俊杰的《中国孟学诠释史论》(社会科学文献出版社 2004 年版)、徐复观的《中国人性论史》(华东师范大学出版社 2005 年版)、唐君毅的《中国哲学原论·原性篇》(中国社会科学出版 2005 年版)、张岱年的《中国哲学发微》(山西人民出版社 1981 年版)以及冯友兰的《中国哲学史》(中华书局 1961 年版)等,为正确理解《孟子》文本及思想提供了重要材料。

与英译本比较研究相关的翻译理论、英语语言学知识和翻译方法,主要参照了:汪榕培编著的《比较与翻译》(上海外语教学出版社 1997 年版)、尤金·奈达的《语言文化与翻译》(内蒙古大学出版社 1998 年版)、方梦之的《翻译新论与实践》(青岛出版社 1999 年版)、刘宓庆的《当代翻译理论》(中国对外翻译出版公司 1999 年版)、郭建中的《文化与翻译》(中国对外翻译出版公司 2000 年版)、陈福康的《中国译学理论史稿》(上海外语教育出版社 2000 年版)、包惠南的《文化语境与语言翻译》(中国对外翻译出版公司 2001 年版)、潘文国主编的《翻译与对比研究—2002 年汉英对比与翻译国际研讨会论文集》(上海外语教育出版社 2002 年版)、周志培的《汉英对比与翻译中的转换》(华东理工大学出版社 2003 年版)等。

第三节　研究对象、研究方法及研究视角

一　研究对象

本书选择詹姆斯·理雅各（James Legge）、赖发洛（Leonard A. Lyall）和刘殿爵（D. C. Lau）的《孟子》英译本作为研究对象，是因为它们能够彰显《孟子》英译本的历史和文化"貌相"。从时间上看，理雅各、赖发洛和刘殿爵的《孟子》英译本分别出版于1861年、1932年和1970年，可以体现一个世纪以来《孟子》英译本的历史发展轨迹。从译者的身份看，理雅各是来华传教士，尽管他追求忠于原作，但在理解《孟子》内容时，通常会受传教士价值观念的影响。他的英译本在一定程度上体现了外国传教士对中国传统文化，尤其是孟子思想的态度。赖发洛是在华海关洋员，他长期在中国内地任职，能够直接接触中国人和中国文化。他的《孟子》英译本能够较为客观地展示普通外国人眼中的孟子形象。刘殿爵是著名汉学家，精通中国传统文化。他的《孟子》英译本包含了他多年来《孟子》研究的最新成果。可见，研究这些不同身份译者的《孟子》英译本，可以感受他们对孟子思想的不同认识轨迹。

二　研究方法

研究方法的采用与研究对象密切相关。本书的研究对象具有双重身份：一是作为中国古代典籍的《孟子》，二是多样化的《孟子》英译本。要研究《孟子》英译本，首先要对作为儒家经典的《孟子》所承载的思想文化内涵有一个全面、准确的认识。这就需要运用史学的研究方法，充分结合历史背景，探求原文内涵。史学方法的运用，具体表现有三：一是承认《孟子》文本的历史性，运用训诂方法，考证字词之意。《孟子》由古汉语写成，是特定时代的产物。语言文字会随着时间的推移，不断地变化和发展：有些古汉语

字词及其词义逐渐消亡，不为后人所知，有些字词则获得了多种意义。这必定会给后人阅读、理解《孟子》思想造成巨大障碍，因而需要尽可能全面地收集传统的训诂资料，并借助训诂方法，考证字词在《孟子》原文中的确切含义。对于那些存在歧义的训诂资料，则需要从孟子的整个思想体系、当时的社会文化习俗以及《孟子》文本的前后语境等方面综合考证，寻求最佳理解。二是突出译者的历史性，探求译者的身份及其生活的时代背景对译文的影响。在总结译本特色、探求造成译本不同特色的原因时，注重从译者的历史性出发，结合译者生活的时代背景，挖掘造成译本多样化的深层次原因。三是运用范畴史的研究方法，探求《孟子》中核心概念的内涵。孟子的哲学思想是由"仁""义""礼""德""君子"等核心哲学范畴构成，通过研究这些范畴的内涵及意义的历史演变，可以判定译者对这些概念的英译能否以及在何种程度上体现了孟子的思想。

除了史学研究的方法外，比较哲学的方法也是论文写作过程中常用的一种方法。纵观当前比较流行的《孟子》英译本，可以发现，译者为了便于西方读者理解，通常会利用西方哲学和经典教义简单比附孟子思想，这容易模糊甚至抹杀中国文化的独特性，给《孟子》强加上许多不属于中国世界观的内容。因而在对《孟子》英译本进行比较研究时，本书着重突出了中西方哲学和文化的差异，以及借用西方哲学概念和思想翻译《孟子》的危害。

要对《孟子》英译本进行比较，必须具备英语语言学的知识，能够在语言文字的对等转换层面上，分析原文和译文在词汇、句法和风格上的对等问题。比较者不仅要熟练掌握英语的词汇知识、语法知识、修辞知识、语体知识，还要熟悉英语国家的传统文化、宗教信仰、思维方式和习俗。此外，比较者还需要对中西方的翻译理论有所了解。译者的翻译活动，都是在一定的翻译理论的指导下进行的，了解不同的翻译理论，明确不同翻译理论强调的重点，不仅可以迅速捕捉到译本特点，还有助于公正比较、客观评价译本。

除了上述方法外,解读法、对比法、翻译法、综合归纳法、以及逻辑论证法也是本书常用的研究方法。

三 研究视角及研究内容

(一) 研究视角

当前国内学术界对《孟子》英译本的研究,多以理雅各的译本为研究对象,研究内容主要集中在语言文字的对等转换层面上,对文化在翻译中的地位以及翻译在文化传播中的作用不甚关注。因而笔者选择了理雅各、赖发洛和刘殿爵的《孟子》英译本作为研究对象,试图从思想史的跨文化比较角度,对三种英译本进行系统的比较研究,期望能在广度和深度上对前人的研究有所补充。与前代学者的研究相比,本书有两大特色。

首先,学界以往多关注对《孟子》个别译本的分析研究,本书首次立足于跨文化比较研究的高度,对一个世纪以来的主要《孟子》英译本进行比较研究。本书选择的三种《孟子》英译本,分别成书于不同的时期,由不同身份的译者完成。理雅各的《孟子》英译本出版于1861年,代表了外国传教士典籍外译本的最高水平,至今仍被奉为"标准译本"。赖发洛的《孟子》英译本出版于1932年,能够集中体现20世纪上半叶在华海关洋员在推动中国文化外传上的作用。刘殿爵的《孟子》英译本出版于1970年,既彰显了华人学者在推动中国典籍外译上的作用,又反映了20世纪下半叶研究中国问题的西方学者,对提高中国典籍外译本质量的要求。可见,本书选取的三种译本能够较为全面地彰显《孟子》英译本的历史与文化"貌相"。

其次,和以往的研究者从语言学或翻译学角度比较典籍外译本,研究翻译学问题不同,本书从思想史的跨文化比较角度,研究译者对原文中所包含的哲学思想和文化内涵的理解和译介程度。具体表现在:一是尤其关注译者能否准确传递《孟子》文本中所包含的丰富思想和哲学内涵,如仁政德治的治国理念和性善论等;二是重点分析译者对《孟子》中存在争议的章节的翻译,如"知言养气"

章、"天下之言性"章等，在总结前人研究成果的基础上，提出自己的见解；三是特别关注译者对存在句读分歧的章节的翻译，如"冯妇"章、"山径之蹊"章等，并呼吁译者重视阅读原始文献。

（二）研究内容

作为儒家经典的重要文本，《孟子》继承并发展了孔子的思想，在我国思想文化史上具有重要地位，对世界哲学和文化的发展也产生了较大的影响。《孟子》在国内的传播是伴随着孟子地位的崛起实现的，大体经历了汉、唐宋和元明三个历史阶段。《孟子》在西方的传播可追溯至明末清初。传教士最早从事此项工作，后来大批西方汉学家和中国学者也纷纷加入，并最终成为《孟子》西译的主力军。

当前，对《孟子》等国学经典的翻译已经成为向西方传播儒家思想和中国传统文化的重要手段。但是，纵观不同时期的《孟子》英译本可以发现，无论是传教士还是汉学家的译本，都不能完全准确地传达儒学精神，有意或者无意地误读《孟子》思想的译文较为普遍，因而有必要在宏观视野下对一个世纪以来的主要《孟子》英译本进行比较研究，发掘影响译者准确翻译原文的诸多因素，并探求确保译著准确再现原文内涵的途径。

但是，国内学者多从语言学或翻译学角度比较《孟子》英译本，侧重研究翻译学问题，对文化在翻译中的地位以及翻译在文化传播中的作用关注甚少。因而有必要从思想史的跨文化比较角度，对詹姆斯·理雅各（James Legge）、赖发洛（Leonard A. Lyall）和刘殿爵（D. C. Lau）的三种《孟子》英译本进行比较研究，以审视译者对原文中所包含的哲学思想和文化内涵的理解和译介程度。具体说来，通过对三种译本进行全方位、多角度的比较研究，总结译本特色，探讨译本在何种程度上体现了孟子思想的原貌，探求造成译本多样化的原因，寻找把典籍中包含的传统文化以"准确真实的本来面貌"推向世界的方法。

研究译本的宏观内容和结构布局有助于从整体上把握译本的特点，直观体会译者的翻译目的、翻译动机，以及译者对译本乃至中国传统文化的态度,因而有必要对理雅各、赖发洛和刘殿爵的《孟子》英译本的宏观内容和整体编排进行全方位的详细描述,以窥译者对译本的整体定位。译者的身份、生活经历和学术背景不仅会影响他们对原文本思想的解读,还直接决定译本的宏观内容和篇章布局,所以在介绍译本的情况之前,首先对三位译者的生平进行了系统梳理。

在对三种《孟子》英译本的内容进行比较时,重点关注译者对《孟子》中所包含的哲学思想和文化内涵的理解和译介程度,具体表现在:第一,尤其关注译者能否准确再现原文本中所包含的丰富思想和哲学内涵,如仁政和性善论等。第二,重点分析译者对学术界公认的较难理解和存在争议的章节,如"知言养气"章、"天下之言性"章等的翻译。第三,对存在句读分歧的章节,如"冯妇"章、"山径之蹊"章等给出特别关注。

通过对三种《孟子》英译本在编排体例和译文内容两个方面进行比较研究发现,理雅各的《孟子》译本具有两大特色:首先,译本处处彰显学术性,但忽视了普通读者的接受能力;其次,译作始终贯穿着浓厚的基督教精神,译者的传教士印记随处可见。赖发洛的译本特色是过于强调通俗性,削弱了原文的哲学性和思想性。他过于关注原文与译文在语源学上的对应,无法再现原文深刻的思想和哲学内涵。刘殿爵的《孟子》英译本是学术性和通俗性的完美结合。他始终把准确传递孟子思想作为首要任务,在翻译那些含义模糊的语句时,善于将篇章宗旨和孟子的思想体系结合起来理解,因而译本较之前人多有创见。

译本之所以呈现上述特色,原因有三:第一,在理解阶段,译者对字词意义的取舍,直接影响他们对原文句意、乃至章节之意的理解程度和层次;第二,在书写阶段,译者的翻译动机、对目标读者的定位以及对翻译方法和翻译策略的选择,直接决定译本的外貌、内涵和对原文的忠实度;第三,译者的历史性,尤其是译者生活的时代背景是造成译本多样化的深层次原因。

在对理雅各、赖发洛和刘殿爵的《孟子》英译本进行系统比较研究的基础上，参照比较流行的多个《孟子》英译本，可以发现，当前典籍外译的误区大体有三：第一，忽视中西文化的巨大差异，利用西方概念和经典教义简单反向格义中国文化。第二，忽视语义的不确定性，错误传达原文之意。第三，脱离原始文献，轻视句读分歧。因而在翻译《孟子》等中国古代典籍时，应注意以下几点：首先，认识到反向格义的弊端，在原文作者的思想体系和时代背景下探求"其义理之所在"。其次，避免望文生义，在尽可能全面地收集与所译对象相关的训诂资料的基础上，借助中国传统的训诂方法，"考其文词指意所归"。最后，重视对原始文献的阅读，警惕因忽视句读分歧和迷信注释者的权威而造成的误译。

总之，译本的多样化客观存在、不可避免。但是，承认译本的多样化并不意味着认同译者可以随意发挥、任意诠释原文之意。译本是原文本的化身，不管它如何多变，必须要以原文本作为蓝本和依据，力求再现原文本的思想和文化内涵。"原样理解"永远是跨文化研究孜孜以求的目标。

第 二 章

《孟子》在国内外的传播

  《孟子》一书由孟子及其弟子共同编写而成，记载了孟子的言行及其与同时代人的对话，内容涵盖了性善论、民本思想、仁政学说以及天人合一的天道观等。[①] 本章主要关注《孟子》在国内外的传播情况。《孟子》在国内的传播是伴随着孟子地位的崛起实现的，大体上经历了汉、唐宋和元明三个历史阶段。《孟子》西译的历史可追溯至明末清初。最早从事此项工作的人是传教士，后来大批西方汉学家和中国学者也纷纷加入，并最终成为《孟子》西传的主力军。

第一节 《孟子》在国内的传播

  众所周知，孟子是中国历史上地位仅次于孔子的亚圣，但是这一地位的确立和《孟子》在国内的传播并非一蹴而就，而是经历了

[①] 关于《孟子》的作者，大体有三种不同的观点：第一种观点认为《孟子》由孟轲独立完成。东汉赵岐、宋代朱熹持此种观点。第二种观点认为《孟子》是孟轲死后，他的弟子万章、公孙丑等共同记述。持此看法的学者有唐代的韩愈、张籍，清代的周广业等。第三种观点认为《孟子》主要出自孟轲之手，但万章等人也参与其中。司马迁和当代学者杨伯峻等都持这一观点。笔者在此亦采用此种观点。《孟子》一书的详细内容，本书将在第四章和第五章集中论述，此处不再赘言。

一个漫长的历史时期。在中国思想文化史上,《孟子》地位的崛起和在国内的传播大体上经历了汉、唐宋和元明三个历史阶段。

在汉以前,孟子仅仅是百家争鸣中的一派,《孟子》也只是记载孟子言行的一家之私言。孟子生活在战国时期,当时的社会正处在大变革时期,思想界也异常活跃,出现了百家争鸣的局面。当时各家各派纷纷著书立说,宣扬自己的思想主张,《孟子》就是在这一历史环境下诞生的。但是,当时孟子的思想远远不及杨朱、墨翟的言论有影响力和吸引力,就连孟子自己也承认,"天下之言不归杨,则归墨"(《孟子·滕文公下》)。《孟子》在汉以前不仅没有得到广泛流传,而且受到的评价也往往是消极、反面的。例如,在荀子眼中,《孟子》是"邪说""奸言",孟子是"略法先王而不知其统"。① 虽然韩非承认孟子是儒家学派的领袖之一,但在他"儒以文乱法"的价值判断中,孟氏之儒也难以摆脱"邦之蠹(蛀虫)"的命运。②

秦朝建立后,孟子一派的儒家受到致命打击。春秋战国时期形成的思想上"百家争鸣"的盛况,严重阻碍了秦始皇统一思想的需要,并威胁到了秦朝的统治,于是,秦始皇下令"焚书坑儒"。以丞相王绾、博士淳于越为代表的孟子学派,主张分封诸侯,尤令秦始皇、李斯不满,因而孟子一派在"焚书坑儒"中受到的打击尤其大,正如赵岐在《孟子题辞》中所说:"逮至亡秦,焚灭经术,坑戮儒生,孟子徒党尽矣!"③

一 汉代:《孟子》地位缓慢上升

到了汉代,《孟子》地位开始提升。秦朝的速亡给汉初统治者以强烈的震撼,总结秦朝灭亡的教训成为汉初统治者的一项重要任务。

---

① 北京大学《荀子》注释组注释:《荀子新注·非十二子》,中华书局1979年版,第67页。

② (战国)韩非:《韩非子》卷十九《显学》,上海古籍出版社1989年版,第158—160页。

③ (清)焦循:《孟子正义》卷一,中华书局1987年版,第16页。

汉初"三贾"(陆贾、贾山、贾谊)适应时代需要,各自总结秦亡的原因,并提出了使汉朝长治久安的对策。陆贾提出了"马上马下"说,认为可以马上得天下不可以马上治天下,强调"夫谋事不并仁义者后必败"。① 贾山认为:"秦以熊罴之力,虎狼之心,蚕食诸侯,并吞海内,而不笃礼仪,故天殃已加矣。"② 贾谊则提出"攻守异势"说:"然秦以区区之地致万乘之势,序八州而朝同列,百有余年矣。然后以六合为家,崤函为宫。一夫作难而七庙堕,身死人手,为天下笑者,何也?仁义不施,而攻守之势异也。"③ 可见,在总结秦亡教训时,汉初统治者都已经注意到仁、义、礼在国家治理上的重要性,这为以仁义为核心的《孟子》地位的提升创造了条件。

《孟子》在汉代地位的上升主要表现在三个方面:首先,统治者开始注意到《孟子》一书在国家治理上的作用。汉初君臣在总结秦朝速亡原因的基础上,试图从《孟子》中寻求治国安邦的智慧与策略,《孟子》地位开始提升。"陆贾、贾谊、董仲舒的'民者,万世之本',立君为民,与民为仇者、民必胜等等'施行仁政'的主张,都是孟子民贵君轻、民本、仁政说的翻新活用。"④ 东汉的赵岐在《孟子题辞》中曾提到,汉孝文帝时一度设置过《孟子》的"传记博士"。⑤ 虽然随着五经博士的设立而被废置,但表明《孟子》一书中的民本思想和仁政主张开始引起官方的重视。

其次,学者们开始重视对《孟子》的研究。司马迁是历史上第一位为孟子立传的人。他的《史记·孟子荀卿列传》是战国学者的合传,包括战国时期十几位著名的学者,但从司马迁将先秦诸子集合在一起,却以"孟荀"为标题来看,孟子的地位与其他诸子相比

---

① (西汉)陆贾:《陆子·道基第一》,中华书局1985年版,第6页。
② (东汉)班固撰,(唐)颜师古注:《汉书》卷五十一《贾山》,中华书局1999年版,第1782页。
③ (西汉)贾谊:《贾谊集·过秦上》,上海人民出版社1976年版,第3页。
④ 查昌国:《孟子与〈孟子〉》,山东文艺出版社2004年版,第163页。
⑤ (清)焦循:《孟子正义》卷一,中华书局1987年版,第17页。

有所提高。司马迁对孟子尤其尊重，开头便说："余读《孟子》书，至梁惠王问'何以利吾国'，未尝不废书而叹也。曰：嗟乎，利诚乱之始也！夫子罕言利者，常防其原也。故曰'放于利而行，多怨'。自天子至于庶人，好利之弊何以异哉！"① 在这篇包括十几个人的列传中，司马迁独对孟子如此赞叹，可见他对孟子的重视不同一般。在汉代，对《孟子》作注的学者也比较多。据杨泽波研究，"最早为《孟子》作注的是西汉的刘向，其余有程曾的《孟子章句》，赵岐的《孟子注》14 卷，高诱的《孟子章句》，郑玄的《孟子注》七卷，刘熙的《孟子注》七卷"。② 但不幸的是，除了赵岐的《孟子注》，其他注本全都亡佚。赵岐是汉代对《孟子》地位提升贡献最大的学者。他在《孟子题辞》中对《孟子》的内容和作用做了全新评价。他把《孟子》一书的内容概括为："包罗天地，揆叙万类，仁义道德，性命祸福，粲然靡所不载。"③ 此外，赵岐还对《孟子》的作用大加赞赏，认为"帝王公侯遵之，则可以致隆平，颂清庙；卿大夫蹈之，则可以尊君父，立忠信；守志厉操者仪之，则可以崇高节，抗浮云。有风人之托物，《二雅》之正言，可谓直而不倨，曲而不屈，命世亚圣之大才者也"。④ 这是"亚圣"一词最早的出现，为孟子地位的提升和《孟子》的崛起指明了方向。

最后，《孟子》学说在盐铁会议上的运用，表明《孟子》在社会上的影响力增强。盐铁会议是西汉昭帝始元六年（前81年）时召开的一次讨论盐铁专卖等政策的重要会议。在这次会议上，孟子的思想由"迂远而阔于事情"转变为治国理政的重要思想资源。会议的参加者有丞相田千秋、御史大夫桑弘羊及其属吏，还有 60 余名由各郡国选派来的"贤良"和"文学"。会上桑弘羊及政府官员为盐

---

① （西汉）司马迁：《史记》卷七十四《孟子荀卿列传》，中华书局 1982 年版，第 7 册，第 2343 页。
② 杨泽波：《孟子评传》，南京大学出版社 1998 年版，第 456 页。
③ （清）焦循：《孟子正义》卷一，中华书局 1987 年版，第 13 页。
④ （清）焦循：《孟子正义》卷一，中华书局 1987 年版，第 13 页。

铁官营、酒类专卖、均输平准等一系列政府政策与"贤良""文学"反复辩论。桓宽根据当时的会议记录，整理成《盐铁论》一书。从《盐铁论》的内容看，双方尤其是"贤良""文学"们的基本观点多来自《孟子》一书。孟子的学说，尤其是孟子的仁政思想对盐铁会议产生了巨大影响。"贤良""文学"在辩论中把孟子的观点作为自己的理论依据，或间接引用或直接提其言论。盐铁会议成为孟子思想在汉代开始崛起的标志。

二 唐宋时期：《孟子》由"子"升"经"

"孟子升格运动"① 始于唐，基本完成于宋。在这一时期孟子其人其书的地位发生了质的变化，孟子成"贤"、成"圣"，《孟子》也由"子"升"经"。

清赵翼指出："宋人之尊孟子，其发端于杨绾、韩愈，其说畅于日休也。"② 可见，在唐代，此三人对《孟子》地位的提升起过举足轻重的作用。杨绾、皮日休在提升《孟子》地位上的贡献，主要表现在力争以《孟子》开科取士。唐代宗宝应二年（763年），礼部侍郎杨绾上疏请求将《孟子》《论语》和《孝经》列为"兼经"，增为"明经"考试的一个科目。③ 这一提议虽未得到朝廷批准，但开启了《孟子》由"子"升"经"的先声。唐懿宗咸通四年（863年），皮日休又上疏极力要求朝廷将《孟子》作为独立的一经，设科取士。他指出："夫《孟子》之文，粲若经传。天惜其道，不烬于秦。自汉氏得之，常置博士，以专其学。故其文继乎六艺，光乎

---

① 周予同先生在1933年出版的《群经概论》中提出"孟子升格运动"这一名词。(《周予同经学史论著选集》，上海人民出版社1983年版，第289页。)

② （清）赵翼：《陔余丛考》卷四《尊孟子》，中华书局1963年版，第79页。

③ 参阅（北宋）欧阳修、宋祁《新唐书》卷四四，中华书局1975年版，第1166—1177页。

百氏，真圣人之微旨也。"① 在当时的科举考试中，庄周、列子之书是考试的内容，而《孟子》不是。皮日休认为，这种考试内容有违"救时补教"的目的，因而建议在科举考试中，删除庄子、列子的内容，以《孟子》为主。② 尽管他们主张升《孟子》为经，以之开科取士的努力未取得成功，但开启了《孟子》升"经"的先河。韩愈对孟子地位提升的贡献在于他提出了"道统说"，该学说对"孟子升格运动"产生了巨大影响。所谓"道统"，就是儒家之道的传承关系。韩愈在《原道》一文中作了完整的表述："尧以是传之舜，舜以是传之禹，禹以是传之汤，汤以是传之文武周公。文武周公传之孔子，孔子传之孟轲。轲之死，不得其传焉。荀与杨也，择焉而不精，语焉而不详。"③ 在道统说中，韩愈让孟子直承孔子，认为唯有孟子得孔子真传，为孟子升格为亚圣开辟了道路。

到了宋代，随着"孟子升格运动"的继续，孟子道统传人的地位最终确立。宋代君臣对孟子的推崇是《孟子》由"子"升"经"，孟子成"贤"、成"圣"的关键力量。

王安石是宋代通过政治力量推崇孟子的第一人。王安石平生喜好孟子，时人共知。他的弟子陆佃说，王安石"言为《诗》、《书》，行则孔孟"。④ 司马光也说："介甫于诸书无不观，而特好孟子与老子之言。"⑤ 王安石利用政治地位，把尊孟的思想贯彻到了政治实践中。宋神宗时，王安石任参知政事。在他的主持下，全国进行了一场声势浩大的变法运动。王安石认为，原有的科举制度选拔不出真正的人才，难以适应改革变法的需要，因此必须加以改革。神宗接

---

① （唐）皮日休：《皮子文薮》卷九《请孟子为学科书》，中华书局1959年版，第95页。

② 参阅（唐）皮日休《皮子文薮》卷九《请孟子为学科书》，中华书局1959年版，第95—96页。

③ （唐）韩愈：《韩昌黎全集》卷十一《原道》，中国书店1991年版，第174页。

④ （北宋）陆佃：《陶山集》卷十三《祭丞相荆公文》，中华书局1985年版，第146页。

⑤ （北宋）司马光：《司马温公文集》卷十，中华书局1985年版，第244页。

受了王安石的建议，于熙宁四年（1071）春，下诏改革科举制度。《宋史·选举志一》："于是改法，罢诗赋帖经、墨义，士各占治《易》《诗》《书》《周礼》《礼记》一经，兼《论语》《孟子》。"① 也就是说，撤消"明经"，将《孟子》与《论语》列为"兼经"，成为科举考试的内容之一。根据规定，凡参加科举考试的人，《易》《诗》《书》《周礼》《礼记》五经中可以任选一经"修治"，《论语》《孟子》则必须全考，没有选择的余地。从此，《孟子》成为士人、举子的必读之书，在社会上的影响力大增。《孟子》被列为"兼经"，并成为科举考试的必考科目，表明《孟子》的地位与前代相比发生了质的变化。

宋代帝王也积极推崇《孟子》。宋真宗命国子监校勘《孟子》，宋神宗除了接受王安石的建议，将《孟子》列入"兼经"，成为科举必考科目之外，还在元丰六年（1083年）赐封孟子为"邹国公"。② 不仅如此，神宗还在元丰七年（1084年）允许孟子进入孔庙，配享孔子。③ 神宗以后的哲宗、徽宗经常令学士讲解《孟子》，宋高宗甚至根据对孟子的态度决定官吏的任免。可见，宋代君臣对《孟子》的推崇，是《孟子》地位发生质的变化的关键因素。

宋代学者在推尊孟子方面，发挥了极为重要的作用。孟子为道统传人的观点虽由唐代韩愈提出，但直到宋代才被普遍认同。宋初学人在推尊孟子上起着极为关键的作用。欧阳修认为，"孔子之后，惟孟轲最知道"。④ 孙复极力推崇孟子在辟异端、捍卫孔子之道上的

---

① 《宋史》卷一五五《选举志一》，中华书局1977年版，第3617页。
② （北宋）李焘：《续资治通鉴长编》卷三四〇，中华书局2004年版，第14册，第8186页。
③ （北宋）李焘：《续资治通鉴长编》卷三四五，中华书局2004年版，第14册，第8291页。
④ （北宋）欧阳修：《欧阳修全集》卷六七，中华书局2001年版，第3册，第979页。

功绩，认为："孔子既没，千古之下，攘邪怪之说，夷奇险之行，夹辅我圣人之道者多矣，而孟子为之首，故其功臣。"① 在宋初学人的大力倡导下，孟子为孔子道统传人的观念深入人心。

在学术上尊孟的第一功臣，非朱熹莫属。虽然二程是宋代理学家中首先表彰"四书"，并提倡"四书"并行的人，但最终将"四书"稳定下来的人是朱熹。"四书"指《大学》《中庸》《论语》和《孟子》。朱熹将它们作为一个整体进行研究，为《大学》《中庸》作章句，为《论语》《孟子》作集注，并将四书合为一册出版，称为《四书集注》。此后，《四书集注》在社会上得到广为推崇，孟子其人、其书的地位也更加稳固。

《孟子》地位在宋代迅速上升的同时，一股疑孟、非孟思潮也随之相伴而生。但是终宋一代，这一思潮并未产生大的社会影响。《孟子》在中国思想文化史上的地位开始确立。

三　元明时期：孟子的亚圣地位最终确立

《孟子》地位的崛起完成、巩固于元明时期。此时，《孟子》的影响力已经涉及社会生活的各个方面，"'家孔孟，户程朱'是当时学校、家庭、社会的一种普遍文化现象"。②

在元代，《孟子》的地位得到进一步巩固，主要表现在开始以四书设科取士。《四库全书总目提要·经部·四书类一》说："'《论语》、《孟子》，旧各为帙。《大学》、《中庸》，旧《礼记》之二篇。其编为《四书》，自宋淳熙始。其悬为令甲，则自元延祐复科举始。古来无是名也。"③ 这表明以四书设科取士，始于元仁宗延祐年间。《孟子》地位在元代得到巩固的另一表现是元帝对孟子的册封。据

---

① （北宋）孙复：《孙明复小集·兖州邹县建孟庙记》，宋集珍本丛刊，线装书局 2004 年版，第 3 册，第 68 页。
② 查昌国：《孟子与〈孟子〉》，山东文艺出版社 2004 年版，第 158 页。
③ （清）纪昀总纂：《四库全书总目提要》卷三十五《经部三十五》，河北人民出版社 2000 年版，第 914 页。

《元史》记载，文宗在至顺元年（1330）闰七月，下诏册封孟子为"邹国亚圣公"。①

在明代，孟子其人其书的影响进一步扩大。虽然明代的科举题目也出自四书、五经，但四书的地位已高于五经。洪武元年（1368）诏开科举，对制度、文体都有了明确要求。其中，最明显的一个规定就是对圣人之言的阐发要以程朱的注释为依据。四书的传播范围开始遍及中国社会的各个角落，凡是受过私塾启蒙教育的人都能背诵《孟子》。

经过汉、唐宋和元明三个历史时期的努力，《孟子》的影响力不断扩大，从记录孟子言行的一家私言，最终崛起为中国人赖以修身、齐家、治国、平天下的根本。孟子倡导的核心价值观念以及塑造的大丈夫形象，不仅在士大夫阶层广为流行，也逐渐被普通百姓接受，成为规范和约束中国人思维方式和处世态度的标准。

第二节 《孟子》在西方的传播

《孟子》自明末清初开始西传，大体经历了两个阶段：一是传教士以传教为目的的经典翻译；二是学者以研究、传播中国文化为目的的经典翻译。传教士的经典翻译带有明显的宗教倾向，但在客观上传播了儒家思想，激发了西方学者对中国文化的兴趣和研究热情。学者们在翻译时力求客观公正地重现译著思想，但由于受自身的历史性等因素的制约，译文中也不乏误译和曲解文意的现象。

一 传教士的《孟子》翻译

《孟子》一书在西方的传播，首先得益于外国传教士。传教士们来中国后发现，"中国的经典著作对所有的中国人，无论他知识渊博

---

① 《元史》卷七六《祭祀志五》，中华书局1976年版，第1892页。

还是没什么文化,仍旧具有深远的影响,对人们的思想意识仍占据着支配地位"。① 这一发现直接推动了《孟子》一书在西方的传播。

意大利耶稣会传教士利玛窦(Matteo Ricci,1552—1610)是第一位在中国本土将《孟子》译成西方语言的人。1582年,他在葡萄牙殖民势力的支持下来华传教。利玛窦熟知儒家经典,经常在书信和著作中引用《孟子》。1591年,他开始着手翻译四书。在翻译时,他着力寻找基督教与儒家思想的共同之处,试图用基督教教义来诠释儒家思想。该书于1594年完稿,书名为《中国四书》。当他把手稿寄回国后,整个思想界为之轰动。遗憾的是,这一译本未能正式出版,手稿也不幸散失。尽管如此,利玛窦在推动《孟子》西传上功不可没。他激发了传教士翻译中国经典的热情,加速了中国典籍外译的进程。

现存欧洲语言的《孟子》最早译本是意大利耶稣会士罗明坚(Michel Ruggieri,1543—1607)的拉丁文本。罗明坚于1579年到达澳门传教。返回欧洲后,他将《大学》的部分内容译成拉丁文并在罗马公开发表,但是他的《孟子》译本并没有刊行,手稿至今仍保存在意大利国家图书馆。

把包括《孟子》在内的《四书》翻译成拉丁文并出版的是意大利传教士殷铎泽(Prosper Interecetta,1599—1666)和葡萄牙耶稣会士郭纳爵(Ignatius da Costa,1599—1666)。虽然他们翻译《四书》的目的是向传教士介绍儒家思想,方便他们在中国更好地传教,但译本出版后引起了西方学者的广泛关注,在客观上推动了儒学的国际化进程。

1828年,第一本英文版的《孟子》由英国伦敦会传教士柯大卫(David Collie,?—1828)在马六甲出版。与以往传教士的译文相比,柯大卫在翻译时更加客观,较少攻击儒学,因而其译本也相对准确。

---

① [英]麦高温:《中国人生活的明与暗》,朱涛、倪静译,时事出版社1998年版,第59页。

1861 年，伦敦会传教士、英国著名汉学家理雅各（James Legge，1815—1897）的英译《四书》分两卷依次在香港出版，《孟子》英译本收录在第二卷。理雅各是西方汉学研究中里程碑式的人物，美国理海大学教授吉瑞德（Norman J. Girardot）称赞他"开辟了一条专业化的汉学研究道路，结束了西方学者对中国文献停留在业余水平上研究的历史"。[1] 他的《孟子》译本以忠实著称，长期被奉为标准译本。

1877 年，德国人花之安（Ernst Faber，1839—1899）把《孟子》翻译成德文，并在伦敦出版。他的《孟子》译本虽以传教为目的，但具有较高的学术价值。除了翻译《孟子》《论语》《列子》等典籍外，他还用英德文著有《儒学汇纂》《中国宗教导论》等著作，被誉为"十九世纪最高深的汉学家"。

法国传教士顾赛芬（Seraphin Couvreur，1839—1919）几乎翻译了所有的儒家经典。1895 年，他完成了《四书》的翻译。他用法语和拉丁语双语同时翻译《孟子》，力求将原文、音标，以及相对应的法文和拉丁文翻译放在同一页，以方便读者查阅。顾赛芬的译文以直译为主，准确优雅，颇受欢迎。

同善会传教士卫礼贤（Richard Wilhelm，1873—1930）于 1899 年来到中国，并在此后的 25 年里一直在中国传教。1916 年，他把《孟子》翻译成德文。他的译本用词优美，注释比较完备。卫礼贤不仅大量翻译中国典籍，还在法兰克福创立了中国研究所，为传播中国文化做出了重要贡献。

在华的许多传教士"把翻译和研究儒家经典当作其宗教事业的一个重要组成部分，一方面是为了更好地熟悉中国传统文化以及中国人的思维和行为方式，更有针对性地教化其国人；另一方面是为了证明基督教优于儒教，基督教和儒教有相通之处，企图用基督教

---

[1] Norman J. Girardot, *The Victorian Translation of China: James Legge's Oriental Pilgrimage*, Berkeley: University of California Press, USA, 2002, p. 9.

取代儒教"。① 他们翻译的《孟子》通常会具有较为明显的宗教倾向。尽管如此,传教士们的译本在客观上传播了中国文化,激发了西方学者对中国传统思想文化的兴趣。

二 学者的《孟子》翻译

虽然传教士们的《孟子》西译激起了西方学者对中国经典的兴趣,但是他们的译文难以满足那些对中国文化充满好奇、试图深入了解研究的学者的需要。进入20世纪后,学者们成为《孟子》西译的主力军。

1932年,英国人伦纳德·赖发洛(Leonard A. Lyall, 1867—?)将《孟子》翻译成英文。他于1886年来华,在中国海关任职长达41年。长期的中国居住经历使他逐步成长为一个精湛的汉学家。赖发洛的译本以直译为主,用语简洁明快,对普通读者有较大吸引力。

1942年,翟林奈(Lionel Giles, 1875—1958)将《孟子》翻译成英文。他在不列颠博物馆任职四十年,主管东方书籍,因而更容易接触中国典籍。他的《孟子》译本为删节版。《孟子》一书共261节,译文仅保留了138节。译文没有注明所保留章节在《孟子》原文中的位置,也未对删减章节作出说明,这给读者的查阅造成很多不便。虽然存在这一缺憾,但总的来说,他的译本琅琅上口,不失为一篇翻译佳作。

1955年,魏鲁男(James Roland Ware, 1901—1993)的《孟子说》出版。魏鲁男是美国当代著名的汉学家,在哈佛大学远东语文学部主持汉语教学。他的《孟子说》没有脚注,用语形象、生动,对普通读者有较强的吸引力。

1963年,杜百胜(W. A. C. H. Dobson)的英译《孟子》出版。杜百胜是加拿大多伦多大学汉语教授。他在翻译《孟子》时,把原

---

① 杨平:《评西方传教士〈论语〉翻译的基督教化倾向》,《人文杂志》2008年第2期,第42页。

文内容归到七大主题之下。这一编排增强了语义的连贯性,更便于读者理解。

1965 年,西方汉学家翟楚(Ch'u Chai)和其子翟文伯(Winberg Chai)合作出版了《儒家经典》,《孟子》包含其中。译者改变了原文的结构布局,将《孟子》内容概括到四大主题之下。为了便于读者查阅,译者在每一节后面都加括号注明了该章节在《孟子》原文中的顺序。

1970 年,刘殿爵(D. C. Lau)的英译《孟子》出版。刘殿爵是著名的汉学家,他翻译的《孟子》自面世以来,一直被誉为中国典籍英译的典范之作,受到西方汉学界的普遍好评。学者琼克尔(D. R. Jonker)评价本书是"理雅各译本的杰出后继者,在各方面都达到了当今学者的需求,足以代替理译本"。[1] 唐纳德·瓦格纳(Donald B. Wagner)对刘译本的评价是:"在众多可见的《孟子》英译本中,刘殿爵的译本对学生来说似乎是最有用的。刘殿爵既具备使译作严格忠于原著的非凡能力,又能够使译作具有高度可读性。"[2]

1998 年,中国古典诗词和哲学翻译家大卫·亨顿(David Hinton)的英译本《孟子》出版。他用优美、简洁、流畅的语言,为我们展现了《孟子》一书精湛的文学造诣。对于想要了解中国传统文化和孟子思想的普通读者来说,他的译本是一个不错的选择。

近 30 年来,国内学者的汉英对照版《孟子》如雨后春笋般不断涌现。1993 年,由郑训佐今译、赵甄陶等英译的《孟子》由山东友谊出版社出版。1999 年,由蔡希勤今译、何祚康英译的《孟子》由北京华语教学出版社出版。湖南人民出版社于 1999 年出版的赵甄陶、张文庭、周定之的《孟子》是迄今为止最著名的汉英对照版

---

[1] D. R. Jonker, "Review: Mencius by D. C. Lau", *T'oung Pao*, Vol. 59, Livr. 1/5 (1973), p. 271.

[2] Donald B Wagner, *A Mencius Reader*, Copenhagen: NIAS, 2004, pvii – viii.

《孟子》。它隶属大中华文库工程,深受国家重视。今译、英译相互参照,译文通俗易懂是该书的一大特色。大中华文库版《孟子》虽然通篇未见任何注释,但是在传播中国传统文化、忠于原文上做得非常好。楚至大对本书的评价是:"由赵甄陶教授主译的《孟子》一书,由于译者学识渊博,译文质量上乘,比理雅各译本的质量为高,使人感到由衷的敬佩。"[1] 由于赵译本以传播中国文化为主要目的,因而在保持忠于原文的前提下,更关注译文的通俗性和普通读者的接受力。

此外,中国文联出版社于 2006 年出版了金沛霖的汉英对照版《孟子语录》。王恒展的汉英双语版《孟子语录》也由山东友谊出版社于 2008 年出版发行。《孟子语录》收集了大量孟子的名言警句,读起来朗朗上口、铿锵有力,鼓舞了一代又一代中华儿女,成为中华民族精神的重要组成部分。与以往的《孟子》英译本相比,《孟子语录》更能为普通民众所接受,因而流传更广。

纵观学者们的《孟子》英译本可以发现,西方学者以研究中国传统文化为己任,更关注译本的学术价值,但受自身知识体系的制约,译本中通常会出现误读和理解偏差。华人译者,尤其是国内译者以传播、推广中国传统文化为己任,更关注译文的通俗易懂性和准确度,对与译本相关的背景资料和研究成果不甚关注,仅仅满足于完成一个汉英对照版了事。近几十年来,《孟子》英译本的多样化趋势越演越烈。《孟子》在世界的传播,已经突破了汉学家学术研究的领域,走上了更加平民化的道路。

三 《孟子》对西方社会的影响

《孟子》等儒家典籍英译本的西传,在欧洲学术界掀起了一股中国热,激起了西方学者对中国文化的兴趣和研究热情。以《西文四

---

[1] 赵甄陶等英译,杨伯峻今译:《孟子》,湖南人民出版社 1999 年版,"前言",第 26 页。

书解》为例，1687年，该书在巴黎出版。虽然柏应理的翻译目的是帮助即将来华的传教士尽快熟悉中国传统文化，但本书在西方学术界引起了强烈反响。1688年6月，柏尼埃（Francois Bernier，1620—1688）在巴黎的《学术报》上发表评论："中国人在德行、智慧、谨慎、信义、诚笃、忠实、虔诚、慈爱、亲善、正直、礼貌、庄重、谦逊以及顺从天道诸方面，为其他民族所不及，你看了总会感到兴奋。他们所依靠的只是大自然之光。你对他们还能有更多的要求吗？"① 莱布尼茨是最早研究中国文化和中国哲学的德国人。通过和来华传教士的交往以及阅读他们翻译的儒家典籍，他对中国传统文化产生了浓厚的兴趣，并大加推崇："我们从前谁也不信在这个世界上，还有比我们伦理更完善的立身处世之道、更进步的民族存在，现在从东方的中国，竟使我们觉醒了。"他还在《中国近事》序言中建议："鉴于我们道德急剧衰败的现实，由中国派传教士来教我们自然神学的运用与实践，就像我们派传教士去教他们由神启示的神学那样，是很有必要的。"②

以孔孟为代表的儒家思想的西传，对欧洲的启蒙运动也产生过深刻影响。法国、德国的许多启蒙思想家都受到过孟子思想的影响。伏尔泰是启蒙运动无可争议的精神领袖，他通过研究儒家思想，强调人的尊严和地位，反对基督教的荒诞不经。他声称孔子所传授的是"一种毫不招摇撞骗的最纯洁的道德"，"孔子绝非先知，他从不自称受神灵启示，他只承认应不断克己；他只著哲理之书，而中国人也只把他视为哲人……他所说的每一句话，都关联到人类的幸福"。③ 孟子的"民为贵，社稷次之，君为轻"等民本主义思想，也曾一度成为启蒙思想家反对宗教神权和专制王权的有力武器。百科

---

① 马祖毅、任荣珍：《汉籍外译史》，湖北教育出版社2003年版，第36—37页。
② 李晓偲、樊勇：《17—18世纪的儒学西传及其对欧洲哲学的影响》，《昆明理工大学学报》（社会科学版）2008年第10期。
③ ［法］伏尔泰：《论风俗》，转引自许明龙编《中西文化交流先驱——从利玛窦到郎世宁》，东方出版社1993年版，第311页。

全书派的代表人物狄德罗和霍尔巴赫就十分推崇孟子的思想。他们赞扬孟子的仁政思想和以德治国的理念，试图借助孔孟儒学抨击法国的封建神学及专制制度。此外，孟子对农业生产的重视还对法国重农学派的以农为本等主张产生了重要影响。

儒家思想虽对西方国家的思想和文化发展起过不可低估的作用，但影响往往局限在学术领域，对普通民众的吸引力较弱。为了直观了解西方普通民众对儒家思想的了解和接受情况，李玉良和罗公利设计了两套调查问卷，其中第二套问卷主要针对受访者对孔子和孟子的了解程度，现摘录如下：①

问题 / 回答情况	Answer（Y for yes）（回答"是"）	Answer（N for no）（回答"否"）
1. Do you know the Chinese sage Confucius?（你了解中国的圣贤孔子吗？）	33（31.1%）	73（68.9%）
2. Do you know the Chinese sage Mencius?（你了解中国的圣贤孟子吗？）	2（1.9%）	104（98.1%）
3. Have you read or read about Confucius or Mencius in any language?（你读过任何语种的孔子或孟子的著作吗？）	19（17.9%）	87（82.1%）
4. Do you think Confucianism is well known or not in your country?（儒家思想在你的国家里是否广为人知？）	7（6.6%）	99（93.4%）
5. Do you think Confucian cannons such as "filial piety", "benevolence", "sincerity" etc. are constructive to your life?（儒家的"孝""仁""诚"的理念对你的生活有指导意义吗？）	45（42.5%）	61（57.5%）
6. Are you interested in Confucianism?（你对儒家思想感兴趣吗？）	39（36.8%）	67（63.2%）

在接受调查的 106 名西方受访者中，英国人和美国人占绝大多数，此外，还包括加拿大、法国、德国、西班牙和意大利人。据图

---

① 李玉良、罗公利：《儒家思想在西方的翻译与传播》，中国社会科学出版社 2009 年版，第 331 页。

表显示,孟子在西方的传播程度和影响力远远不及孔子。在接受调查的106人中,知道孟子的人仅占1.9%,远远落后于熟知孔子的31.1%。可见,推动孟子思想在西方的研究和传播仍任重道远。受访者对以孔孟为代表的儒家思想也不甚了解,仅有17.9%的人阅读过与孟子和孔子相关的书籍。显然,在当代西方社会,普通民众对儒家思想的关注和了解程度不高。李玉良和罗公利认为:"目前,尚没有以'向西方全体民众全面系统介绍儒家伦理思想'为指向的翻译活动,因而不利于儒家思想在西方的准确传播。"[①] 但笔者认为,现存典籍外译本的学术性过强,对普通读者缺乏吸引力,不关注他们的接受能力才是首要原因。因此,要推动儒家思想在西方社会的传播,应更倾向于走平民化道路。

[①] 李玉良、罗公利:《儒家思想在西方的翻译与传播》,中国社会科学出版社2009年版,第338—339页。

第三章

译者和译本简介

诠释学告诉我们,在诠释经典时,任何诠释者都不可能摆脱自己的前见、前有和前把握。《孟子》是特定时空下的产物,而诠释者"实际上是在他们所处的时代背景、思想氛围以及他们自己的经验之中,来解释经典的意义。这种时代背景,思想氛围以及个人经验,也是特定时空的产物,构成诠释者的'历史性'(historicality)"。[①] 英译者首先是诠释者,在翻译儒家典籍时,会受"历史性"的制约。此外,他们还会受语言因素、预期目标读者、翻译动机以及自身学术背景等的影响。因而,不同的译者即使带着同样严谨的态度翻译同一文本,呈现在读者面前的译本面貌也可能会大不相同。可见,译本的多样化客观存在、不可避免。

译本的多样化首先表现在宏观内容和篇章布局上。译者在翻译《孟子》等具有丰富的思想文化内涵的儒家经典时,并不仅仅满足于简单完成一个汉英对照版,通常会提供原作的详细背景资料,与译本相关的论文、著作等研究成果,以及译者对译著的独到见解。这些内容虽不包含在译本的正文之中,但对了解译文和译本的特点至关重要。研究译本的宏观内容和结构布局能够从整体上把握译本的特点,直观体会译者的翻译目的和翻译动机,以及译者对译本乃至中国传统

---

① 黄俊杰:《中国孟学诠释史论》,社会科学文献出版社2004年版,第57页。

文化的态度。因而本章选择对理雅各、赖发洛和刘殿爵的《孟子》英译本的宏观内容和整体编排进行全方位的详细描述,以窥译者对译本的整体定位。由于译者的身份、生活经历和学术背景不仅会影响他们对原文本思想的解读,还直接决定他们对译本的宏观内容和篇章布局的安排,所以在介绍译本之前,首先对译者的生平进行了梳理。

第一节　理雅各英译《孟子》

一　理雅各其人

理雅各具有传教士和汉学家的双重身份。理雅各的首要身份是具有坚定的宗教信仰和满腔宗教热情的传教士,这在他的生活经历中可窥一斑。

理雅各于1815年12月20日出生在苏格兰阿伯丁郡的哈德利城,父母都是独立教会坚定的支持者和忠实的信徒,因而他在年少时就加入了非国教的独立教会。1831年,他考入阿伯丁大学英王学院,并以该校最高荣誉毕业。由于学习成绩突出,拉丁语教授邀请他担任英王学院的助教,这样他以后就可以自然而然地坐上拉丁语教席,但这也意味着他必须改信国教。为了捍卫自己的宗教信仰,他毅然谢绝了这一邀请。1837年,理雅各考入希伯利神学院(Highbury Theological College)接受系统的神学训练,并产生了去中国传教的想法。毕业后不久,理雅各向伦敦会(London Missionnary Society)提出申请,要求前往中国传教。申请批准后,1839年7月,他带新婚夫人玛丽(Mary Isabella Morison)从英国乘船出发来华传教,但因清政府不许传教士入境而改去马六甲,并担任新教传教士马礼逊(Robert Morrison)创办的英华书院(Anglo-Chinese College)的院长。

1842年是理雅各传教生涯的转折点。在这年签订的《南京条约》,不仅结束了中英两国的战争状态,还迫使清政府割让香港岛,开放广州、厦门、福州、宁波、上海五处为通商口岸。理雅各认为,通商口岸的开放使去中国内地传教成为可能,因而积极主张内迁。伦敦会并未采纳他的主张,而是决定迁往香港传教。1843 年 7 月 6 日,理雅各将英华书院及其中文印刷所迁入香港。他在香港居住 30 余年(1843—1873),始终以传教为首要任务。理雅各在香港的传教工作可以概括为四点:一是以英华书院为依托传播"福音",并试图在中国学生中培养传教士和基督教信徒。他的努力收效不错,1856 年,理雅各在英华书院的学生梁柱臣和传教士一起在澳大利亚维多利亚州建立了礼拜堂。十年后,梁柱臣又在中国内地建立了佛山堂。这是第一个由华人自发自资建立起来的教堂。二是直接传教。除负责英华书院的校务外,他还直接从事传教活动。1848 年,香港与广州传教士开会建立了传教站,理雅各任秘书。传教站规定每三个月聚会一次,协调两地传教事宜。同年,理雅各的四女儿夭折,强忍丧女之痛,他继续乘船去广州传教站商议传教活动,在旅途中不幸遭遇香港数年来最强的一次摧毁性台风,险些丧命。为了更好地在中国人中传教,他还撰写了《劝崇圣书》《新约全书注释》《耶稣门徒信经》等 18 种中文传道册子。他的付出和努力没有白费。理雅各刚到香港时,香港的全部信徒是他从马六甲带来的几个基督徒,但到 1870 年,仅经他受洗的基督徒数就多达 272 人。三是筹建教堂。在 1844 年的第二个安息日,理雅各开设了伦敦会的第一座华人礼拜堂。同年 8 月,他又建议修造一所使用中英文传道的教堂。该教堂于 1845 年建成,理雅各长期担任牧师。此外,他还在香港太平山与湾仔筹建了两所教堂。四是翻译儒家经典。在传教过程中,理雅各逐渐认识到,"系统翻译儒家经典的工作是必要的,因为它可以使世界了解中国,尤其是可以使我们在中国的传教工作知己知彼,从而收到永久成效"。①为了更好地在中国传教,他开始翻译儒家经典。

---

① Ride, Lindsay, "Biographical Note", in James Legge, *The Chinese Classics*: *with a Translation*, *Critical and Exegetical Notes*, *Prolegomena*, *and Copious Indexed*, Vol. I, Taipei: SMC Publishing Inc., 2001, p. 1.

作为汉学家的理雅各。虽然理雅各来华的目的是传教，但逐渐被中国传统文化吸引，并最终由传教士逐渐成长为精湛的汉学家。理雅各抵达香港后，并不能适应当地的水土，身体健康开始出现问题，不得已于1845年返回苏格兰。虽然在香港待的时间不长，但他对中国的兴趣与日俱增。1848年4月，在返回香港的路途中，他在日记中写道："我不是作为一个哲学家看中国，而是以哲学的眼光看中国。中国对我来说是伟大的故事，我渴望了解其语言、历史、文学、伦理与社会形态。""有凭可查的历史可以追溯到什么时候？中国人起源何处？""释道儒的真实面目是什么？""华人崇拜什么？其伦理体系究竟是什么？"① 他认识到要解决这些问题，就要从中国的传统思想，尤其是儒家经典中找到答案，因而一边传教，一边着手翻译儒家经典。

1861年，理雅各独自完成的英译《中国经典》分1、2卷依次在香港出版。其中，《论语》《大学》和《中庸》收录在第1卷，《孟子》收录在第2卷。1863年，王韬乘船来到香港，此后一直协助理雅各翻译五经。1865年，《中国经典》的第3卷《书经》与《竹书纪年》，1871年，第四卷《诗经》（分两册），以及1872年第五卷《春秋》与《左传》也陆续在香港出版。1885年出版的《礼记》是王韬协助理雅各出版的最后一本书。此外，理雅各还翻译了《孝经》《易经》《道德经》《庄子》等中国古代典籍。在谢世前的两年，理雅各还翻译出版了屈原的《离骚》。虽然理雅各翻译中国经典的最初目的是为了更好地传教，但随着对中国文化的不断深入了解，他已经深深地迷上了中国文化。

系统翻译中国经典所产生的巨大意义和深远影响远远超过了理雅各的初衷。首先，典籍英译奠定了理雅各英国汉学第一人的地位。1876年，牛津大学聘任他为首任汉学教授。在牛津教学期间，他

---

① 岳峰：《架设东西方的桥梁——英国汉学家理雅各研究》，福建人民出版社2004年版，第152页。

除了致力于在学生中宣传和推广中国传统文化外，还成功说服外交大臣，让那些去缅甸和中国工作的人到牛津大学学习初级汉语。学生们都很喜欢他开设的汉学教程，好多学生甚至毕业后也一直和他保持着密切的书信联系，向他请教中国传统文化方面的问题。除了潜心教学，他还笔耕不辍，每天工作12小时以上。《孝经》《易经》《道德经》等中国古代典籍的翻译工作都是在牛津教学时完成的。其次，理雅各的典籍翻译大大推动了英国朝野对中国学术研究的重视。1876年，理雅各凭借在典籍翻译以及汉学研究上的成就，成为第一个荣获法兰西学院儒莲汉籍国际翻译奖的人。"儒莲奖"被称为汉学界的诺贝尔奖，理雅各的获奖使越来越多的学者开始把学术研究的重点转向中国传统文化和中国古代文明。

除了翻译中国典籍，理雅各在汉学研究方面的成就集中体现在24项论文、书评、讲稿与小集子上。其中最具代表性的有：《致缪勒函：有关中国人称帝与上帝》（*A Letter to Professor Muller on the Chinese Terms Ti and Shang-Ti*）、《帝国儒学讲稿四篇》（*Imperial Confucianism*）、《扶桑为何及在何处？是在美国吗？》（*What and Where was Fu-Sang? Was it in America?*）、《中国编年史》（*Chinese Chronology*）等。

可见，理雅各的一生是由传教士走向汉学家的一生。虽然他翻译儒家经典的初衷是为传教服务，但是对中国古代经典的系统翻译成就了他，不仅为他赢得了法兰西学院儒莲奖、爱丁堡大学法学博士荣誉学位等众多荣誉，还牢牢奠定了他英国汉学第一人的地位。[1]

二 理雅各的《孟子》英译本

作为汉学家的理雅各，在西方学术界广受推崇，他的《孟子》

---

[1] 理雅各在汉学研究方面的成就集中体现在24项论文、书评、讲稿与小集子上。参见岳峰《架设东西方的桥梁——英国汉学家理雅各研究》，福建人民出版社2004年版，第315页。

英译本也被学者们当作研究孟子思想的原始资料，自1861年首次出版后不断重印。本书选择的《孟子》英译本由多佛出版社（Dover Publication）于1970年出版。从编排体例和宏观内容看，理雅各的《孟子》英译本完全具备了权威、严肃的学术作品的特征，体现了译者的谨慎和认真。译本由"卷首前言""学术绪论""译本正文""页下注释"和"书后索引"五部分组成。其中"学术绪论"和"书后索引"是该书的两大亮点。

"学术绪论"分四大章，共计123页。如果说"译本正文"给我们展示了作为翻译家的理雅各，那么"学术绪论"则让读者领略到了汉学家的渊博。"学术绪论"的内容丰富多彩，有助于读者理解与译本相关的历史、文化、人物，从而更深入、全面地认识译本。

"学术绪论"的第一章主要介绍了前代学者对《孟子》的研究以及孟学史上的一些疑案，包含四个方面的内容：第一，通过旁征博引证明在汉代以前，《孟子》就已流行，并被负责收集古典文学作品的学者所珍视；第二，详细介绍了东汉赵岐的生平及其对《孟子》的注解；第三，简要介绍了汉代以后其他学者如孙奭、朱熹等对《孟子》的注解和研究，并肯定了清代，尤其是焦循在《孟子》研究上的贡献；第四，记录了孟学史上一些存在争议的问题，如《孟子》的篇数、作者等，并简要介绍了《孟子》由子升经的过程。在这一章，理雅各从不同角度对《孟子》进行了宏观介绍，便于读者从整体上把握译著的基本信息。

"学术绪论"的核心是第二章，主要介绍了孟子的生平、思想及其弟子的相关情况，包含三个小节。第一节主要介绍孟子的生平。史书上的相关记载非常简单，尽管可以从《列女传》中得到较多信息，但理雅各认为它们更像传说而非历史，不值得信赖，因而得出"我们对四十岁之前的孟子几乎一无所知"[①]的结论。不过他根据

---

① James Legge, *The Works of Mencius*, New York: Dover Pub., Inc, 1970, pp. 19 – 20.

《孟子》一书的内容，勾勒出了孟子游说诸侯的大体路线和时间顺序，便于读者系统把握孟子后半生的言行。

理雅各在第二节概括介绍了孟子的影响和主要思想，并表达了他对孟子的看法。他将孟子的思想概括为：在治理国家上强调民贵君轻，认为君臣关系的依据是天意，贵戚有权免职不肖君主；重视个人德行的修养，强调仁政的重要性，认为富民、教民是仁政的两大内容；强调社会分工的必要性，主张由知识分子统治政府等。理雅各还花费大量笔墨介绍了孟子的人性论思想，并指出孟子人性向善的观点不违背基督教教义，可以被传教士用来向中国人传播福音。为了让读者更全面地理解孟子的人性论，他还在附录中列举了荀子的性恶篇以及韩文公的原性篇进行对比。但他曲解了孟子关于人性的论述，从《孟子》文本出发，可以断定孟子所谓的"人性善"其实是"人性本善"而非"人性向善"。

理雅各不仅曲解了孟子的人性论，还以基督教教义为依据，批判孟子学说"缺乏《启示录》所包含的内容，不知道'罪恶借着一人进入了世界，死亡借着罪恶也进入了世界；这样死亡就殃及了众人，因为众人都犯了罪'"。[1]他还从宗教的立场出发，批判孟子不爱上帝，不能看到上帝的启示，从而导致人类对上帝义务的缺失。他认为，在中国，宗教虔诚以礼的形式出现，但仅仅是走过场，没有实质。而且，在孟子那里，仁、义、智都先于礼，这与《圣经》反复强调"敬畏上帝耶和华是智慧的开始"不符。通过介绍、评价孟子的主要思想，理雅各指出，作为道德家和政治家，孟子的思想存在一些重要的缺陷：例如，忽视上帝的启示，没有看到人类对上帝的义务；从来不考虑未来是什么样子的，也没有想过死后会怎样；没有思考过皈依上帝，寻求更多的光芒；也没有认识到人的弱点。他还指出，孟子犯了和孔子同样的错误，除了知道自己的国家，不了解其他伟大而独立的国家。在第三节，理雅各简要列举了孟子的

---

[1] James Legge, *The Works of Mencius*, New York: Dover Pub., Inc, 1970, preface.

主要学生。

"学术绪论"的第三章主要介绍了杨朱和墨子的观点。之所以要单独介绍此二人，是因为孟子曾多次批判他们的思想，并以"辟杨墨"为己任。他认为，孟子对杨朱的批判只能将人们从心灵的黑暗处，引向模糊的教条和不完美的圣人先例。他强调，如果孟子相信上帝，了解上帝的意志，就不会在抨击杨朱上如此不得力。但理雅各认为，孟子不应该如此猛烈地抨击墨子。他详细介绍了墨子的"兼爱"和"节葬"，并把墨子、孔子、孟子的思想与基督教教义作了比较，认为这些思想家的理论都存在不足之处。

在"学术绪论"的第四章，理雅各增补了再版时新参阅的训诂资料和其他外文译著。由于他在《中国经典》第一卷已经列出了参考书目，因而没有在《孟子》译本中重复列举，仅仅做了适当的补充说明。

"书后索引"泛指书后附件，可方便读者检索、快速定位文献信息。理雅各的书后索引包括主题词索引、专名索引和字词索引三大部分。《孟子》一书中的同一主题词往往分散在不同篇章的句子里，而篇后的主题词索引可以将散落各处、出现在不同句子中的主题词归纳在一起，既方便读者对不同性质的主题词进行归纳区分，又可以加深他们对同一词语的不同词性和意义的理解。专名索引不仅可以帮助读者了解文中出现的人名、地名、山名等专有名词在译文中的位置，还方便他们理解这些名词的基本词义。字词索引按部首笔划排列，不仅标出了字词在译文中的位置，还注明了汉语读音、词义以及相关词语。显然，理雅各试图让它承担小型汉语字典和索引的双重功能。这一索引对那些试图深入学习和研究儒家经典的人非常有用。《孟子》等儒家经典的内容博大精深，完备的书后索引不仅可以帮助读者快速了解书籍的内容，而且可以凸显作者的严谨性和书籍的学术性。

注释的篇幅甚至超过译文本身是理译本在篇章布局上的又一显著特点。凡是接触过理译本的读者，不论他是知识渊博，潜心研究儒家思想的汉学家，还是对中国传统文化知之甚少、仅仅为了满足饭后消遣的普通读者，都会对译本所包含的冗长注释印象深刻。理译本篇下注释的内容大体可以概括为以下几点：（1）概括篇章宗旨。《孟子》一书共 261 章，在每一章节下面，理雅各都会选择用简短的话语概括本章的主要内容。（2）详细解释对理解文意至关重要的关键字词及专有名词。（3）全方位介绍西方人不熟悉的中国传统文化和习俗。（4）标出关键字词的读音和声调。（5）指出引文出处，便于读者对照查询。这些丰富、冗长的注释虽然有助于确保译本的准确性，但有越俎代庖之嫌，容易干扰读者的阅读思路。

理雅各的《孟子》英译本在排版上也凸显了译者的细心和周到。为了方便读者对照阅读，理雅各力求将原文、译文和注释安排在同一页。同时，为了利于读者理解，他还将原文中较长的篇章，分为若干小节，并在译文中用相同的序号与之对应。

理雅各的双重身份在《孟子》英译本的宏观内容和篇章布局中都有所体现。传教士的价值观念根深蒂固，影响着他对孟子思想的理解和评价，这在学术绪论中他对孟子的求全责备上体现得尤为明显。作为汉学家，理雅各具备深厚的学术功底，拥有谨慎、务实的学风，因而在翻译《孟子》时，试图通过详尽的注释、丰富的学术绪论和完备的书后索引来突出译本的学术价值。

第二节　赖发洛英译《孟子》

一　赖发洛其人

当前国内学术界对译者赖发洛及其《孟子》英译本的研究非常少，关于他的生平几乎没有什么详细记载，仅仅在《近代中国海关洋员概略》《全球化视野：中国海关洋员与中西文化传播（1854—1950 年）》以及《中国海关密档》中略有提及。笔者仅能根据当前掌握的资料，对其生平略作介绍。

  英国通过发动鸦片战争，侵占了我国的关税自主权，导致中国海关被迫大量聘用洋员。海关洋员的"'使命'就是代表列强来强制、监督中国政府履行条约义务的。他们名义是中国雇员，实际上是为维护和扩大资本——帝国主义国家利益参加中国海关工作的"①。英国人赖发洛就是在这一大的时代背景下，以海关洋员的身份来到中国的。他于1886年来华，在北京学习汉语9个月，后到芜湖、汕头、打狗（高雄市）、上海、汉口、南京、沙市（荆州市）、大连、思茅（普洱市）等地任职。他是海关总税务司罗伯特·赫德已故好友赖阿洛的弟弟，因而受到赫德的格外照顾，被提拔为上海二等帮办后班。但赖发洛在中国的生活并不十分得志，正如赫德所说，"我刚把赖发洛提拔起来，让他主持关务的时候，他的身体便不行了。几年以前，我刚挑选他作录事司时，他却在南院卷入一场争吵。真是祸不单行！"② 赖发洛一生绝大部分时间是在中国度过的。他被任命到中国海关任职时年仅17岁，此后在中国海关工作长达40年，但就目前收集到的档案资料看，关于他作为海关洋员的作为的记载主要围绕三个方面展开。一是推动和资助中国学生留学，"到民国时期，如1919—1925年英籍职员赖发洛任海关税务司期间，作为当时林业基金委员会（Forestry Fund Committee）主席，经常在海关税务司办公室召开委员会会议，讨论资助学生出国学习等情事"。③ 二是推动关税改良。中华民国成立后，他受聘于民国第一任民选总理兼财政总长熊希龄，积极推动财政部关税改良工作。三是推动上海东移。他根据自己掌握的资料和实地考察，推动上海东移规划。

---

  ① 文松：《近代中国海关洋员概略——以五任总税务司为主》，中国海关出版社2006年版，第4页。
  ② 陈霞飞主编：《中国海关密档 赫德、金登干函电汇编（1874—1907）第7卷1900—1907》，中华书局1995年版，第9页。
  ③ 詹庆华：《全球化视野：中国海关洋员与中西文化传播（1854—1950年）》，中国海关出版社，2008年，第200页。

20世纪二三十年代，上海港已跨入了国际贸易大港的行列，许多有识之士开始提出上海港"东移"规划，赖发洛也是东移的支持者。根据海关档案资料，"1920年2月5日'江海关税务司赖发洛呈现总税务司安格联'"一文，赖发洛曾提出"在上海外高桥设立自由区的建议"。[①]

虽然赖发洛以海关洋员的身份来华，但在翻译中国古代典籍方面建树颇多。正如詹庆华所说，"19世纪中叶至20世纪上半叶，在中国海关任职的洋员自觉或不自觉地扮演了'东学西引'的桥梁，又一次为西方世界撩开了东方中国的帷幕，使西方世界感悟到中国古老文明的神韵，从而促进了国际汉学研究的发展。"[②] 赖发洛就是这些海关洋员中的佼佼者。他在工作之余，首先将儒家经典《论语》、《中庸》和《孟子》翻译成英文。早在1909年，赖发洛的《论语》就由伦敦朗曼斯·格林公司出版。今天较为容易找到的《论语》译本是1925年的第二版和1935年的第三版。除《论语》外，他英译的《中庸》和《孟子》也分别于1927年和1932年在伦敦出版。赖发洛的目标读者是英国的普通民众，因而更偏向选择用他们熟悉的简短词语直译原文。他不仅翻译儒家经典，还于1934年出版了现代世界丛书《中国》、协助德国人赫美玲（Karl E. G. Hemeling）编写了《英汉国语词典》，以方便外国人了解、熟悉中国的传统文字。

赖发洛是英国侵华利益的维护者，代表英国国家利益来参加中国海关工作。他在工作之余对中国传统典籍的翻译，客观上推动了"东学西渐"的进程。

---

① 张耀华：《上海港口、上海海关发展简史》，《上海地方志》2000年第3期，http：//www.shtong.gov.cn/node2/node70393/node70403/node72483/node72493/userobject1ai81148.html.

② 詹庆华：《全球化视野：中国海关洋员与中西文化传播（1854—1950年）》，中国海关出版社，2008年，第330页。

二 赖发洛的《孟子》英译本

赖发洛的《孟子》英译本在英语世界很受欢迎,曾多次再版。本书选取的英译本由伦敦朗曼斯·格林公司于1932年出版。该译本由"序言""目录""学术前言""译本正文""注释"和"索引"组成。译本虽具备学术性的编排体例,但从宏观内容看,它的"通俗性"远远大于"学术性"。

赖发洛在序言中曾对译文特点做过简要说明。他首先表明自己的翻译原则:"尽可能逐字翻译原文,如果难以做到,会在注释中给出直译。"① 其次,他指出翻译《孟子》中特有文化词语的方法:"通常会坚持把汉语中最重要的概念统一翻译为同一个英语单词。例如,把'仁'统一翻译为'love','君子'翻译为'gentleman','道'翻译成'the Way','义'翻译成'right'(尽管有一两次翻译成了'justice')。唯一例外的是'礼',当表示有礼貌的态度和端正的行动方式时,会把它翻译为'good form';当突出谦恭有礼时,将之译为'courtesy';有时选择'ceremony'来表示典礼、仪式。"② 最后,他列举了翻译《孟子》时所参考的权威资料。译文中提到的地名、人名信息大部分摘录自中国人对《孟子》的注解,时间则取自正规的出版物,如夏德(Hirth)的《中国古代历史》(Ancient History of China)、欧森南(Oxenham)的《中华帝国历史地图》(Historical Atlas of the Chinese Empire)。在翻译时,赖发洛还充分借鉴了已有的《孟子》外译本,如理雅各的英译《孟子》,卫礼贤的德文版《孟子》以及顾赛芬的法文版《孟子》。译本序言表明,赖发洛试图通过逐字翻译再现《孟子》原文简练的风格。与理译本庞杂的脚注不同,赖译本仅有少许简要的注解。在翻译《论语》时,他曾对此作过说明:"既然我的对象是英语读者,太长的无关注释只

---

① Leonard A Lyall, *Mencius*, London: Longmans, Green and Co. 1932, preface.
② Leonard A Lyall, *Mencius*, London: Longmans, Green and Co. 1932, preface.

会显得格格不入。"①

　　虽然注释不多，但赖发洛的《孟子》英译本却拥有最详尽、最清楚的目录。赖译本的目录多达 8 页，读者仅需翻阅它，就可以清楚地知道《孟子》一书共有多少篇，每篇有多少章节构成，各章节的主要内容是什么。他还明确标出了各章节在译本中的位置，便于读者轻松查阅自己感兴趣的内容。他拟定的章节标题短小精悍且富有吸引力。例如，赖发洛将《孟子·离娄上》第 18 章冠以"为什么君子不教育自己的儿子"，把《孟子·公孙丑下》第 3 章命名为"什么时候可以接受礼物"。以疑问句作标题，容易激发读者的好奇心，勾起他们的阅读兴趣。赖发洛拟定篇名的原则大体有三：一是以每节首句为篇名。当不同章节的内容首句相同时，以首句加讨论话题为篇名。如他将《孟子·梁惠王上》第 1 章命名为"孟子见梁惠王"，将第 2 章命名"孟子见梁惠王：灵台"。二是以谈话参与者和谈话内容为篇名。如将《孟子·滕文公上》第 5 章取名为"夷之见孟子：（讨论）不埋葬亲人的人"。三是以谈话发生的背景和篇章主要内容为篇名。如将《孟子·公孙丑下》第 9 章命名为"燕人叛，陈贾为君主辩解"。显然，标题的拟定旨在向读者传递篇章的主要信息，涵盖了谈话发生的背景、参与者、主要内容及为证明论点所引用的典籍或例子。与理雅各在注释中概括的篇章宗旨相比，赖发洛的标题在揭示原文思想内涵上大为逊色。

　　赖发洛的《孟子》英译本的学术前言共 12 页。他在前言中，首先介绍了孟子的生平。赖发洛根据司马迁的记载，指出孟子"受业于子思之门人"，《孟子》一书由孟子和弟子共同完成。他还依据当时中国学校的通行教材，制定了孟子大事年表，将孟子受业、游历的时间等一一列举，以方便读者对孟子的生平有一个宏观把握。赖发洛指出，在孟子是"从梁国去齐国"，还是"从齐国去梁国"上，

---

① Leonard A Lyall, *The Sayings of Confucius: A New Translation of the Greater Part of the Confucius Analects*, London: John Murray, 1907, p. 20.

司马迁的记载和他的年表有出入，但他的年表更准确，基本上已经得到了认同。赖发洛还简要介绍了孟子的家世。他指出，通常观点认为孟子幼年丧父，由母亲抚养成人，但在孟子的著作中并未能找出依据。相反，《孟子·梁惠王下》表明，孟子在埋葬父亲的时候，已经是一个成年人了。赖发洛在中国时，曾耳闻有些中国人，尤其是穷人，通常会把去世的亲人放在棺材里，直到家境好了，能举行体面的葬礼时再埋葬，因而他推测孟子葬父可能就是这样。赖发洛相信在孟子的成长中，孟母发挥了重要作用，正是在她的教育下，孟子才能成为一位伟大的学者。他同时猜测，孟子成年后肯定很富有，因为在游历诸侯国时，有很多随从和马车跟随着他。从赖发洛对孟子生平的描述看，他缺乏学者的严谨态度和考证精神，比较迷信权威和已有的研究成果。

在简要介绍完生平后，赖发洛又提及时代背景对孟子思想的影响。虽然孟子被公认为孔子思想的继承者，但是二人所处的时代不同，对周天子的态度也存在区别。在孔子生活的时代，周王仍掌握一些权力，孔子期望他能收回失去的王权，因而反对诸侯侵吞王权的任何企图。孟子出生时，周王朝虽仍苟延残喘，但几乎失去了所有的权力。大诸侯国已经称王，他们彼此攻战，根本不考虑国家的统一。因而孟子不提周王，认为周朝的天命已尽，一个新的王朝必将取代它。至于究竟由哪个诸侯国统一中国，则由人民决定。赖发洛推测，可能孟子认为，梁国和齐国的君主可以统一天下，但他们都令孟子失望了。赖发洛还对古代中国版图扩大的原因，进行了大胆猜测。他认为，版图的扩大或许是通过和平渗透的方式，即农民扩大耕种范围和商人扩大贸易区域实现的。

赖发洛还介绍了当时比较流行的其他学说。他指出，虽然时代动荡不安，但知识分子却异常活跃。周王朝的崩溃和时代的动荡使人们质疑旧学说，提出新观点，其中最受欢迎的是杨朱和墨子的学说。杨朱是一个愤世嫉俗者，认为不管好人还是坏人，愚人还是聪明人，都免不了死亡，因而死亡和名声都无关紧要，让我们好好享受生活。赖发洛认为，虽然容易谴责杨朱的思想，但很难驳倒他。墨子的思想与杨朱完全不同。墨子认为世上的罪恶，产生于人们不能互爱，根源是自私，所以我们应该兼爱所有的人。虽然墨子的崇高原则容易引起人们的共鸣，但他的理想建立在功利主义之上。孟子反对爱人以及其他类似的思想，坚决捍卫孔子的父子有亲、君臣有义、夫妇有别、长幼有序、朋友有信的人伦关系。

在学术前言中，赖发洛还对孔子和孟子进行了比较。他指出，和孟子相比，孔子更仁慈、思想更深邃。尽管孔子学识渊博，但和普通人拥有共同的嗜好和习惯：他钓鱼不用网捕鱼；他踊跃参加地方的射箭比赛；他在乡人面前态度恭敬，说话很少；他知道自己的缺点，在谈到自己时总是很谦虚；他总是非常欣赏他人；当别人指出他的缺点时，孔子虽然捍卫自己，但不会说刻薄的话，也不试图证明自己永远都是对的。孟子则不像孔子那样和善。他从来不承认自己错了，也从来不谈自己的缺点，对运动或者普通的娱乐丝毫不感兴趣。虽然孟子总是声称自己完全正确，但是从来不记恨学生的指责。然而，他不能公平地对待对手，有时会歪曲对手的话。孟子将理想主义者墨子和实利主义者杨朱等同，对他们猛烈抨击、从不留情。不过，他也有很多优点。他精通辩论，能够阐明自己的观点；他长于推理，头脑灵活，判断力敏锐；他想象力丰富，具有幽默感，擅长讲故事；他是一位散文诗人，具有高超的语言运用能力；他坚守节操，从不讨好权贵。在君臣关系上，二人强调的重点也不同。孔子谈得更多的是臣民对君主的义务，而孟子更突出君主对人民的责任。孟子声称天命靡常，人民的愿望是天命的表现，君主的义务是把国家治理好，途径是忧民所忧，乐民所乐。赖发洛指出，民本思想并非孟子首创，早已散落在古书中。孟子仅对它进行了系统整理，但这一进步思想在朝廷中并不受欢迎。赖发洛认为，孟子的伟大主要体现在对人性的辩护上。孟子坚信人性是善良的，没有试图解释罪恶的起源，但是能够认识到穷困和饥饿是造成刻薄和道德沦丧的最常见原因。赖发洛在序言中虽提到了孟子的思想，但不专注于介绍、评价这些思想，仅仅是从普及的角度略有提及，没有在深度和广度上展开。

除了学术前言，译本还包含关键词语索引和专有名词索引。赖发洛将《孟子》一书中出现的重要词语，按英文字母顺序排列，形成关键词语索引。该索引旨在标明字词在译文中的位置，并列出与之相关的句子。专有名词索引也是根据英文字母顺序排列。如果将这两个索引联合起来使用，可以快速定位《孟子》中包含的重要的词语和专有名词，并能体现该词在文中出现的频率。

赖发洛长期在中国居住，比较精通汉语，能够直接阅读《孟子》原文，查阅相关典籍，也更容易得到中国学者的帮助，因而在翻译时，比其他外国译者更有优势。但从学术前言看，他缺乏扎实严谨、求真求实的学风，迷信已有的学术成果，过于关注普通读者的接受力，使译本的"通俗性"大大高于"学术性"。译本的"通俗性"过高，容易导致原作因通俗化而丧失哲学性。

第三节　刘殿爵英译《孟子》

一　刘殿爵其人

刘殿爵，福建上杭人，1921年3月8日生于中国香港。他是著名的语言学家、翻译权威和哲学家，在弘扬中国文化、推动中西文化交流上贡献良多。

刘殿爵的家学渊源很深，其父是在文坛享有盛誉的中国香港著名词人刘伯端。他幼承家学，又先后在香港大学和苏格兰格拉斯哥大学攻读中文和西洋哲学，故对中西典籍和哲学都有较深的了解。刘殿爵毕业时恰逢伦敦大学亚非学院扩充，遂于1950年受聘出任该学院讲师，教授中文和中国哲学。1965年，他升任新设的中国哲学教授，并于1970年成为英国历来首位出任中文讲座教授的华人。刘殿爵在伦敦大学执教期间，培养了不少得意门生，比如在中国哲学经典的翻译和中西比较哲学研究上建树颇多的安乐哲教授（Professor Roger T. Ames）。

刘殿爵在伦敦大学任教近三十年，直到 1978 年受香港中文大学礼聘回港就任中国语言及文学系讲座教授。他在中文大学多有建树，对奠定中文大学中西文化桥梁的地位，厥功甚伟。1979 年，他接替全汉升教授担任《中国文化研究所学报》主编，任职 16 年，直到 1995 年卸任。1979—2007 年，他还一直担任中国语文研究中心主任一职，该中心于 1980 年易名为吴多泰中国语文研究中心。他还创设了中国文化博士学位课程，并于 1980—1983 年担任文学院院长。1986 年，他参与香港中文大学逸夫书院的创建，并于 1989 年起任该院高级导师和书院校董。2005 年卸任后，他又出任该书院校董会高级顾问。

刘殿爵于 1989 年宣布荣休，后被香港中文大学终身聘任为中文系荣休讲座教授及中国文化研究所荣誉教授。荣休后的刘殿爵仍笔耕不辍，除了重新修订早年翻译的《道德经》《孟子》和《论语》外，还致力于古代传世文献的电子化和典籍索引的编撰。他和陈方正博士合作，在香港中文大学的技术支持和香港"大学及理工拨款委员会"的资金帮助下，将先秦两汉一切传世的文献电子化，以设立"先秦两汉全部传世文献计算机化数据库"，并编纂了《香港中文大学中国文化研究所先秦两汉古籍逐字索引丛刊》。该数据库在 1992 年完成。此后，他们又着手将魏晋六朝传世文献，凡八百种，近二千四百万字悉数输入计算机。数据库建立后，他们还陆续出版了《香港中文大学中国文化研究所魏晋南北朝古籍逐字索引丛刊》。他的这些努力，极大方便了学者对中国古代典籍、古代文学和语言学的研究。

刘殿爵翻译中国古代典籍的直接动因，是对即将出版的《道德经》英译本不满。1958 年，企鹅图书公司把计划出版的英文版《道德经》译稿呈送刘殿爵审阅。这份译稿根据缅甸文翻译而成，与原文本相比，内容多有缺失，因而刘殿爵建议企鹅图书不要出版。

1959 年，企鹅图书公司又送给刘殿爵一本《道德经》英译稿，再次请他审阅。该译稿是"留美的中国学者翻译的，它不单是纯粹翻译，中间还加上一些译者的文字，但不懂原文的读者是无法知道哪些是原文，哪些是译者加的"。① 刘殿爵再次建议企鹅图书不要出版。企鹅图书公司的编者写信给刘殿爵，声称既然不满意别人的翻译，为何不自己试着翻？② 刘殿爵接受了这一建议，开始了中国典籍翻译的历程。经过三年的努力，1963 年，刘殿爵的《道德经》英译本翻译出版，接着他于 1970 年和 1979 年翻译出版了英文版的《孟子》和《论语》。刘殿爵翻译的这三本中国经典著作，具有极高的学术价值，受到西方汉学界的普遍好评，被誉为中国典籍英译的典范之作。西方不少研习中国哲学的学者，多以他的译作为研究必读入门。

英文造诣极高和中文根基深厚是刘殿爵的译本广受欢迎的两大因素。翻译中国典籍的外国学者，虽精通英语，但中文根基往往不深，通常不熟悉中国传统训诂学和乾嘉学派的考证方法，因而很难准确理解、考证典籍的原意。而多数中国译者，尤其是那些精通古汉语、具有深厚国学功底的汉学家，虽能从自身的研究成果和文化环境里体会原文之意，但碍于自身英文水平的限制，很难用流畅、标准的英文译出容易为西方学者和读书人接受的译本。刘殿爵可以做到集二者优点于一身。他在伦敦大学任教近三十年，长期的海外教学经历使他能够准确、熟练地运用英语翻译中国典籍。他的译文精确、流畅，具有高度可读性，既能体现原文风格，更符合英文表达习惯，深受西方学者和普通读者的喜爱。他不仅精通英文，而且对中文原著有特殊的了解和深入的研究。他对乾嘉考据学派非常熟悉和爱好，尤其是对王念孙、王引之父子之学研究颇深。刘殿爵在伦敦大学任教时，就曾参与香港大学为清代音韵学家王念孙的《广雅疏证》增补标点和索引的工作，并审察了该书的定稿。受乾嘉学

---

① 刘靖之主编：《翻译论集》，生活·读书·新知三联书店 1981 年版，第 115 页。
② 刘靖之主编：《翻译论集》，生活·读书·新知三联书店 1981 年版，第 115 页。

派的启发，刘殿爵形成了自己独具特色的探究经典原义的方法："通过相关文献的排比对读，凸显问题之所在，结合语法、语义、语境、校勘、避讳字和假借字种种考虑，从而解决问题。"①扎实的汉学功底和科学、完备的考证方法，使他能够准确理解典籍原文，敢于提出自己的创新性理解。

二 刘殿爵的《孟子》英译本

本文选取的刘殿爵的《孟子》英译本由企鹅出版社于1970年出版，共280页。译本由"前言""英译正文""原文注释"、五个"附录"和"人名、地名术语表"组成。

前言本身可以单独列出，作为当前研究《孟子》思想的最好文章之一。通过比较《孟子》和《论语》，刘殿爵指出了研究《孟子》的重要性，并得出以下结论：第一，将二者参照阅读可以加深我们对孔子思想的理解。第二，孟子不仅创造性地发展了孔子的一些学说，还探讨了一些孔子从未涉足过的领域。我们现在所说的儒家思想，实际上是对孔孟思想的合称。

接着，刘殿爵根据《孟子》的内容，简要回顾了孟子的生平。他认为《孟子》一书代表了孟子成熟的思想，展现了孟子一生教学和思考的成果。随后，他简要概括了孟子的哲学思想，并通过和荀子思想的比较，着重论述了孟子的性善论。他指出，不少学者会误解孟子和荀子在人性观上的真正分歧。通常观点认为，这两种学说是互相矛盾的，就如同说同一事物既黑又白一样。但刘殿爵认为，这一误解产生于人们忽视了孟荀二人都相信人皆可以为尧舜。因而，他花费大量笔墨论证二者的实质区别：第一，二人对本性的定义不同。孟子认为本性是特异之处，而荀子认为本性指事物不可分离的部分。第二，孟子认为道义出于本性、出于天性，而荀子认为道德

---

① 邓仕樑：《前言》，《采掇英华》编辑委员会编《采掇英华：刘殿爵教授论著中译集》，香港中文大学出版社2004年版。

纯粹是一种人为的、非出于自然的行为。此外，刘殿爵还对孟子的辩论技巧，尤其是譬喻方法的使用作了详细介绍。刘殿爵认为，在儒家历史上，孟子的影响力之所以能超过荀子，成为仅次于孔子的亚圣，部分归因于孟子气势磅礴的辩论手法。由于他在附录五中专门论述了这一方法，故在前言中未对譬喻技巧进行详解。最后，刘殿爵集中笔墨论述了孟子的仁政思想，并将之概括为：坚信君主由上天任命，是为百姓谋福祉的，因而君主的存废取决于是否能够完成对百姓的义务；强调得民心、确保民有恒产的重要性，反对战争，认为这会造成土地荒芜，百姓丧命。刘殿爵还提到道教，并指出当前学者一般都承认老子和庄子代表了中国古代的神秘观念，但他认为老子写成的《道德经》包含了非常朴实、毫不神秘的观念。虽然庄子可以被认为是神秘论者，但刘殿爵认为，真正的神秘论者应该承认宇宙本身有特定的意图，就这点而言，孟子比庄子更像神秘论者。遗憾的是，他仅仅用一句话概括了这一创新性见解，未对这一非正统观作出详细论述。刘殿爵认为，孟子的主要贡献在于，他不仅成功地捍卫了孔子思想免受邪说侵袭，还增加了孔子学说的深度。总之，刘译本的序言既可以被认为是一篇精彩的文学评论，又可以被看作研究孟子思想的颇有见地的深度文章，囊括了刘殿爵多年的《孟子》研究成果以及对孟子思想的独到见解。译者扎实严谨的实证功夫和求真求实的优良学风在前言中得以体现。

除前言外，书后的五个附录也值得深入研究。附录一是孟子生平事迹年代考，彰显了译者的考据功夫和学者的谨慎态度。刘殿爵首先将《史记·孟子荀卿列传》和《孟子》的记载进行了对比研究，指出二者的最大差别在于，司马迁认为孟子先适齐而后至梁，但《孟子·梁惠王》所隐含的时间顺序是先游梁后至齐。刘殿爵援引《竹书纪年》《资治通鉴》和清朝学者的考证，论证了司马迁的错误，并认为《史记》对战国时期年代的记载多不准确，弄错孟子周游齐国和梁国的时间也不足为怪。他同时指出，"对孟子生平事迹的时间考订，仍有一个问题悬而未决。（梁惠王）所涵括的年代，是从前320年起，直到齐伐燕（始于前314年）之战争结束以后一段时间。问题是：有没有哪些《孟子》所记述的事件，我们可以证明它是发生在前320年之前的呢？"[1] 他分析了学术界存在的三个旨在证明《孟子》中所记载事件发生在公元前320年之前的观点，并认为这些观点要么缺乏强有力的证据支撑，要么所引用的史料可靠性不够，因而都不能站得住脚。刘殿爵在考证孟子的生平事迹上，不迷信权威，通过查阅大量古代典籍并与《孟子》原文相对照，敢于提出自己的创新性见解，得出的结论也有深厚的学术功底和丰富的史料作支撑。

附录二则收录了孟母教育孟子的几个小故事，如选自《韩诗外传》的"杀豚不欺子""上堂扬声"，以及选自《列女传》的"孟母三迁""断机教子""上堂扬声"以及"孟子去齐"。刘殿爵的这些摘选有重叠，如两次罗列了"上堂扬声"这一典故。在与人交往时，孟子缺乏和善的态度，辩论时总是咄咄逼人，往往会给读者留下高高在上、难以亲近的印象。尽管这些典故的可信度有待商榷，但为我们展现了孟子作为普通人的一面，使孟子的形象更加丰满、生动。

附录三集中体现了刘殿爵关于《孟子》文本的一些看法。他认为，《孟子》是由"编集者集合若干弟子对孟子言论和问答的记录而成，并不仅仅限于编集者自己的笔记"。[2] 因为在《孟子》中有十几段文字重复出现过，如果本书出于孟子之手，他不会留下这些重复的段落。他同时指出，尽管《孟子》是由其学生依据笔记编写而成，但书中记载的毕竟是孟子的言论，与孟子亲自写作本书没有什么不同。据赵岐记载，《孟子》除了内七篇，还有《外书》四篇，

---

[1] 刘殿爵：《孟子生平事迹年代考》，胡應章译，载《采掇英华》编辑委员会编《采掇英华：刘殿爵教授论著中译集》，香港中文大学出版社2004年版，第125—126页。

[2] 刘殿爵：《孟子的文本》，樊善标译，载《采掇英华》编辑委员会编《采掇英华：刘殿爵教授论著中译集》，香港中文大学出版社2004年版，第185页。

但《外书》"似非孟子本真",故将之删除。刘殿爵通过分析古代文献对《孟子》内容的引用频率指出,《外书》即使存在也不重要,因而《孟子》是保存最好、最完整的战国古籍之一。

附录四记录了孟子对古代历史的理解。《孟子》中有不少内容需要在古史背景下理解,而这些背景往往散落在不同的篇章里,不便于读者从整体上把握。刘殿爵将《孟子》中有关古史的内容集中在一起,按年代将之分别归纳在"五帝""三代"两大目录之下。这不仅方便读者从整体上把握孟子对古代社会的认识,而且加深了人们对《孟子》内容的理解。

附录五实际上是刘殿爵在1963年的《亚洲专刊》(Asia Major)上发表的文章——《孟子在辩论中对譬喻的运用》的重印。孟子的辩论技巧曾为他招致了不少批判,不少读者,甚至是学者认为他是诡辩家,在与对手辩论时很少顾及逻辑。亚瑟·威利就曾指责"孟子是一个好辩者,但他的辩论毫无意义。孟子在和告子辩论是否是仁内义外时所使用的大量譬喻都与所需证明的观点毫不相关,而且绝大多数譬喻还可以用来反驳他们试图要证明的东西"。[①]但刘殿爵认为,并非孟子的譬喻方法有问题,"可能问题出在我们身上,一定是因为我们没有看明白这些辩论"。[②] 因而他撰写《孟子在辩论中对譬喻的运用》一文,"旨在重新考察包含这一类辩论的段落,尽量厘清尚存而有用的背景资料,以期对运用譬喻的方法有较好的理解,从而以当时的标准去判断,孟子可会不是一个诚实而技巧的譬喻法倡导者?"[③] 为了更好地分析譬喻法在说理、辩论上的作用,刘殿爵将《孟子》中广泛运用譬喻的章节集中在一起,逐个进行了详细考

[①] Arthur Waley, *Three Ways of Thought in Ancient China*, London: G. Allen & Unwin Ltd, 1939, p. 194.

[②] D. C. Lau, *Mencius*, London: Penguin Books, 1970, p. 235.

[③] 刘殿爵:《孟子在辩论中运用譬喻的方法探讨》,陈胜长译,载《采掇英华》编辑委员会编《采掇英华:刘殿爵教授论著中译集》,香港中文大学出版社2004年版,第131页。

察,并对亚瑟·威利对孟子譬喻方法的指责进行了回应。他指出,人们对孟子譬喻的理解过于表面化,不能准确体会譬喻的暗含之意及精妙之处。他认为,"在孟子手中,譬喻的方法乃所以辨疑释惑。提出譬喻之后,再展示譬喻何以有时而穷。目的是要人看清真相,不一定是用来阐明对手所提出的譬喻不足说明问题"。① 他对譬喻功能的概括非常确切,便于理解《孟子》中出现的譬喻段落,使我们不得不承认,"孟子运用这些方法的技巧实在太出色了,从没有不能够把所讨论的哲学课题辨析明白的"。②

刘殿爵的"人名、地名术语表"也体现了译者的严谨和细心周到。他将《孟子》一书中出现的人名、地名按英文字母顺序排列,形成术语表。术语表不仅标出了"人名、地名"在原文中的位置,还对人物的身份、主要思想,以及地名的具体位置等做了简要介绍。对于那些想要深入了解《孟子》中出现的人名、地名的学者,本术语表尤为重要。刘殿爵的"术语表"还标出了记载这些人名、地名信息的其他史料,并注明了相应页码以便于读者查询。他对术语表的安排非常周到,不将人名、地名的所有信息强加给读者,仅仅作简要解释,让那些感兴趣、试图深入了解的读者自己去查找。

前言和附录彰显了《孟子》英译本的学术性,而注释和译文用语则体现了译者对普通读者接受力的关注。刘殿爵的《孟子》译本的注释非常简洁,大体包含四方面的内容:第一,对《孟子》中引用的《论语》《诗经》等古代典籍,他仅注明引用语句在原经典中的位置,以方便那些感兴趣的读者快速查找,但不会花费大量笔墨探求它们的含义;第二,对原文中重复出现的句子或段落,他会在

---

① 刘殿爵:《孟子在辩论中运用譬喻的方法探讨》,陈胜长译,载《采掇英华》编辑委员会编《采掇英华:刘殿爵教授论著中译集》,香港中文大学出版社 2004 年版,第 151 页。

② 刘殿爵:《孟子在辩论中运用譬喻的方法探讨》,陈胜长译,载《采掇英华》编辑委员会编《采掇英华:刘殿爵教授论著中译集》,香港中文大学出版社 2004 年版,第 152 页。

注释中标出重复出现的位置,以提醒读者注意;第三,对于中国古代文化中特有的词语和习俗,为避免引起读者误解和不必要的语义联想,刘殿爵拒绝在英语中寻找相似词语简单对译,而是选择用汉语拼音翻译,但他不主张音译,声称"非不得已时是不用音译的"①。为了消除音译的弊端,他会在注释中用精确的语言解释其含义。例如,在翻译"亲迎,则不得妻"(《孟子·告子下》)时,刘殿爵虽采用音译法,但在注释中会对"亲迎"作进一步解释。第四,对理解原文宗旨至关重要的人物、地名作简要介绍。可见,刘殿爵在作注释时,始终把普通读者的接受能力放在优先考虑的位置,既要有助于读者理解原文内容,又不会任意打断他们的阅读思路。刘殿爵译文的通俗性还体现在译文风格上。有学者指出刘教授受了牛津日常语言学派哲学家吉尔伯特·赖尔(Gilbert Ryle, 1900—1976)的影响,力求使用精确的语言,表达清晰的概念。赖尔个人风格精练澄澈。刘教授的译笔,正是秋水文章不染尘,自然成为西方读者认识中国哲学经典的基础。②准确清楚、简单精练、具有高度可读性的译文必然会广受普通读者欢迎。

刘殿爵的学者身份和深厚的国学根基在译本的编排体例、前言和附录中处处彰显。他拥有超凡的语言运用能力,擅于运用翻译技巧,能将学术性和通俗性完美结合,使译本既符合学者进一步研究的需要,又兼顾了普通读者的接受能力。这也是他的译本能在国内外享有盛誉、广为流传的重要原因。

可见,系统研究《孟子》英译本的宏观内容和编排体例,有助于体会译者的翻译目的、身份经历对译本的影响,可以帮助读者把握译本的整体框架和总体特点,感悟译者对儒家经典和孟子思想的态度,加深对译者历史性的认识。

---

① 《编译参考》编辑部:《刘殿爵教授谈翻译问题》,《编译参考》1980 年第 1 期。

② 邓仕樑:《前言》,载《采掇英华》编辑委员会编《采掇英华:刘殿爵教授论著中译集》,香港中文大学出版社 2004 年,ix。

第 四 章

《孟子》英译本比较（上）

译者的历史性不仅影响译本的宏观内容和结构布局，更影响译者对《孟子》文本思想的解读。翻译活动是由人来完成的，译者从来都不是被动地接受意义，而是主动地参与译本的再创造。"任何译者在翻译过程中都离不开诠释，在一定程度上讲，对经典的翻译其实也是一种对原文本的诠释，而且在不同时期不同的译者可以有不同的解读。"① 译者是在他们自己所处的时代背景和思想体系之中来翻译《孟子》的，因而对《孟子》思想的解读也不尽相同。

第四章和第五章以理雅各、赖发洛和刘殿爵的《孟子》英译本为素材，通过比照他们对《孟子》原文的翻译，体会不同身份、不同时代的译者对《孟子》的不同认识轨迹，感受他们眼中儒家思想的独特魅力。需要说明的是，因篇幅有限，本书不可能逐字逐句对各个译本与原文进行对比分析，仅选择了能够集中体现孟子思想和在理解上存在歧义的章节进行对比研究。为了保持《孟子》原文的顺序，各章序号保持与原顺序一致，由此带来了序号的不连贯。

---

① 何立芳：《理雅各英译中国经典目的与策略研究》，《中国研究》2008年第8期。

卷一　梁惠王章句上

1.1　孟子见梁惠王。王曰："叟！不远千里而来，亦将有以利吾国乎？"孟子对曰："王何必曰利？亦有仁义而已矣。王曰，'何以利吾国'？大夫曰'何以利吾家'？士庶人曰，'何以利吾身'？上下交征利而国危矣。万乘之国，弑其君者，必千乘之家；千乘之国弑其君者，必百乘之家。万取千焉，千取百焉，不为不多矣。苟为后义而先利，不夺不餍。未有仁而遗其亲者也，未有义而后其君者也。王亦曰仁义而已矣，何必曰利？"

理雅各译本（以下简称理译）：

1. Mencius *went* to see king Hûi of Liang.

2. The king said, 'Venerable sir, since you have not counted it far to come here, a distance of a thousand *lî*, may I presume that you are provided with counsels to profit my kingdom?'

3. Mencius replied, 'Why must your Majesty use that word "profit?" What I am provided with, are *counsels* to benevolence and righteousness, and these are my only topics.

4. 'If your Majesty say, "What is to be done to profit my kingdom?" the great officers will say, "What is to be done to profit our families?" and the inferior officers and the common people will say, "What is to be done to profit our persons?" Superiors and inferiors will try to snatch this profit the one from the other, and the kingdom will be endangered. In the kingdom of ten thousand chariots, the murderer of his sovereign shall be *the chief of* a family of a thousand chariots. In a kingdom of a thousand chariots, the murderer of his prince shall be *the chief of* a family of a hundred chariots. To have a thousand in ten thousand, and a hundred in a

第四章 《孟子》英译本比较（上）　67

thousand, cannot be said not to be a large allotment, but if righteousness be put last, and profit be put first, they will not be satisfied without snatching all.

5. 'There never has been a benevolent man who neglected his parents. There never has been a righteous man who made his sovereign an after consideration.

6. 'Let your Majesty also say, "Benevolence and righteousness, and let these be your only themes." Why must you use that word- "profit?"'

赖发洛译本（以下简称赖译）：

Mencius saw King Hui of Liang.

The King said, since a thousand miles was not too far for you to come, father, is my land going to gain by your coming too?

Mencius answered, Why must you speak of gain, King? There is love too and right, and they are everything. When the king says, What gain can I get for my land? the great men say, What gain can I get for my house? the knights and common men say, what gain can I get for myself? then high and low fight one another for gain, and the kingdom is shaken.

When the lord of a land of ten thousand cars is murdered, it is done by the house of a thousand cars; when the lord of a kingdom of a thousand cars is murdered, it is done by the house of a hundred cars. A thousand out of ten thousand, a hundred out of a thousand, is no little; but when gain is put before right, only robbery can fill the maw. Love never forsakes kinsmen, right never put his lord last. You too, King, should speak of love and right and of nothing else; why must you speak of gain?

刘殿爵译本（以下简称刘译）：

Mencius went to see King Hui of Liang. 'Sir,' said the King. 'You have come all this distance, thinking nothing of a thousand *li*. You must surely have some way of profiting my state?'

　'Your Majesty,' answered Mencius. 'What is the point of mentioning the word "profit"? All that matters is that there should be benevolence and righteousness. If Your Majesty says, "How can I profit my state?" and the Counsellors say, "How can I profit my family?" and the Gentleman and Cmommoners say, "How can I profit my person?" then those above and those below will be trying to profit at the expense of one another and the state will be imperiled. When regicide is committed in a state of ten thousand chariots, it is certain to be by a vassal with a thousand chariots, and when it is committed in a state of a thousand chariots, it is certain to be by a vassal with a hundred chariots. A share of a thousand in ten thousand or a hundred in a thousand is by no means insignificant, yet if profit is put before rightness, there is no satisfaction short of total usurpation. No benevolent man ever abandons his parents, and no dutiful man ever puts his prince last. Perhaps you will now endorse what I have said, "All that matter is that there should be benevolence and rightness. What is the point of mentioning the word 'profit'?"'

　《孟子》首篇开宗明义，明辨义利，主张"王何必曰利？亦有仁义而已矣"。要全面理解"义利之辨"的内涵，首先要对孟子的义利观有所理解。孟子的义利观是对孔子义利观的继承和发展，孔子强调"义以为上"（《论语·阳货》）与"见利思义"（《论语·宪问》），主张把"义"作为行为的最高标准。孟子对此作了进一步发挥，强调"惟义所在"（《孟子·离娄下》）。孟子对"义"的强调与当时的社会环境密不可分。他生活在社会大变革时期，战争频繁、政治黑暗、人民生活痛苦不堪，而当时的统治者却目光短浅，只求近利、私欲，远离大义、公义，故《孟子》一书把义利之辨放在第一章，目的是通过明仁义、去私利，以正君心。

　儒家在义利观上虽然重义轻利，但并不反对人们对正当利益的追求。孔子强调君主要关心百姓的整体利益,"因民之所利而利之"(《论语·尧曰》)。孟子也反复重申"制民之产""不违农时"(《孟子·梁惠王上》)的利民主张。纵观《孟子》一书,可以发现,孟子反对的"利"是"善战、连诸侯者、辟草莱,任土地"(《孟子·离娄上》)等不顾百姓死活的短期私利。他认为战火纷飞、民不聊生的惨状是君主爱好此"利"造成的,因而提"王何必曰利?亦有仁义而已矣"。可见,孟子并非反对所有的"利",而是强调物质利益的满足要限制在道德和正义的范围之内。

首先看译者对"义"和"利"翻译。"义者,宜也"(《礼记·中庸》)表明,"义"的最基本含义就是做适宜的事情。究竟什么样的事情才算适宜?适宜的标准是什么?孟子对"义"的论述可以给我们些许启示。"义"是《孟子》中出现频率极高的一个词,多达108次,内涵极其丰富。杨泽波根据"义"的复合词"理义""礼义"和"仁义",将"义"的内涵界定为"符合正确的道理和规律""符合礼仪""符合道德"。[①] 从下文的"未有义而后其君者也"看,此处的"义"应特指做符合礼仪、道德的事情。理雅各和刘殿爵将之译为"righteousness(正当、正义)",能够比较准确地体现其含义。但也应该看到,"righteousness"在英语中还有"一本正经"的意思,容易让读者联系到虚伪做作、不真诚,这多少会扭曲"义"的含义。赖发洛将"义"翻译为"right",即"正确、正义",但它通常指法律意义上的,也不能准确体现此处"义"的内涵。相比较而言,理雅各和刘殿爵根据"义"在不同语境下的不同含义,分别将之译为"right、righteous、rightness、duty、dutiful"等,更能体现"义"的内涵的丰富性和独特性,比赖发洛选择用一个词统一翻译准确。

"利"字在《孟子》中出现的频率不如"义"高,大概只有39次,基本含义是获得经济、政治、军事上的"利益"。此外,"利"

[①] 参阅杨泽波《孟子评传》,南京大学出版社1998年版,第227—229页。

有时还用来指兵器的锋利，或对某人、某物等"有益"。从字面意思上看，此处的"利"更侧重指对国家有益。但结合上下文语境，梁惠王所谓的"利"是不顾百姓死活、满足自己征战夺地的欲望的一己私利，所以孟子才会劝他"何必曰利？亦有仁义而已矣"。理雅各和刘殿爵将之译为"profit"，赖发洛译为"gain"。"profit"的基本含义是"有利于、利益、好处"，"gain"则强调经过努力获得利益。虽然它们都能体现"利"的字面意思，但不能再现此处"利"的内涵的独特性，不便于读者准确把握孟子的"义利观"。

其次，看译者对"王何必曰利？亦有仁义而已矣"的理解。理雅各将之译为："王，您为什么一定要用'利'这个词呢？仁义是我唯一的话题，我能为您提供的是达到仁义的建议。"在翻译《孟子》时，他虽以直译为主，但对此句作了补充说明。经理雅各补充后的译文，在含义上更清楚。赖发洛的译文是："王为什么要说利益，有仁义就够了。"他仅译出了原文的字面意思，不能体现出梁惠王口中的"利"和孟子所谓的"义"的彼此对立关系。刘殿爵的译文是："王，谈'利'有什么用啊？只有仁义才有用。"他的译文虽表明"利"和"义"是彼此对立的，但容易误导读者以为孟子反对所有的"利"。可见，三位译者对"利"翻译的不准确，直接影响了他们对孟子的"义利观"的译介。正如杨泽波所说，"这里的'义'特指王道，'利'特指霸道，'义'和'利'分别代表两种不同的治国方略，是彼此对立的：要'义'就不能要'利'，追求王道就不能追求霸道"。[①]

接着，孟子集中论证了言利的三大危害。危害之一："上下交征利而国危矣。"三位译者对"征利"的翻译略有不同。理雅各受传统训诂学家训"征"为"取"的影响，将之译为"取利"。但是韦利对此提出异议："司马迁在引用此段时，就用'争'（contend, compete）代替'征'。这表明'征'是'争'的假借字或误写字，

---

① 杨泽波：《孟子评传》，南京大学出版社1998年版，第255页。

二者可以互换。'征'应取'争夺'之意。"① 赖发洛的译文与韦利相类，将"征利"译为"争利"。刘殿爵则意译为："牺牲别人，获取利益。"笔者认为，理雅各的译文不准确。如果"上下"能在互惠的基础上彼此"取利"，不仅不会使国家处于危险之中，还可能形成和平共处、互惠互利的环境。孟子担心的"征利"是为了谋取自己的好处，不惜牺牲别人的利益，最终形成彼此争斗的局面，因而赖发洛和刘殿爵的译文更能突出"言利"的危险。

言利的危害之二："万乘之国，弑其君者，必千乘之家。"理雅各和赖发洛选择用"murder（谋杀）"翻译"弑"，而刘殿爵将之译为"regicide（弑君）"。"弑"指古代臣子杀死君主，子女杀死父母等卑幼杀死尊长的大不敬行为，因而刘殿爵的翻译更能体现出"弑"的内涵和感情色彩。在春秋战国时，"乘"多指兵车，理雅各和刘殿爵将之译为"chariot"，基本上能体现其内涵。赖发洛将之译为"car"，但西方人看见"car"往往联想到拥有四个轮子在街上奔驰的汽车。笔者认为，在翻译时应当避免使用这种容易引起混淆或误解的词语。"家"指古代执政大夫的封邑，理雅各的"family"、赖发洛的"house"过于拘泥原文的字面意思，不如刘殿爵的"vassal（诸侯、封臣）"更准确、易懂。

言利的危害之三："苟为后义而先利，不夺不餍。""苟为"是表示假设的连词，可译为"假若""如果"等。理雅各和刘殿爵将之译为"if"，能够准确表明这一危害是假设的情况。相比之下，赖发洛的"when"就稍显逊色。

孟子论述完"言利"的危害之后，进一步指出仁义的重要性，即"未有仁而遗其亲者也，未有义而后其君者也。"很明显，"仁"和"义"指仁慈的人和有道义的人，理雅各的译文基本上能表达出这一含义。赖发洛坚持一贯的译法，见"仁"译为"爱"，见"义"译为"正确"。赖发洛的过度直译使译文含义模糊，令读者不知所

---

① Arthur Waley, "Notes on Mencius", *Asia Major*, new series, No. 1, 1949, p. 100.

云。结合下文的"亲"和"君"可以判定,此处"仁"特指孝顺、仁爱的人,"义"指对国君尽忠之臣。因而刘殿爵的"仁慈的人"和"忠诚的人"最符合此处"仁""义"的内涵。

1.5 梁惠王曰:"晋国,天下莫强焉,叟之所知也。及寡人之身,东败于齐,长子死焉;西丧地于秦七百里;南辱于楚。寡人耻之,愿比死者一洒之,如之何则可?"孟子对曰:"地方百里而可以王。王如施仁政于民,省刑罚,薄税敛,深耕易耨;壮者以暇日修其孝悌忠信,入以事其父兄,出以事其长上,可使制梃以挞秦楚之坚甲利兵矣。彼夺其民时,使不得耕耨以养其父母。父母冻饿,兄弟妻子离散。彼陷溺其民,王往而征之,夫谁与王敌?故曰:'仁者无敌。'王请勿疑!"

梁惠王晚年,魏国国势日衰,在军事和外交上屡次处于不利地位。他试图改变这一情况,恢复魏国的强国地位,因而向孟子请教富国之道。孟子以王道、仁政主张来应答,认为如果君主行仁政,可以用木棒来打击秦楚等强国的坚甲利兵。虽然仁政是确保国家富强的根本手段,但见效慢,不能为急于改变现状的梁惠王所接受。

对于"寡人耻之,愿比死者一洒之"。

理译:I have brought shame on my departed predecessors, and wish on their account to wipe it away, once for all。

赖译:I am ashamed, and wish, for the sake of the dead, to wash it all away。

刘译:I am deeply ashamed of this and wish, in what little time I have left in this life, to wash away all this shame。

朱熹注曰:"比,犹为也。"[①] 焦循引《广雅释诂》认为,"比,

[①] (南宋)朱熹:《四书章句集注·孟子集注》卷一,中华书局1983年版,第206页。

代也"。①今人学者杨伯峻、译者赵甄陶等也都认为,"比"为介词,有"为""替""代"之意。虽然理雅各和赖发洛都把"比"理解为"替",但对此句话的内涵有不同的见解。理雅各将之译为:"我给先人带来了耻辱,希望能为他们彻底雪耻。"他认为"耻之"指"给先人带来了耻辱","先人"和"死者"指"晋国强盛时的国君"。赖发洛严格遵照原文的句型结构,将此句译为:"我感到耻辱,希望能为死者报仇雪恨。"很明显,赖发洛将"耻之"理解为"以这些事为耻",将"死者"理解为"战死沙场"的人。笔者认为,这两种解释都言之有理,从不同的层面体现了原文的意思。刘殿爵不仅熟悉中国古代训诂学家的注解,而且了解国外学者的研究成果,因而译文中多有创新。他在翻译此句时,受西蒙(W. Simon)教授的影响比较大。西蒙教授认为,"比"当训作"及其时",刘殿爵认为这种说法"甚具说服力"。按西蒙教授的说法,本句可解为:"我为此感到羞耻,并希望在我死前能够洗雪此辱。"他同时还认可孙奭和俞樾将"比"解为"近",将本句译为"我为此感到羞耻,并希望(我)这濒临死亡的人能够洗雪耻辱"。刘殿爵指出:"从《孟子》文本考察,'比'可以从上述任何一种诠释方式去理解。"因而他将本句译为:"我感到非常羞愧,并希望在我简短的有生之年能够彻底洗雪耻辱。"②刘殿爵的这一创新性翻译虽未得到国内学者的普遍认可,但有足够的证据作支撑,是对原文认识的进一步深化。

"地方百里而可以王"强调即使小国的君主,也可以通过实行仁政,成为统一全中国的圣王。

---

① (清)焦循:《孟子正义》卷二,《新编诸子集成》本,中华书局1987年版,第66页。
② 西蒙的观点以及刘殿爵指出:"从《孟子》文本考察,'比'可以从上述任何一种诠释方式去理解。"皆参阅了刘殿爵《孟子杂志》,陈雄根译,载《采掇英华》编辑委员会编《采掇英华:刘殿爵教授论著中译集》,香港中文大学出版社2004年版,第155—157页。

理译：Mencius replied, 'With a territory which is only a hundred lî square, it is possible to attain to the royal dignity。

赖译：Mencius said, A land of a hundred square miles may rule the kingdom。

刘译：'A territory of a hundred li square,' answered Mencius, 'is sufficient to enable its ruler to become a true King。

译者对"里"的翻译略有区别。理雅各和刘殿爵将之音译为"lî"和 li"，以突出"里"是中国特有的计量单位，在英语中没有对等词。音译法虽可以忠实传达中国特有的文化词语的读音，但不能传达词语的含义。为了克服这一缺陷，二人都在注释中对"li"做了解释说明。而赖发洛选择用外国人耳熟能详的单词"mile（英里）"翻译"里"。这一翻译的优点是方便外国读者理解，缺陷是容易把中国特有的文化词语西化，引起不必要的联想，不利于中国传统文化的传播。

三位译者对"地方百里而可以王"的理解层次也不尽相同。理雅各译为："仅凭借方圆百里的国土，也有可能获得王位。"他强调虽然国家狭小，仍然有获得王位的可能性。赖发洛译为："一百平方英里的土地可以统治整个王国。"这一翻译虽然简洁，但过于僵硬，不便于读者理解。刘殿爵的译文是："方圆百里的土地足以使统治者成为真正的王者。"在他看来，土地多寡并非决定君主能否成为王者的关键因素。这与孟子所谓的"仁者无敌"，只要实行仁政，就可以成为统一天下的王的思想是一致的，因而刘殿爵的译文更能符合原文的意思。

对于"深耕易耨"，三位译者也有自己的不同理解。

理译本：the fields shall be ploughed deep, and the weeding of them be carefully attended to。

赖译本：if the ploughs went deeper, and there were shifts of hoers。

刘译本：gets the people to plough deeply and weed promptly。

根据任俊华和赵清文的研究，古今注家对"易耨"的注解大体有以下几种①：一说为芸苗宜浅，赵岐注、宋张栻《癸巳孟子说》均持"芸苗令简易也"之说。明陈士元撰《孟子杂记》中亦认为："张镒云：'易耨，芸苗令简易也。'许谦云：'易，犹浅也。'此金履祥之说，盖深耕则土疏通而苗易发达，浅耨则但去草而不伤谷根。"一说为芸苗而使之疏。如阎若璩《四书释地》中说："赵氏注：'易耨，芸苗令简易也。'愚谓即朱虚侯刘章为高后言'田立苗欲疏'之意，与上深耕字相对。"又引《吕氏春秋》为证说："后稷曰：'耨柄尺'，此其度也。其耨六寸，所以间稼也，亦此意。"一说为"易，治也；耨，耘也"，"易耨"，即尽力耕耘之意。朱熹《集注》持此说。明蔡清撰《四书蒙引》中亦说："易耨：易，治也。如'丧与其易'及'易其田畴'之'易'，有整辨齐饬之意，与'深'字意相类，俱是得尽力之意。"一说"易"为疾、速之意，杨伯峻《孟子译注》中持此说："易，副词，蒋仁荣《孟子音义考证》云：左传昭二十九年'易之亡也'，《经义述闻》云：'易者，疾也，速也。'"

理雅各受朱熹的影响，认为"易"为动词"治"，把"易耨"译为"尽心锄草"。刘殿爵的译文和杨伯峻相类，认为"易"为副词，修饰"耨"，指"迅速锄草"。虽然上述注家和译者对"易"的内涵界定不同，但都认为"耨"为动词。赖发洛则提出了一种新的理解，即"锄地的人要轮作"。他认为"耨"为名词，本义为"锄草的农具"，在此处代指"锄地者"。不仅如此，他对"易"的理解也和前代学者不同。他认为此处的"易"和"以小易大，彼恶知之"（《孟子·梁惠王上》）相类，取"交换"之意。笔者认为，"深耕易耨"和下文的"使不得耕耨以养其父母"相对举而言，旨在突出施行仁政的君主和不行仁政的君主在对待农业和农民上的不同态度，因而"深"和"易"应为副词，用来修饰"耕耨"的程

---

① 任俊华、赵清文：《大学·中庸·孟子正宗》，华夏出版社2008年版，第71页。

度，它们在下文的对举中被同时省略。如果"易"为动词，那么下文的"耕耨"中就没有词和它对应了。当把"易"的词性缩小为修饰"耨"的副词后，还存在"快速地锄草"和"浅浅地锄草"两种理解。从文意上看，孟子认为"深耕易耨"是有利于农作物生长的科学的耕作方式，因而将"易耨"理解为"浅耨"，即"仅仅除去杂草但不伤谷根"比"快速地锄草"更符合文意。

三个译本对于"仁者无敌"的翻译如下。

理译本：The benevolent has no enemy。

赖译本：Love has no one against it。

刘译本：The benevolent man has no match。

理雅各将"仁者无敌"翻译为"仁爱的人没有敌人"，赖发洛译为"没有人反对仁"，刘殿爵的译文是"仁爱的人没有对手"。前文的"可使制梃以挞秦楚之坚甲利兵矣"和"王往而征之，夫谁与王敌"表明，孟子认为如果梁惠王实行仁政，就可以统一全国，没有任何国君可与之匹敌。显然，这里的"无敌"指没有人可以成为他的"对手"。因而，刘殿爵的译文更符合原文的意思。赖发洛的译文"没有人反对仁"用在这里做总结略显突兀，和前文的逻辑关联不大。

卷二　梁惠王章句下

2.5　齐宣王问曰："人皆谓我毁明堂。毁诸，已乎？"孟子对曰："夫明堂者，王者之堂也。王欲行王政，则勿毁之矣。"王曰："王政可得闻与？"对曰："昔者文王之治岐也，耕者九一，仕者世禄，关市讥而不征，泽梁无禁，罪人不孥。老而无妻曰鳏，老而无夫曰寡，老而无子曰独，幼而无父曰孤。此四者，天下之穷民而无告者。文王发政施仁，必先斯四者。诗云：'哿矣富人，哀此茕独。'"王曰："善哉言乎！"曰："王如善之，则何为不行？"王曰："寡人有疾，寡人好货。"对曰："昔者公刘好货，《诗》云：'乃积乃仓，乃裹糇粮，于橐于囊，思戢用光，弓矢斯张，干戈戚扬，爰方启行。'故居者有积仓，行者有裹囊也，然后可以爰方启行。王如好货，与百姓同之，于王何有？"王曰："寡人有疾，寡人好色。"对曰："昔者大王好色，爱厥妃。诗云：古公亶父，来朝走马，率西水浒，至于岐下，爰及姜女，聿来胥宇。当是时也，内无怨女，外无旷夫。王如好色，与百姓同之，于王何有？"

在本章孟子为齐宣王描绘了"王政"的蓝图，并力劝他实行。针对宣王以"好货""好色"为借口拒绝王政的情况，孟子指出，只要君主能以民为本，将"好货""好色"之心与民同之，就可以实行王政，成为统一天下的王。三位译者在翻译本章时，区别主要体现在以下几点。

首先看对"明堂"的翻译。"明堂"是中国特有的文化词语，是中国古代天子宣明政教的地方。齐国仅仅是一个诸侯国，为什么会有"明堂"呢？我们可以从赵岐的注解中找到答案。根据赵岐注，"泰山下明堂，本周天子东巡狩朝诸侯之处也。齐侵地而得有之，人劝宣王，诸侯不用明堂可毁坏，故疑而问于孟子，当毁之乎"。[①] 理雅各将"明堂"译为"The Hall of Distinction"，取"显赫、声望和级别"之意，以突出"明堂"的与众不同。赖发洛和刘殿爵采用直译法，将之分别译为"The Bright Hall"和"The Hall of Light"即"明亮"。相比之下，理雅各对"明堂"的翻译更准确。

弄清了"明堂"的含义，"王者之堂"的含义也更容易理解。此处的"王"特指用仁政统一全中国的"王"，是中国最高的、独一无二的统治者，而非当时分裂割据争霸的诸侯王。理雅各的"a Hall appropriate to the sovereigns（最高统治者）"体现了"王"的一个重要特征。赖发洛的"the hall of the kings"过于笼统，而刘殿爵

[①] （清）焦循：《孟子正义》卷四，中华书局1987年版，第131页。

的"the hall of a true King"则让读者自己去体会其含义。

其次看对译者对"九一"的翻译。"九一"指井田制度。井田制是我国古代的一种土地制度,将一里划分为九区,每区一百亩,共九百亩,形如"井"字。外面八个区域由八家各自耕种,中央区域为公田,由八家共同耕种。这种土地制度的特征是九分土地而税其一。在翻译"耕者九一"时,理雅各将之译为:"The husbandmen cultivated for the government one-ninth of the land",即"农民为政府耕种九分之一的土地"。这一翻译比较准确地传递了原文的意思。赖发洛将之译为:the husbandman paid one in nine,即"农民支付九分之一的税"。刘殿爵将之译为:tillers of land were taxed one part in nine 即"耕地者被收取九分之一的税"。二人虽能译出原文的字面意思,但是传递的信息不如理译本准确、丰富。

对于"关市讥而不征",理雅各译为 at the passes and in the markets, strangers were inspected, but goods were not taxed,即"在关口和市集上,陌生人被检查,但不用付商品税"。为了使句意更明确,他在译文中添加了"陌生人"和"商品税"。笔者认为,"讥而不征"是在"关口"和"市集"两个不同的地方实行的政策,即在"关口"不收"通行费",在"市集"不收商品税,但都需要检查。理雅各的添加虽使含义更明确,但漏译了"通行费"。同样,赖发洛的译文 men were questioned at barriers and at markets, but there were no tolls,即"在关口和市集上,人们被盘问,但不收通行费"也没有体现出"货物税"。刘殿爵的译文 there was inspection but no levy at border stations and market places,即"在关口和市集上,虽有检查但不征税"则完全译出了原文的意思。

"孥"的本义是"儿子",也可作为妻子和儿女的统称。理雅各将之译为: the wives and children of criminals were not involved in their guilt,即罪犯的妻儿并不因为他们的罪行而受到牵连。赖发洛在翻译"罪人不孥"时,取"孥"的本义,将之译为 the children of criminal were sackless 即"罪犯的孩子是无罪的"。刘殿爵译为 punishment did not extend to the wife and children of an offender，即"惩罚并不殃及罪犯的妻儿"。这两种理解都可以接受，但笔者更倾向于将"孥"理解为"妻儿"。

理雅各将"哿矣富人，哀此茕独"翻译为：The rich may get through life well; But alas! for the miserable and solitary! 即"富人可以很好地生活，但是，哎，那些贫穷孤独的人啊！"赖发洛译为：It is well with thee, rich man: Alas for the poor and lonely! "富人啊，你们已经过的很好了。哎，那些穷苦孤独的人啊！"二人选择用语气词"alas（哎）"，将诗中蕴含的对穷苦无靠者的同情，委婉地表达了出来。刘殿爵将"哀"理解为"同情"，将此句翻译为：Happy are the rich; But have pity on the helpless. 即"富人已经很快乐了，但是可怜一下那些无助的人吧"。他的译文直接表达了对孤独无依者的怜悯。三位译者都将"哀此茕独"理解为对那些穷苦无依的人的可怜。但是笔者认为，《诗经》里的这句话也可以理解为陈述两种生活状况：一种是富人生活的快乐，一种是无助之人生活的悲哀。正如王引之在《经义述闻·毛诗中》所说，"哿与哀相对为文，哀者，忧悲；哿者，欢乐也"。[①] 因而此句也可以理解为"富人生活得很快乐，无助的人生活得很悲惨"。

理雅各将"内无怨女，外无旷夫"译为 At that time, in the seclusion of the house, there were no dissatisfied women, and abroad, there were no unmarried men。"在偏室里没有不满意的妇女，在室外没有未婚的男人"。赖发洛译为：there were no grumbling maids within, and no lonely men without，即"在屋内没有抱怨的女人，在屋外没有孤独的男人"。二人都过于拘泥原文的字面意思。在中国古代，一般是女主内，男主外，因而"内"通常与女相连，而"外"也常和男同用。此处的"内""外"可以不译出。古代的"怨女"通常指到了

[①]（清）王引之：《经义述闻》卷六《毛诗中》，江苏古籍出版社1985年版，第149页。

婚嫁年龄，但没有找到合适配偶的女子，"旷夫"指到了娶亲的年龄而未找到合适配偶的男子。二人的译文都没有体现这一含义。刘殿爵将之译为：there were neither girls pining for a husband nor men without a wife，即"没有渴望婚嫁的女人，也没有娶不上妻子的男人"。他的译文可以准确传递原文的深层含义。

2.6　孟子谓齐宣王曰："王之臣有托其妻子于其友而之楚游者，比其反也，则冻馁其妻子，则如之何？"王曰："弃之。"曰："士师不能治士，则如之何？"王曰："已之。"曰："四境之内不治，则如之何？"王顾左右而言他。

以小见大是孟子惯用的说理技巧。他在本章通过简单的例子向齐宣王说明，每个人都承担着一定的社会责任和义务，要想取得别人的尊重和拥护，就要出色地完成自己的职责。如果君主不能治理好自己的国家，也有被罢免和遗弃的危险。孟子的提问咄咄逼人，令宣王"顾左右而言他"。

要准确翻译"王之臣有托其妻子于其友而之楚游者，比其反也，则冻馁其妻子"，首先要弄清楚本句所蕴含的感情色彩。孟子假设宣王的大臣因信任自己的朋友，故在出门远游时将妻儿托付给朋友照顾，等他回来的时候，竟然发现妻儿在挨饿受冻。可见，本句蕴含着"出乎意料、极其震惊"的含义。不仅如此，"则"字表明"冻馁"的情况已经存在，正如杨树达所说，"则"是"承接连词，于初发见一事之已然状态时用之"。① 理雅各将此句译为：Suppose that one of your Majesty's ministers were to entrust his wife and children to the care of his friend, while he himself went into Ch'û to travel, and that, on his return, he should find that the friend had let his wife and children suffer from cold and hunger, 即"当他回来的时候，竟然发现他的朋友

---

① 杨树达：《词诠》，中华书局1978年版，第278页。

一直在使他的妻儿挨饿受冻"。刘殿爵的译文是：Suppose a subject of Your Majesty's having entrusted his wife and children to the care of a friend, were to go on a trip to Ch'u, only to find, upon his return, that his friend had allowed his wife and children to suffer cold and hunger, 即"当他回来的时候，竟然发现朋友在使他的妻儿挨饿受冻"。二人的译文都能将原文所蕴含的震惊之意、已然状态表达出来。赖发洛的译文是：If your minister were to trust his wife and child to a friend, King, and go on a journey to Ch'u, and when he came back his wife and child were cold and starved, 即"当他回来的时候，他的妻儿在挨饿受冻"。这一翻译只是在陈述一个挨饿受冻的情况，不带有任何感情色彩。

"士师"是古代掌管刑狱的官。理雅各将之译为"the chief criminal judge（掌管刑罚的首席法官）"，刘殿爵译为"Marshal of the Guards（司法官）"。二人的译文尽管不准确，但基本上能体现"士师"的主要特征。赖发洛将之译为"the Chief Knight（首要骑士）"则过于笼统，不能体现"士师"的内涵。

"已之"是齐宣王对士师不能完成职责的惩罚。理雅各将之理解为"Dismiss him（免除职务）"，赖发洛译为"End him（处死）"，刘殿爵的译文是"Remove him from office（免除他的职务）"。仅仅因为官员不能完成职责，就被处死，这种惩罚过于严重。从前文看，齐宣王对用以衅钟的牛都不忍心杀死，更别说会任意处死能力有限的臣属了，因而理雅各和刘殿爵的译文"免除公职"更准确。

在翻译"王顾左右而言他"时，理雅各将之翻译为 The king looked to the right and left, and spoke of other matters。赖发洛的译文是：The King looked left and right, and spoke of other things。二人都将"左右"理解为方位词"左边和右边"，认为这句话的意思是"王左看看右看看，把话题引到其他事情上"。根据他们的译文，王借左看右看，不与孟子对视，来表明自己不愿意继续讨论这一问题。刘殿爵将"左右"理解为"随从人员"，将此句翻译为 The King turned to his attendants and changed the subject, 即"王转向随从, 开始说其他事情"。这一翻译表明, 齐王不愿意和孟子继续这一话题, 因而借盼咐随从来终止谈话。这两种理解所体现的含义并无实质的区别, 都可以准确体现原文的意思。

2.7 孟子见齐宣王, 曰:"所谓故国者, 非谓有乔木之谓也, 有世臣之谓也。王无亲臣矣, 昔者所进, 今日不知其亡也。"王曰:"吾何以识其不才而舍之?"曰:"国君进贤, 如不得已, 将使卑逾尊, 疏逾戚, 可不慎与? 左右皆曰贤, 未可也; 诸大夫皆曰贤, 未可也; 国人皆曰贤, 然后察之; 见贤焉, 然后用之。左右皆曰不可, 勿听, 诸大夫皆曰不可, 勿听; 国人皆曰不可, 然后察之; 见不可焉, 然后去之。左右皆曰可杀, 勿听; 诸大夫皆曰可杀, 勿听; 国人皆曰可杀, 然后察之; 见可杀焉, 然后杀之。故曰, 国人杀之也。如此, 然后可以为民父母。"

孟子在本章详细论述了用人之道。他认为君主任用和罢免人才, 不能单凭个人喜好或部分人的言论, 而应听取民众的声音, 并在具体实践中观察所用之人。只有这样才能为国家选取贤才, 剔除庸才, 实现国家的富强。但孟子的用人标准也具有消极的一面, 他过分强调门第等级, 不主张"卑逾尊, 疏逾戚"。

在翻译"故国"时, 理雅各的译文是 an ancient kingdom, 赖发洛的译文是 an old kingdom。二人都从时间久远的角度来理解"故国", 将之翻译为"古老的国家"。但二者存在细微差别。理雅各的 ancient 除了表示时间久远, 还表示这个国家有一定的价值。Old 在时间上不如 ancient 久远, 但表示这个国家至今仍存在。刘殿爵的译文是 A state of established traditions 即"具有悠久历史传统的国家"。从上下文看, 孟子所谓的"故国"指有累世修德之臣和悠久历史传统的国家, 因而刘殿爵的译文更准确。

第四章 《孟子》英译本比较（上）　83

"世臣"指那些历代都有功与国的旧臣，正如朱熹所说："累世勋旧之臣，与国同休戚者也。"① 理雅各认为"世臣"的显著特征是："那些大臣的家族在本国数代以来一直处于显贵的地位。"因而将之翻译为 ministers sprung from families which have been noted in it for generations。赖发洛将"世臣"直译为 lines of ministers. 即"世系大臣"。刘殿爵的译文是 ministers whose families have served it for generations。可见，他认为"世臣"的明显标志是"那些大臣家族的人接连几代一直在这个国家任职"。理雅各和刘殿爵的解释性翻译基本能体现"世臣"的含义，而赖发洛的译文过于模糊，不便于读者理解。

在翻译"昔者所进，今日不知其亡"时，理雅各的译文是：Those whom you advanced yesterday are gone to-day, and you do not know it, 即你过去提拔的人，如今已经离去，而你却不知道。赖发洛译为：those that came in last night are gone, unknown to you, to-day, 即"昨晚来的人，今天已经走了，你还不知道"。刘殿爵的译文是：Those you promoted yesterday have all disappeared today without your even being aware of it, 即"那些你过去提拔的人，现在全都不见了，你甚至还没有意识到"。可见，三位译者都将"亡"理解为"离去"。根据笔者收集到的资料，"亡"，大体有三种说法：一说为诛亡，赵岐注曰："言王取臣不详审，往日之所知，今日为恶当诛亡，王无以知也。"② 一说为离开，朱熹注曰："昨日所进用之人，今日有亡去而不知者。"③ 一说为撤职、罢免，杨伯峻认为，"亡"有"去位，去国之意"。④ 笔者认为，在本句中"昔"和"今"，"亡"和"进"相并举，因而"亡"取"撤职"之意更能对应"进"的意思。从译

---

① （南宋）朱熹：《四书章句集注·孟子集注》卷二，中华书局1983年版，第220页。
② （清）焦循：《孟子正义》卷五，中华书局1987年版，第143页。
③ （南宋）朱熹：《四书章句集注·孟子集注》卷二，中华书局1983年版，第220页。
④ 杨伯峻：《孟子译注》，中华书局1960年版，第42页。

文特色看，赖发洛完全照字面意思翻译原文，不能准确传递原文之意，不可取。虽然理雅各也以直译为主，但能根据上下文判断字词、句子的含义，因而译文相对清楚。刘殿爵在翻译时，不仅重视传递原文之意，还通过"even"来表达原文的感情色彩。

此外，三位译者对孟子的用人思想的理解也不完全相同。在翻译"国君进贤，如不得已，将使卑逾尊，疏逾戚，可不慎与"时，理雅各将之译为：The ruler of a State advances to office men of talents and virtue only as a matter of necessity. Since he will thereby cause the low to overstep the honourable, and distant to overstep his near relatives, ought he to do so but with caution? 即"国君在必要的时候，需要提拔贤能的人担任官职。这一提拔将会使身份低微的人僭越身份高贵的人，血缘疏远的人僭越近亲，难道他不应该谨慎么？"可见，理雅各认为，国君进贤是不得已的行为。赖发洛的译文是：The lord of a kingdom promotes men of worth when there is no help for it. If he is to put men of low rank over men of high rank, and strangers over his kinsmen, must he not take care? 即"在没有办法的时候，国君提拔贤能的人。如果要使地位低的人超过地位高的人，陌生人超过亲戚，难道他不应当小心谨慎？"显然，赖发洛认为，古代中国的君主一般不会提拔贤能的人，除非他遇到一些特殊情况，只能靠提拔贤人才能解决问题。理雅各和赖发洛都认为"如不得已"修饰的是"国君进贤"。春秋战国时期，尚贤之风盛行，各诸侯国竞相启用贤能之才，以实现富国强兵的目的。可见，提拔贤才并非国君的无奈之举，而是他们大力推崇的政策，因而理雅各和赖发洛的译文不准确。

刘殿爵将本句译为：When there is no choice, the ruler of a state, in advancing good and wise men, may have to promote those of low position over the heads of those of exalted rank and distant relatives over near ones, Hence such a decision should not be taken lightly, "在提拔贤才时，如果国君没有别的选择，只能使地位低的人超过地位高的人，使远亲的地位超过近亲，他应该谨慎地作出决定"。显然，刘殿爵认为，"如不得

已"不是用来限制"国君进贤"，而是限制"卑逾尊，疏逾戚"的情况。在孟子生活的时代，奴隶主贵族的土地所制已经土崩瓦解，封建地主土地所有制正在形成，而孟子仍试图维护井田制以及与之相适应的宗法血缘制度，认为在任用官吏时，使"卑逾尊，疏逾戚"是"不得已"的情况，故刘殿爵的译文更符合孟子的原意。

在翻译"左右皆曰贤，未可也；诸大夫皆曰贤，未可也；国人皆曰贤，然后察之"时，理雅各的译文是：When all those about you say,——"This is a man of talents and worth", you may not therefore believe it. When your great officers all say,——"This is a man of talents and virtue", neither may you for that believe it. When all the people say,——"This is a man of talents and virtue", then examine into the case, and when you find that the man is such, employ him。

赖发洛的译文是：If to left and right everyone says, "The man is worthy", it is not enough. If the great men all say he is worthy, it is not enough. When all his countrymen say he is worthy, he looks into it; and if he finds him worthy, he uses him。二人严格按照原文的句型结构翻译，试图通过反复来强调国君在用人时不可偏听、偏信这一宗旨。刘殿爵的译文是：When your close attendants all say of a man that he is good and wise, that is not enough; when the Counsellors all say the same, that is not enough; when everyone says so, then have the case investigated。在翻译这些重复语句时，做了一些修改，使译文更符合英语语言的表达习惯。

2.9 孟子见齐宣王，曰："为巨室，则必使工师求大木。工师得大木，则王喜，以为能胜其任也。匠人斫而小之，则王怒，以为不胜其任矣。夫人幼而学之，壮而欲行之，王曰：'姑舍汝所学而从我'，则何如？今有璞玉于此，虽万镒，必使玉人雕琢之。至于治国家，则曰，'姑舍汝所学而从我'，则何以异于教玉人之雕琢玉哉？"

本章旨在说明术业有专攻，外行不应瞎指挥，要求内行如何行事。治理国家更应如此。君主不仅要善于选拔治国之才，更要礼遇、信任这些人才。礼遇、信任人才不仅仅是指言行举止上的恭敬，更重要的是要接受他们的正确意见，让他们可以放开手脚去做事，而不是处处束缚人才、限制人才，使他们不能展露才能，有所作为。

首先看"工师"的翻译，理雅各将"工师"译为 the Master of the workmen，即掌管工匠的人；赖发洛译为 the master workman（工匠管理者）。这两种翻译都能准确体现"工师"的含义。刘殿爵的译文 the master carpenter（熟练的木匠）不准确，缩小了"工师"的内涵。尽管在本章中，孟子以"求大木"为例来说明问题，但"工师"是古代的官名，不仅仅指掌管木工的官员，而是百工之长。

对"工师得大木，则王喜，以为能胜其任"有两种理解：一种以理雅各和赖发洛的译文为代表，认为"其"是指大木，理雅各的译文是：when he has found such large trees, you will be glad, thinking that they will answer for the intended object；赖发洛的译文是：When the master workman finds the big trees, the King is glad, for they can carry their burden。两位译者都认为是"大的木材能承担建巨室的重任"。另一种观点以刘殿爵的译文为代表，认为"其"指工师，译为 the King will be pleased and consider him equal to his task，即"工师能胜任他的工作"。从文意上看，如何利用大木建筑巨室是工师的强项，而王却凭借自己的认识妄加批判工师的行为是否称职，这无异于教玉人雕琢玉、教善于治国的人才如何治理国家，因而刘殿爵的译文更符合原文的意思。

在翻译"姑舍汝所学而从我"时，三人体现的感情色彩也不尽相同。理雅各将之译为：For the present put aside what you have learned, and follow me，"暂且把你学的撇开，来听从我（的吩咐）"。他认为，此处的"姑"是副词，表示姑且、暂且。赖发洛译为：Better put thy learning aside and follow me，（最好把你的学问放在一边，来听从我)。刘殿爵的译文是：Just put aside what you have learned and do as I tell you，(干脆把你所学到的东西放到一边，按我说的去做)。赖发洛和刘殿爵的译文将武断、专横、不懂尊重人才的王的形象塑造得十分到位。

三位译者对中国文化和历史中特有词语的翻译也不同。"镒"是古代的重量单位，一说二十两为一"镒"，一说二十四两为一"镒"。理雅各将"万镒"翻译为"240,000 taels"。显然，他认为一"镒"为二十四两。由于"镒"在英文中没有对等词，而外国读者对两(taels)较为熟悉，因而他将"镒"换算成"两"来表达其确切的重量。赖发洛选择外国人熟悉的"pounds(磅)"翻译"镒"。正如前文所说，如此翻译不利于传播中国传统文化。刘殿爵将之音译为"yi"，并通过注释对其含义做了进一步解释。"镒"是中国古代特有的重量单位，在英语中没有对等词。刘殿爵采取音译加注的方法，可以很好地向外国读者介绍其读音和内涵。

2.14　滕文公问曰："齐人将筑薛，吾甚恐，如之何则可？"孟子对曰："昔者大王居邠，狄人侵之，去之岐山之下居焉。非择而取之，不得已也。苟为善，后世子孙必有王者矣。君子创业垂统，为可继也。若夫成功，则天也。君如彼何哉？强为善而已矣。"

孟子在本章强调"善"的重要性。善的甲骨文是羊头的形状，羊头通常是用于祭祀、祈求吉祥的。正如《说文解字》所云，"善，吉也"。可见，"善"的本义是"吉祥美好"，表现在行动上是善行、善举，表现在国家治理上是"善政""仁政"。孟子认为，君主只要为善行、行善政，与百姓同忧乐，必然会得到好的回报，造福子孙后代。

理雅各将"狄人侵之"译为 the barbarians of the north were continually making incursions upon it (北方的野蛮民族不断侵袭它)；赖

发洛译为 the northern hordes harassed him（北方游牧部落反复袭击他）。很明显，理雅各和赖发洛认为"侵"是反复攻打、骚扰。刘殿爵译为 The Ti tribes invaded Pin（狄部落侵略邠）。他的译文表明是单一的侵略行动。在接下来的一章中，孟子再举"大王居邠"的例子。在那一章可以明显看出，狄人是反复袭击邠地，因而理雅各和赖发洛的译文更准确。"狄"是我国古代北部的少数民族。理雅各和赖发洛分别将之意译为"北方的野蛮民族"和"北方的游牧部落"，刘殿爵则将之音译为"Ti"。这两种译法各有优缺点，在翻译中国特有的文化词语时，可以把它们结合起来使用。

　　三位译者在翻译"苟为善，后世子孙必有王者矣"时，体现出来的感情色彩不同，其中赖发洛表现出来的感情色彩最为强烈。赖发洛将此句译为：Do good, and a son or grandson shall be king hereafter,"做好事吧，以后你的儿孙必将成为王"。他选择用"shall be"句型来强调做善事的重要性。"shall be"表将来时一般用于第一人称，若在第一人称之外使用，通常包含强烈的感情色彩。这一翻译具有强烈的鼓动和允诺的意味，很容易使听者为之所动，但译者忽略了一点："苟"在此处表假设，含义是"假如、如果"，赖发洛未译出此意。理雅各的译文在感情色彩上略微次之。他将此句翻译为 If you do good, among your descendants, in after generations, there shall be one who will attain to the royal dignity,"如果你做善事的话，在你的后代中必有一人将成为真正的帝王"。他不仅翻译出了"苟"的含义，还用"shall be"句型将原文中的肯定和允诺之情表达了出来。刘殿爵的译文所体现出来的感情色彩最弱。他的译文是 If a man does good deeds, then amongst his descendants in future generations there will rise one who will become a true King,"如果一个人行善的话，在他的子孙后代中将会出现一个真正的王"。他用"will do"句型翻译"必有王者"。"will"仅仅是对将来情况的一种预测，不能体现出"行善"必定带来的好处。相比而言，理雅各对本句的翻译最准确达意。

在翻译"君子创业垂统,为可继也"时,理雅各将"君子"译为"A prince,君主"。他认为在《孟子》一书中,"君子"一般指"君主"。笔者认为,从文意上看,虽然本章中的"君子"可以理解为"君主",但认为《孟子》中的"君子"一般指"君主"不妥。在儒家思想中,"君子"虽然有时侯指居上位的统治者,但在大多情况下是指那些品德高尚的人。赖发洛和刘殿爵都将"君子"翻译为"gentleman(绅士)"。在西方文化中,"绅士"是地位的象征,而中国的"君子"更侧重于德行方面,因而以"绅士"为"君子"的对等词不妥。但此处的"君子"可以指有地位的统治者,与"绅士"具有相似性。中华思想文化术语传播工程收录的术语中,"君子"被音译为:Junzi(Man of Virtue)。

在翻译"君子创业垂统,为可继也"时,理雅各的译文最为冗长,他将此句翻译为:A prince lays the foundation of the inheritance, and hands down the beginning which he has made, doing what may be continued by his successors。他认为,"君主为世代相传的基业打下基础,并把他开创的事业传了下来。他这样做是为了让子孙后代可以继续这一事业"。理雅各将"统"翻译为"beginning(开端)"。很明显,他的译文受朱熹的"统,绪也"影响较深。笔者认为,理雅各对"统"的翻译过于拘泥字面意思。根据《高级汉语词典》,"统"可指"世代相继的系统",因而可以将"君子创业垂统,为可继也"翻译为:"君子创立基业,为了能够世代相承,把它传给子孙。"这在传意上更清楚、更符合逻辑。而赖发洛的译文十分简洁。他将此句译为:A gentleman begins the work: he hand down a clew for others to follow up,"君子开始了这一工作:他传下一个线索为他人追寻。"他取"统"的本义"丝的头绪",将之译为"clew(线索、线团)"。"clew"特指在希腊神话中,引领忒修斯走出迷宫的线团。可见,用"clew"翻译"统"的本义是恰当合适的,但此处取"统"的引申义"后世子孙"更有利于传意。在赖发洛的译文中,创业和垂统指的是同一件事,二者是反复强调的关系,垂统是对创业的解释说明。显然，他的译文与原文的意思偏离较大。刘殿爵的译文是："All a gentleman can do in starting an enterprise is to leave behind a tradition which can be carried on，君子创业的目的就是为后世确立一个可以世代相继的传统。"他将"统"翻译为"tradition（传统）"，是对前代译文的创新。但根据刘殿爵的译文，本句强调的重点是传统，而孟子在此处旨在强调"为可继也"。因而，从准确体现原文之意上讲，译文的创新存在缺陷。笔者认为，由赵甄陶主译的大中华文库版《孟子》对此句的翻译更准确。该译本将之译为："The reason why a man of position starts an enterprise is that he hopes it can be carried on by future generations。"

理雅各严格按照原文的句型，将"若夫成功，则天也"译为：As to the accomplishment of the great result, that is with Heaven，"至于这一伟业的实现，则由上天决定。"他的译文能够做到与原文的形神兼备。赖发洛将之意译为 To end the work rests with Heaven，"这一伟业的结局由上天决定"略显随意。刘殿爵的译文是 Heaven alone can grant success，"只有上天能够批准是否成功"。他的翻译准确、简洁，更符合英文的表达习惯。

卷三　公孙丑章句上

3.2　公孙丑问曰："夫子加齐之卿相，得行道焉，虽由此霸王，不异矣。如此，则动心否乎？"孟子曰："否；我四十不动心。"曰："若是，则夫子过孟贲远矣。"曰："是不难，告子先我不动心。"曰："不动心有道乎？"曰："有。北宫黝之养勇也：不肤挠，不目逃，思以一豪挫于人，若挞之于市朝；不受于褐宽博，亦不受于万乘之君；视刺万乘之君，若刺褐夫；无严诸侯，恶声至，必反之。孟施舍之所养勇也，曰：'视不胜犹胜也；量敌而后进，虑胜而后会，是畏三军者也。舍岂能为必胜哉？能无惧而已矣。'孟施舍似曾子，北宫黝似子夏。夫二子之勇，未知其孰贤，然而孟施舍守约也。昔者曾子谓子襄曰：'子好勇乎？吾尝闻大勇于夫子矣：自反而不缩，虽褐宽博，吾不惴焉；自反而缩，虽千万人，吾往矣。'孟施舍之守气，又不如曾子之守约也。"曰："敢问夫子之不动心与告子之不动心，可得闻与？""告子曰：'不得于言，勿求于心，不得于心，勿求于气。'不得于心，勿求于气，可；不得于言，勿求于心，不可。夫志，气之帅也；气，体之充也。夫志至焉，气次焉。故曰：'持其志，无暴其气。'""既曰，'志至焉，气次焉。'又曰，'持其志，无暴其气。'何也？"曰："志壹则动气，气壹则动志也，今夫蹶者趋者，是气也，而反动其心。""敢问夫子恶乎长？"曰："我知言，我善养吾浩然之气。""敢问何谓浩然之气？"曰："难言也。其为气也，至大至刚，以直养而无害，则塞于天地之间。其为气也，配义与道；无是，馁也。是集义所生者，非义袭而取之也。行有不慊于心，则馁矣。我故曰，告子未尝知义，以其外之也。必有事焉，而勿正，心勿忘，勿助长也。无若宋人然。宋人有闵其苗之不长而揠之者，芒芒然归，谓其人曰：'今日病矣！予助苗长矣！'其子趋而往视之，苗则槁矣。天下之不助苗长者寡矣。以为无益而舍之者，不耘苗者也；助之长者，揠苗者也——非徒无益，而又害之。""何谓知言？"曰："诐辞知其所蔽，淫辞知其所陷，邪辞知其所离，遁辞知其所穷。——生于其心，害于其政；发于其政，害于其事。圣人复起，必从吾言矣。""宰我、子贡善为说辞，冉牛、闵子、颜渊善言德行。孔子兼之，曰：'我于辞命，则不能也。'然则夫子既圣矣乎？"曰："恶！是何言也？昔者子贡问于孔子曰：'夫子圣矣乎？'孔子曰：'圣则吾不能，我学不厌而教不倦也。'子贡曰：'学不厌，智也；教不倦，仁也。仁且智，夫子既圣矣。'夫圣，孔子不居——是何言也？""昔者窃闻之：子夏、子游、子张皆有圣人之一体，冉牛、闵子、颜渊则具体而微，敢问所安?"曰:"姑舍是。"曰:"伯夷、伊尹何如?"曰:"不同道。非其君不事，非其民不使;治则进，乱则退，伯夷也。何事非君，何使非民;治亦进，乱亦进，伊尹也。可以仕则仕，可以止则止，可以久则久，可以速则速，孔子也。皆古圣人也，吾未能有行焉;乃所愿，则学孔子也。""伯夷、伊尹于孔子，若是班乎?"曰:"否，自有生民以来，未有孔子也。"曰:"然则有同与?"曰:"有。得百里之地而君之，皆能以朝诸侯，有天下;行一不义，杀一不辜，而得天下，皆不为也。是则同。"曰:"敢问其所以异?"曰:"宰我、子贡、有若，智足以知圣人，污不至阿其所好。宰我曰:'以予观于夫子，贤于尧舜远矣。'子贡曰:'见其礼而知其政，闻其乐而知其德。由百世之后，等百世之王，莫之能违也。自生民以来，未有夫子也。'有若曰:'岂惟民哉?麒麟之于走兽，凤凰之于飞鸟，太山之于丘垤，河海之于行潦，类也。圣人之于民，亦类也。出于其类，拔乎其萃，自生民以来，未有盛于孔子也。'"

孟子在本章主要讨论了"知言养气"的问题，因而本章也被称为"知言养气"章。该章被学术界公认为是《孟子》中最难理解的篇章，古往今来，学者们对孟子的"知言养气"说争论不断。本文将根据孟子的说理逻辑，系统比照三位译者对这一章的翻译。

本章伊始，公孙丑先用一个假设提问，即"如果孟子做了齐国的卿相，使自己服务的君主成就霸业、王业，会不会动心?"后面二人的谈话也是围绕"动心"展开，因而对"动心"含义的界定直接关系到对本章的理解。赵岐以"畏难""畏惧"[1] 释"动心"。朱熹基本承此义，但又加上了"疑惑"[2] 之义。理雅各将"动心"译为:

---

[1] （清）焦循:《孟子正义》卷六，中华书局1987年版，第187页。
[2] 参阅（南宋）朱熹《四书章句集注·孟子集注》卷三，中华书局1983年版，第229页。

"mind be perturbed。""perturbed"的含义是"使疑惑不解、使不安",与朱熹的注释基本相类。赖发洛译为:"heart throb"。"throb"仅仅是描述一种客观的状态,即心脏快而剧烈地跳动。刘殿爵译为:"stirring in your heart。"他的译文强调心因激动而猛烈跳动。笔者认为,公孙丑对"动心"进行提问的前提,是假设孟子已经实现了自己的政治抱负。对于一般人来说,如果自己的愿望或理想得以实现,就会因激动、兴奋而使心猛烈跳动,失去往日的平静。因而此处的"动心"应指因为激动、兴奋而无法保持平静。故刘殿爵对"动心"的翻译更能体现原文的意思。

接着孟子列举了北宫黝和孟施舍"养勇"的方法。在翻译这两种方法时,三种译本的差异主要体现在对"三军"和"吾不惴焉"的理解上。

理雅各将"三军"译为"the opposing force(敌军)",赖发洛译为"three lines of battle(三行作战队形)",刘殿爵的译文是"superior numbers(数量众多的人)"。根据周朝的建军制度,大诸侯国设"三军"。《周礼·夏官司马》中说:"凡制军,万有二千五百人为军,王六军、大国三军,次国二军,小国一军。"[①] 可见,"三军"具有表数功能,原指三万七千五百人,后来泛指人数众多的军队。理雅各和赖发洛的译文不能体现"三军"所蕴含的数量众多之义。从文意上看,孟施舍认为,要做的不惧怕敌人并不难,难的是在敌我力量悬殊的情况下,仍保持不畏惧的心态,因而刘殿爵的译文更准确。

在翻译"自反而不缩,虽褐宽博,吾不惴焉"时,理雅各的译文是:If, on self-examination, I find that I am not upright, shall I not be in fear even of a poor man in his loose garments of hair-cloth? 赖发洛的译文是:if on looking within I find that I shrink, shall I not be afraid e-

---

[①] (清)孙诒让:《周礼正义》卷五十四《夏官司马》,中华书局1987年版,第2237页。

ven of a coir cloak? 刘殿爵的译文是：If, on looking within, one finds oneself to be in the wrong, then even though one's adversary be only a common fellow coarsely clad one is bound to tremble with fear。"褐宽博"，最早用葛、兽毛，后通常用大麻、兽毛等粗加工成的宽大粗衣，此处借指贫贱者。理雅各和刘殿爵的译文都能准确再现原文之意。赖发洛的译文仅按字面意思翻译，不容易让人理解。

传统观点认为，"惴"是使动用法，是"使他惊惧之意"。刘殿爵对此提出异议：首先，既然"惴"不属于他动词，通常不带宾语，那么，很难看得出"惴"在这里会充当使动词。第二，否定句式通常要求宾语前置，但"吾不惴焉"则否。① 笔者同意刘殿爵的观点，不过将从语意上对此作进一步分析。如果"惴"是使动用法，那么此句就应理解为"自我反省，如果我理亏的话，我不会使普通人害怕"。这一理解在意义上，远远不及"自我反省，如果我理亏的话，看到普通人我也会害怕"更符合逻辑和孟子之意。

对于"不"，阎若璩指出："岂不也。犹经传中'敢'为'不敢'，'如'为'不如'之类。"② 他认为不应把"吾不惴焉"当作否定句看待，此处的"不"相当于"岂不"。理雅各和赖发洛的理解与之相类，将"吾不惴焉"译为："难道我不会害怕么？"

刘殿爵反对这一解释。他指出，在《孟子》一书中，其他的"不"字亦无此用法，因而对"吾不惴焉"唯一合理的解释，是"不"为"必"之误。③ 因而刘殿爵将"吾不惴焉"翻译为："这个人必定害怕得发抖。"虽然三位译者在翻译"吾不惴焉"时，或使用陈述句，或使用反问句，但都能准确传达"吾不惴焉"的含义。

三位译者对"敢问夫子之不动心与告子之不动心，可得闻与"

---

① 《采掇英华》编辑委员会编：《采掇英华：刘殿爵教授论著中译集》，香港中文大学出版社2004年版，第162页。
② （清）焦循：《孟子正义》卷六，中华书局1987年版，第193页。
③ 《采掇英华》编辑委员会编：《采掇英华：刘殿爵教授论著中译集》，香港中文大学出版社2004年版，第163页。

的理解存在差异。理雅各将之译为:"May I venture to ask an explanation from you, Master, of how you maintain an unperturbed mind, and how the philosopher Kâo does the same?""您能给我解释一下,您和告子分别是通过什么办法做到不动心的?"显然理雅各认为,公孙丑是针对实现不动心的方法提问。赖发洛和刘殿爵则认为,公孙丑的提问是针对"不动心"而发,即"不动心"有什么不同?赖发洛将本句译为:May I hear about the Master's heart not throbbing and Kao-tzu's heart not throbbing?"我可以知道你和告子的不动心分别指什么吗?"刘殿爵译为:I wonder if you could tell me something about the heart that cannot be stirred, in your case and in Kao Tzu's case?"不知你可否告诉我,对你和告子来说,不动心分别指什么?"笔者认为,从语境上看,理雅各的翻译更符合原文的意思。孟子在前文已经指出,自己四十不动心,而告子在他之前就已经不动心了。紧接着,公孙丑向孟子提问要做到不动心有什么办法。孟子以"养勇"为例,说明人们可以采用不同的办法来达到不动心的目的。虽然他们都能达这一目的,但是方法有优劣之分。因而,"夫子之不动心与告子之不动心,可得闻与?"应是公孙丑对实现不动心的方法的提问。美国著名学者倪德卫也指出,"从表面上看,这是一个关于自我修养的方法和目的的问题,孟子后面说的关于修养的比喻进一步证实了这一点"。[1]

告子做到"不动心"的方法是"不得于言,勿求于心,不得于心,勿求于气"。虽然这一方法仅仅有 16 个字,但无论是译者还是历代注释家们尚未能就其内涵达成认识上的一致。

首先看译者对"气"的翻译。"气"是中国特有的哲学概念,内涵极其丰富。根据孟子的论述,它首先是身体的一部分,是"体之充",具有自然属性。其次,"气"是需要后天修养的道德状态,

---

[1] [美]倪德卫:《儒家之道:中国哲学之探讨》,周炽成译,江苏人民出版社 2006 年版,第 157 页。

只有经过长期正义行为的积累方能发展为"浩然之气"。三位译者根据自己的理解,分别给出了他们对"气"的译法。理雅各将之译为"passion-nature"。"nature"表明"气"是"身体的运作或功能",可以很好地体现"气"所具备的"体之充"的特征。但"passion"指深沉的、压倒一切的感情,尤指爱、恨、怒等,不能表明"气"是"集义所生"的道德精神状态。赖发洛译为"spirit",即"精神、生气或勇气"。他的译文过于笼统和模糊,不能体现孟子气论所蕴含的道德意义。虽然刘殿爵不赞同音译,但对于中国特有的哲学概念"气",他仍选择将之译为"ch'i",因为"气"字"牵涉到中国人对宇宙的看法,而这概念西方是没有的"。①

三位译者对"不得于言,勿求于心,不得于心,勿求于气"的理解不同。理雅各将之译为: What is not attained in words is not to be sought for in the mind; what produces dissatisfaction in the mind, is not to be helped by passion-effort, "在语言上不能达到的东西,不要在心中去寻求;在心中产生不满的东西,不要寻求气的帮助。"显然,这一理解受"告子谓于言有所不达,则当舍置其言,而不必反求其理于心;于心有所不安,则当力制其心,而不必更求其助于气,此所以固守其心而不动之速也"②的影响。赖发洛将本句逐字译为: What you cannot put into words must not be asked of the heart; what you cannot find in the heart must not be asked of the spirits, "不能用语言表达的东西,不要求于心,在心中不存在的东西,不要求于气。"他的翻译略显模糊,令人不知所云。刘殿爵译为: If you fail to understand words, do not worry about this in your heart; and if you fail to understand in your heart, do not seek satisfaction in your ch'i, "如果你不能理解语言,不要因此而内心烦恼;如果(一些东西)在心里难以理解,不要在气

---

① 《编译参考》编辑部:《刘殿爵教授谈翻译问题》,《编译参考》1980年第1期,第72页。

② (南宋)朱熹:《四书章句集注·孟子集注》卷三,中华书局1983年版,第230页。

中寻求满足。"刘殿爵的译文旨在强调如何保持内心平静,确保心不受外界干扰。

杨伯峻则提出了一种新的理解方法,即,"不得乃不能得胜之意。这几句都是讲养勇之事,故以胜负言。旧注皆未得其义。'不得于言'谓人家能服我之口却未能服我之心"。① 赵甄陶的译本受其影响,将之译为:If you fail to win by words, do not resort to your thoughts; if you fail to win by your thoughts, do not resort to your vital energy. 杨泽波则认为,"得"指"得到",与孟子关于"知言"的论述相互参阅可知,"得言"就是"知言","不得于言"就是"不知言"。他将本句翻译为,对于一种道理、一种学说不能了解(不得于言),便应该把它搁放起来,不去管它,不去追究其思想根源(勿求于心)。告子如此不重视言,与孟子的"知言"大相径庭,孟子当然要说"不可",给予批评了。杨泽波同时指出,"不得于心"与"反躬自问,正义不在我"的意思很相近,是说得不到心的支持,没有内在的良心本心作基础。② 李明辉提出了一种新的观点,认为可将"不得于言,勿求于心"改写成"得于言,乃可求于心",意思是说,"凡是思想或主张中能成其理者,我们便可以之要求于心,作为心之圭臬"。③ 倪德卫认为,告子的意思是"为了达到'不动心',我们从决定为我们自己的东西的言开始。然后,我们将此言中之义移进我们之心,接着相应地调整我们的气。但是,任何东西都取决于信奉某一教义的最初的一步"。④

注家和译者从不同的角度和重点出发,阐释了他们对"不得于言,勿求于心,不得于心,勿求于气"的看法。虽然他们皆持之有

---

① 杨伯峻:《孟子译注》,中华书局1960年版,第70页。
② 杨泽波:《孟子气论难点辨疑》,《中国哲学史》2001年第1期,第56页。
③ 李明辉主编:《孟子思想的哲学探讨》,"中央研究院"文哲研究所筹备处1995年版,第136页。
④ [美]倪德卫:《儒家之道:中国哲学之探讨》,周炽成译,江苏人民出版社2006年版,第160页。

据，但从上下文的逻辑关系看，本句是对告子如何做到不动心的回答，应围绕如何摆脱外界干扰、确保内心平静来论述，因而笔者认为，相比较而言，刘殿爵的译文更准确、清楚。

孟子对"志"和"气"关系的界定是"志至焉，气次焉"和"志壹则动气，气壹则动志也"。理雅各将"志至焉，气次焉"译为 The will is first and chief, and the passion-nature is subordinate to it，"志是首要的、主要的，气从属于志"。他的译文显然受赵岐的"志为至要之本，气为其次"①的影响，能够突出"志"的重要性，可以很好地呼应前文的"夫志，气之帅也"。赖发洛译为：The will is highest, the spirits come next，"志是至高无上的，气仅次于它"。他的译文和朱熹的"故志固为至极，而气即次之"②相类，强调"志"和"气"都很重要，可以用来说明为什么孟子要强调"持其志，无暴其气"。刘殿爵将之译为：The ch'i halts where the will arrives，"志到了哪里，气就停在哪里"。这一翻译和"毛奇龄《逸诗笺》，译'次'为舍止。言'志之所至，气即随之而止'"③的理解一致。下文的"既曰，'志至焉，气次焉。'又曰，'持其志，无暴其气。'何也？"表明，公孙丑认为"志至焉，气次焉"和"持其志，无暴其气"在含义上相互对立。很明显，"持其志，无暴其气"是强调二者并重，因而"志至焉，气次焉"应和"夫志，气之帅也"的含义相类，认为"志"统帅和决定着"气"。虽然理雅各的译文也能体现"志"对"气"的决定作用，但相比较而言，刘殿爵的译文"志到了哪里，气就在哪里停止"在含义上更能对应"夫志，气之帅也"。

在翻译"志壹则动气，气壹则动志也"时，三位译者在理解上存在分歧。理雅各将本句译为：When it is the will alone which is ac-

---

① （清）焦循：《孟子正义》卷六，中华书局1987年版，第196页。

② （南宋）朱熹：《四书章句集注·孟子集注》卷三，中华书局1983年版，第230页。

③ 杨伯峻：《孟子译注》，中华书局1960年版，第70页。

tive, it moves the passion-nature. When it is the passion-nature alone which is active, it moves the will,"当志单独起作用的时候,它会带动气。当气单独起作用的时候,它会带动志。"这一翻译和朱熹的"孟子言志之所向专一,则气固从之;然气之所在专一,则志亦反为之动"① 相类似。但是,如此理解必然会和前文的"夫志至焉,气次焉"相矛盾。既然"志"可以带动"气","气"也可以带动"志",那为什么认为志是气之帅?赖发洛将本句译为:When the will is one it stirs the spirits, when the spirits are one they stir the will,"当志是一个整体时,它带动气;当气是一个整体时,它带动志。"他严格按字面意思直译,不能体现出原文的思想内涵。刘殿爵译为:The will, when blocked, moves the ch'i. On the other hand, the ch'i, when blocked, also moves the will,"当志被阻塞的时候,它会带动气。相反,当气被阻塞的时候,它也会带动志。"他的译文受赵岐的影响。赵岐读壹为噎,解为"闭塞"。② 从上下文语境看,刘殿爵的译文更准确。"夫志,气之帅也"和"夫志至焉,气次焉"表明,在一般情况下是"志"统帅和决定着"气"。"蹶者趋者"表明,在特殊情况下,即气被阻塞时,才会出现气动志。赵甄陶的译文是:When the will becomes concentrated somewhere the vital energy will move there with it. When the vital energy is concentrated somewhere the will, influenced by it, will move, too。即"当志专一于某处的时候,气将会随之而动。当气专一于某处时,志也会受其影响,随着移动"。

"是集义所生者,非义袭而取之也"指"浩然之气"是由正义行为的长期积累产生,不是偶然的善行就可以取得。理雅各将之译为:It is produced by the accumulation of righteous deeds; it is not to be obtained by incidental acts of righteousness,"它是由积累的正义行为产

---

① (南宋)朱熹:《四书章句集注·孟子集注》卷三,中华书局1983年版,第231页。

② (清)焦循:《孟子正义》卷六,中华书局1987年版,第197页。

生的。偶然的正义行为不可能获取它。"这一翻译无论在句型还是句意上都很好地体现了原文的意思。赖发洛的译文是：Born of gathered right, it cannot be surprised and taken by single just deeds，"生于累积的义的浩然之气，是不能通过一次正义行为就可以突然获取的"。他的译文虽然能体现原文的意思，但是把强调的重点放在了"非义袭而取之"上，与原文两者并重，反复强调的句型有所偏离。刘殿爵的译文是：It is born of accumulated rightness and cannot be appropriated by anyone through a sporadic show of rightness，"它产生于积累的正义。任何人都不能通过偶然的正义行为占有它"。他将"取"翻译为"appropriate"，旨在说明"义袭"并非获得浩然之气的正确方法。他的译文也能准确体现原文之意。

　　孟子认为养"浩然之气"的正确方法是"必有事焉，而勿正，心勿忘，勿助长也"。理雅各将之译为：There must be the constant practice of this righteousness, but without the object of thereby nourishing the passion-nature. Let not the mind forget its work, but let there be no assisting the growth of that nature，"我们必须持续不断地实践义，但是不要把养气作为预定的目标。心不要忘记它的运作，但是不要违背它的天性，帮助它生长"。赖发洛译为：When things go wrong, as they sometimes must, do not let the heart forget; do not help their growth，"当有些事情注定会误入歧途时，心不要忘记，也不要帮助他们生长"。刘殿爵将此句译为：You must work at it and never let it out of mind. At the same time, while you must never let it out of your mind, you must not forcibly help it grow either，"一定要培养它，决不能忘记它。在不能忘记它的同时，也不能强制帮助它生长"。

　　造成译文区别的主要原因是对"正"的理解不同。据统计，古今注家对"正"的认识大体有三：第一，根据赵岐的注解，"正"是"止"的变体。① 陈器之支持这种观点，认为"必须先有集义的事却

---

　　① （清）焦循：《孟子正义》卷六，中华书局1987年版，第203—204页。

不停止"。① 第二，"正"犹"定"也。杨伯峻持此意，今译为"一定要培养它，但不要有特定的目的"。② 第三，朱熹解"正"为"预期"。③ 我们可以根据上下文判断"正"的含义。在这一句之前，孟子首先界定了何为浩然之气，接着讲如何养气。为了便于说理，他先列举了两种正确的养气方法，即"必有事焉，而勿正，心勿忘，勿助长也"，接着又通过比喻指出了两种错误的养气方法，即"以为无益而舍之者，不耘苗者也；助之长者，揠苗者也——非徒无益，而又害之"。因而"必有事焉"和"心勿忘"是与下文的"以为无益而舍之者"作对比，"勿正"和"勿助长也"与"助之长者"相对举。如果没有特定的目的和预期的目标，就不会违背生长规律，助其生长，故将"正"理解为"特定的目的"和"预定目标"更准确。

理雅各受朱熹的影响，将"正"理解为"预期地"，符合原文的说理逻辑。赖发洛将"正"理解为"正确、合适"，认为只有在事情偏离正路的时候，才能"心勿忘，勿助长"。显然，这一理解偏离了原文的意思。刘殿爵将"正"翻译为"忘"，他没有给出如此翻译的依据。如果以"忘"训"正"有足够的训诂学资料作支撑，他的译文也可以体现原文的说理特点。

为了更好地说明"勿助长"的重要性和"助之长者"的危害，孟子举了"拔苗助长"的故事。译者基本上都能准确译出这一寓言故事，但在细节上也存在分歧。例如，理雅各和赖发洛将"苗"译为"corn（谷物）"，而刘殿爵译为"rice plant（稻苗）"。刘殿爵的译文缩小了"苗"的含义。从故事的内容看，幼苗拔出一截后被晒枯萎，表明此处的"苗"使用的是旱地种植法。宋国地处河南东部，首都在今商丘南。当地种植的苗更有可能是麦苗，而非在水里生长的"rice plant"。他们对"芒芒然归"的翻译也存在差异。理雅各将

---

① 陈器之：《孟子通译》，湖南大学出版社1989年版，第95页。
② 杨伯峻：《孟子译注》，中华书局1960年版，第66页。
③ （南宋）朱熹：《四书章句集注·孟子集注》卷三，中华书局1983年版，第232页。

之译为：he returned home, looking very stupid，"他傻乎乎地回到家里"。赖发洛译为：He came home, all grass and weeds，"他回到家里，浑身是草"。刘殿爵译为：Having done so, he went on his way home, not realizing what he had done，"他继续往家走，没有意识到他所做的事情（是错误的）"。理雅各和刘殿爵的译文和朱熹的注解一致，认为"芒芒然"为"无知之貌"。① 赖发洛取"芒"的本义"谷类植物种子壳上或草木上的针状物"，将之译为"all grass and weeds（浑身是草）"。笔者更同意赵岐和杨伯峻将"芒芒然"解为"疲倦之貌"。从文意上看，宋人经过拔苗这一耗力的高强度劳动，回家时很累，显得疲倦不堪更符合逻辑关系。因而，赵甄陶将之译为 He came home exhausted（他筋疲力尽地回到家）更符合文义。

所谓"知言"就是清楚"诐辞、淫辞、邪辞和遁辞"的危害，而非词语的表面意思。理雅各将之译为：understand whatever words you hear，即明白、理解听到的所有的话。赖发洛的译文是：understanding words，理解语言。二人都翻译出了"知言"的表面意思。刘殿爵的译文是：an insight into words（洞察，深入了解语言）更符合此处"知言"的含义。

在论述完"养气""知言"后，孟子和公孙丑又探讨了伯夷、伊尹和孔子的异同。三位译者基本上都能翻译出原文之意，但对"可以仕则仕，可以止则止，可以久则久，可以速则速""见其礼而知其政，闻其乐而知其德"以及"由百世之后，等百世之王，莫之能违也"的理解存在差异。

理雅各将"可以仕则仕，可以止则止，可以久则久，可以速则速"译为：When it was proper to go into office, then to go into it; when it was proper to keep retired from office, then to keep retired from it; when it was proper to continue in it long, then to continue in it long; when it

---

① （南宋）朱熹：《四书章句集注·孟子集注》卷三，中华书局1983年版，第232页。

was proper to withdraw from it quickly, then to withdraw quickly: —that was the way of Confucius, "孔子之道就是：适合担任官职的时候就去担任官职，应当辞职的时候就去辞职；能长久任职就长久任职，应当马上辞官就要马上辞官"。很明显，理雅各认为这些行为都是针对入仕而言。赖发洛将本句译为：Confucius served when he should serve; he stopped when he should stop; he tarried when he should tarry, he hastened when he should hasten, "在应该做官的时候做官，应当停下来的时候停下来，应当逗留的时候逗留，应当快走的时候快走"。他完全照字面直译，没有体现出原文的暗含之意。刘殿爵译为：Confucius was such that he would take office, or would remain in a state, would delay his departure or hasten it, all according to circumstances, "是做官还是在一个国家逗留，是延迟还是加速行程都是依据环境而定"。他为我们展现了一个适时而动、懂的变通的孔子形象。笔者认为"仕"和"止"，"久"和"速"在含义上彼此相对。因而"止"在此处的含义应理解为"辞官"。不仅如此，孟子在前文描述了伯夷和伊尹的入仕态度，因而"仕""止""久"和"速"也应是孔子对做官的态度，所以理雅各的译文更符合原文的意思。

"见其礼而知其政，闻其乐而知其德"是子贡对孔子的评价，意思是孔子看到一个国家盛行的礼仪，就能知道这个国家治理的好坏，听到这个国家的音乐就可以断定君主道德的高低。理雅各将之译为：By viewing the ceremonial ordinances of a prince, we know the character of his government. By hearing his music, we know the character of his virtue, "通过观察君主制定的礼仪制度，我们可以知道这个国家的特征。听君主的音乐，我们可以断定他的德行"。子贡的这个评价是针对孔子而发，而非"我们"。理雅各将"礼"翻译为"ceremonial ordinances"礼仪制度，符合此处"礼"的内涵。赖发洛的译文是：Seeing their rites, their rule is known; hearing their music, their minds are known, "看到他们的礼仪，就可以知道他们的统治，听见他们的音乐，就可以知道他们的道德"。刘殿爵的译文是：Through the rites of a state he could see its government; through its music, the moral quality of its ruler,"通过观察一个国家的礼仪制度,他(孔子)可以知道这个国家的治理状况;听一个国家的音乐,他可以判定这个国家君主的道德水平"。赖发洛和刘殿爵选择用"rite"翻译"礼"。根据牛津词典,rite 的含义是 a ceremony performed by a particular group of people, often for religious purposes,可见该单词带有明显的宗教色彩。而此处的礼仅仅指礼仪制度。赖发洛的翻译缺少主语,刘殿爵把"见其礼而知其政,闻其乐而知其德"的主语看作孔子更准确。

理雅各将"由百世之后,等百世之王,莫之能违也"译为 After the lapse of a hundred ages I can arrange, according to their merits, the kings of a hundred ages;—not one of them can escape me,"百代以后,我对百代以来的君主按德行分类,没有一个君主能是个例外"。根据他的译文,"我"评价君主的标准非常科学,可以把所有的君主都包括在内。赖发洛的译文是 A hundred generations after, ranking the kings of a hundred generations not one of them can evade you,"百代之后,对百代以来的君主进行分等,他们中没有一个人能违背你(的原则)"。理雅各和赖发洛的译文主语使用混乱,不能准确体现原文的意思。刘殿爵的译文是:Looking back over a hundred generations he was able to appraise all the kings, and no one has ever been able to show him to be wrong in a single instance,"孔子能够评价百代以来的所有君主,从来没有一个君主能证明他的判断是错误的"。显然这句话和"见其礼而知其政,闻其乐而知其德""以予观于夫子,贤于尧舜远矣"一样,是在赞扬孔子的贤能,因而刘殿爵的译文是准确可靠的。

3.5 孟子曰:"尊贤使能,俊杰在位,则天下之士皆悦,而愿立于其朝矣;市,廛而不征,法而不廛,则天下之商皆悦,而愿藏于其市矣;关,讥而不征,则天下之旅皆悦,而愿出于其路矣；耕者，助而不税，则天下之农皆悦，而愿耕于其野矣；廛，无夫里之布，则天下之民皆悦，而愿为之氓矣。信能行此五者，则邻国之民仰之若父母矣。率其子弟，攻其父母，自有生民以来未有能济者也。如此，则无敌于天下。无敌于天下者，天吏也。然而不王者，未之有也。"

孟子在本章例举了五项治理国家的大纲，认为君主如果能依此而行，就可以成为统一中国、无敌天下的"王者"。

三位译者对"尊贤使能，俊杰在位，则天下之士皆悦，而愿立于其朝矣"的翻译不同。理雅各将之译为：If a ruler give honour to men of talents and virtue and employ the able, so that offices shall all be filled by individuals of distinction and mark—then all the scholars of the kingdom will be pleased, and wish to stand in his court. 根据理雅各的译文，此处的"贤者"是德才兼备的人，"士"是知识分子，"俊杰"是异于常人、有杰出表现的人。赖发洛的译文是：Where worth is honoured, able men are employed, and the bravest and best are in place, every knight below heaven is glad, and wishes to stand in that court. 赖发洛将"贤者"翻译为有价值的人，"俊杰"翻译为最勇敢最善良的人，"士"翻译为西方人熟悉的"骑士"，但二者有本质区别。刘殿爵的译文是：If you honour the good and wise and employ the able so that outstanding man are in high position, then Gentlemen throughout the Empire will be only too pleased to serve at your court. 他认为"贤者"的特征是聪明而有美德；俊杰是优秀杰出的人，并用大写的 Gentlemen 来翻译"士"，既体现二者的区别，又便于对着理解。和"贤者""能者"一样，"俊杰"也是孟子推崇的、应当得到君主重用的人。"俊杰"的突出特征是在才智上远远超出普通人。根据《高级汉语词典》，"俊"和"杰"更强调才智超群，因而赖发洛的译文也不准确。

"廛而不征，法而不廛"讲的是古代市场的管理制度。古今注家对"廛"含义的理解大体上有三种：第一种观点认为，"廛"为市场上可以储存货物的空地。郑司农云:"廛谓市中之地未有肆而可居以畜藏货物者也。《孟子》曰:'市廛而不征,法而不廛,则天下之商皆悦而愿藏于其市矣。'谓货物储藏于市中而不租税也,故曰'廛而不征'。"① 第二种观点认为,"廛"指的是国家为商人建造的储藏、堆积货物的栈房。商人只需交租金,不需要交货物税,如郑玄注《礼记·王制》"市,廛而不税"说,"廛,市物邸舍。税其舍,不税其物"。② 第三种观点认为,"廛"为民宅。朱熹注曰:"廛,市宅也。张子曰:'或赋其市地之廛,而不征其货'。"③ 赵岐认为"廛,市宅也。古者无征,衰世征之。王制曰:'市廛而不税。'《周礼·载师》曰:'国宅无征。'法而不廛者,当以什一之法,征其地耳,不当征其廛宅也。"④ 三种观点均言之有理,持之有据,难以判断究竟哪个更准确,需将其放入上下文判断。

从下文的"天下之商皆悦,而愿藏于其市矣"可以判定,"廛而不征,法而不廛"的政策对商人在市场上存储货物极其有利。理雅各的译文是:If, in the market-place of *his capital*, he levy a ground-rent on the shops but do not tax the goods, or enforce the proper regulations without levying a ground-rent; —then all the traders of the kingdom will be pleased, and wish to store their goods in his market-place, "如果对商铺征收地租,但不征收货物税;或者是对市场进行适当管理而不对商铺征收地租,那么天下的商人都会很高兴,愿意把货物存储在他的市场上"。他的译文能将商人在储藏货物上的优越性充分体现出来。

赖发洛的译文是:At market, if stalls are taxed but not goods, or if

---

① (清)孙诒让:《周礼正义》卷二十七《司市》,中华书局1987年版,第4册,第1084页。
② (清)孙诒让:《周礼正义》卷二十七《司市》,中华书局1987年版,第4册,第1086页。
③ (南宋)朱熹:《四书章句集注·孟子集注》卷三,中华书局1983年版,第236页。
④ (清)焦循:《孟子正义》卷七,中华书局1987年版,第227页。

there are by-laws but no tax on goods, every trader below heaven is glad, and wishes to stall in that market,"如果对摊位征税但不征收货物税,或者市场上有规范商品流通的法则,但不征收货物税,那么天下的商人都会很高兴,愿意把货物存储在他的市场上。"他认为,"法而不廛"是"治之以市官之法,而不赋其廛"。但是,他对"廛"的理解前后存在矛盾。在"廛而不征"中,将"廛"理解为"对摊位征税",但将"法而不廛"中的"廛"翻译为"征收货物税"。他的译文不准确,存在逻辑上的混乱。刘殿爵的译文:In the market-place, if goods are exempted when premises are taxed, and premises exempted when the ground is taxed, then the traders throughout the Empire will be only too pleased to store their goods in your market-place,"他认为,如果对经营场所征税就免去货物税,如果征收土地税,就免去经营场所税,那么天下的商人都会很乐意把货物存储在你的市场上"。显然,他对"法而不廛"的理解受"当以什一之法,征其地耳,不当征其廛宅也"①的影响。他的译文表明商人在市场上储藏货物的优越性,体现在不重复征税上,即两个假设的条件,二者税其一上。

大中华文库版《孟子》将"市,廛而不征,法而不廛"翻译为"If goods are stored in the marketplace but not taxed, and if goods are purchased by the state according to law when unsalable",②即"如果将货物储藏在市场上但不征税,如果国家根据法律购买那些(市场上)滞销的货物"。这一译文受郑司农"其有货物久滞于廛而不售者,官以法为居取之"③的影响,能将"廛而不征,法而不廛"与"愿藏于其市"紧密地联系在一起,因而也是可以接受的。

"廛,无夫里之布,则天下之民皆悦,而愿为之氓矣。"根据

---

① (清)焦循:《孟子正义》卷七,中华书局1987年版,第227页。
② 赵甄陶等英译,杨伯峻今译:《孟子》,湖南人民出版社1999年版,第71页。
③ (清)孙诒让:《周礼正义》卷二十七《司市》,中华书局1987年版,第4册,第1084页。

《说文解字》，氓，民也。自彼来此之民曰氓。由此可知，此处的"廛"和"廛而不征，法而不廛"中"廛"的含义不同。从文意上看，"夫里之布"是对所有人都适用的赋税、徭役规定，因而"廛"的范围也应远远超出市场之外。理雅各将之译为：If from the occupiers of the shops in his market-place he do not exact the fine of the individual idler, or of the hamlet's quota of cloth, then all the people of the kingdom will be pleased, and wish to come and be his people。可见，理雅各认为"夫里之布"仅针对市场上的店主征收，赖发洛的译文是：At the stalls, if there are no man or village payments, all folk below heaven are glad, and wish to become his men，认为"夫里之布"针对货摊征收。二人的译文都缩小了"夫里之布"的征收范围。相比较而言，刘殿爵译为：If you abolish the levy in lieu of corvée and the levy in lieu of the planting of the mulberry, then all the people of the Empire will be only too please to come and settle in your state，认为"夫里之布"适用于所有人更准确。根据朱熹记载，"夫里之布"的含义是："周礼：'宅不毛者有里布，民无职事者，出夫家之征。'郑氏谓：'宅不种桑麻者，罚之使出一里二十五家之布；民无常业者，罚之使出一夫百亩之税，一家力役之征也。'"[①] 可见，理雅各将"夫里之布"译为"对游手好闲者征收的罚金和乡里应交布匹的份额"是准确的。赖发洛按字面意思逐字直译"夫里之布"为"个人和乡里的征收"。他的译文过于模糊，不能体现出"夫里之布"的内涵。刘殿爵采用解释性的翻译策略，将之译为"代替劳役和植桑树的税金"。他的译文更能准确体现"夫里之布"的含义。

3.6 孟子曰："人皆有不忍人之心。先王有不忍人之心，斯有不忍人之政矣。以不忍人之心，行不忍人之政，治天下可

[①] （南宋）朱熹：《四书章句集注·孟子集注》卷三，中华书局1983年版，第236—237页。

运之掌上。所以谓人皆有不忍人之心者，今人乍见孺子将入于井，皆有怵惕恻隐之心——非所以内交于孺子之父母也，非所以要誉于乡党朋友也，非恶其声而然也。由是观之，无恻隐之心，非人也；无羞恶之心，非人也；无辞让之心，非人也；无是非之心，非人也。恻隐之心，仁之端也；羞恶之心，义之端也；辞让之心，礼之端也；是非之心，智之端也。人之有是四端也，犹其有四体也。有是四端而自谓不能者，自贼者也；谓其君不能者，贼其君者也。凡有四端于我者，知皆扩而充之矣，若火之始然，泉之始达。苟能充之，足以保四海；苟不充之，不足以事父母。"

"四端"说是孟子性善论和仁政说的前提，在孟子思想体系中占有重要地位，其基本内涵是：恻隐之心、羞恶之心、辞让之心和是非之心是仁、义、礼、智的"四端"。

"不忍人之心"是不受"人欲所蔽"的本然之心，能在"乍见孺子将入于井"的危急关头显露出来，是人之本然善性的自然流露。理雅各将"人皆有不忍人之心"译为：All men have a mind which cannot bear to see the sufferings of others。他将心翻译为 mind，侧重人的主观思想，是思考后的结果。因而他理解的"不忍人之心"是经过思考后，"不忍心看见别人受苦的心思"。他在注释中进一步指出，"不忍人之心"的内涵非常丰富，包含了下文的"恻隐之心，羞恶之心，辞让之心和是非之心"。赖发洛将之译为：Every man has a heart that pities others，即"同情他人的心"。刘殿爵译为 No man is devoid of a heart sensitive to the suffering of others，"能够感受到别人的苦难的心"。赖发洛和刘殿爵都将"心"翻译为"heart"，强调这是人的一种自然情感的流露。根据赖发洛的译文，"不忍人之心"是对他人的不幸遭遇产生怜悯、悲哀之情，和"恻隐"的内涵一致。刘殿爵的译文强调，孟子认为，心除了能思考之外，还具备体会别人苦难的功能。本章旨在说明每个人都具备"不忍人之心"这一本然的善性，它内在地包含着"恻隐、羞恶、辞让和是非"之心。正如唐君毅所说，"孟子所说之恻隐羞恶之四端之表现，又初只是一人之心灵或生命，一种内在的不安、不忍、不屑之情"。① 因而理雅各的译文和注释结合起来，可以完整再现原文的意思。

在翻译"今人乍见孺子将入于井，皆有怵惕恻隐之心"时，理雅各将之译为：if men suddenly see a child about to fall into a well, they will without exception experience a feeling of alarm and distress。他将"怵惕恻隐之心"翻译成"感到惊慌和担心"，认为这些感情在人们突然看见孩子遇到危险时，同时涌上心头。"乍见"表明"怵惕恻隐之心"是"人之主观内在的心性之自动表现"②，不掺杂任何利益得失的考虑。"怵惕恻隐"将人们突然看见孩子要跌入井时，在瞬间内由惊慌到同情的感情变化描绘得生动逼真。笔者认为，"乍见"还表明事情发生得非常突然，在人们的预料之外，因而给人造成的第一感觉应当首先是惊慌，其次才是同情。尽管感情变化可能在瞬间完成，但肯定存在先后关系。因而"乍见"不仅仅是用来表明"不忍人之心"是在不受外欲所蔽时而发，同时也为怵惕恻隐之情的变化提供了场景。"怵"和"惕"，"恻"和"隐"是同义反复，分别强调"害怕"和"同情"，赖发洛严格按照原文结构，将之译为：the heart of every man is moved by fear and horror, tenderness and mercy, if he suddenly sees a child about to fall into a well, 用"fear and horror"和"tenderness and mercy"翻译，保留了原文反复强调的特点，体现了情感的变化。刘殿爵译为：Suppose a man were, all of a sudden, to see a young child on the verge of falling into a well. He would certainly be moved to compassion, 不能体现"怵惕"和"乍见"呼应，表惊奇、

---

① 唐君毅：《中国哲学原论·原道篇》，中国社会科学出版社2005年版，第99页。

② 唐君毅：《中国哲学原论·原道篇》，中国社会科学出版社2005年版，第99页。

恐惧之意。

理雅各将"非恶其声而然也"译为 nor from a dislike to the reputation of having been unmoved by such a thing，即"不是因为讨厌沾上对此事冷漠的名声"。赖发洛和刘殿爵则认为"声"指的是"哭声"，将之分别译为"nor because the child's cries hurt him，不是因为孩子的哭声使他厌烦"和"nor yet because he disliked the cry of the child，不是因为厌恶孩子的哭声"。笔者认为理译本将"声"理解为"名声"更准确。孟子通过举"非所以内交于孺子之父母也，非所以要誉于乡党朋友也，非恶其声而然也"，是为了排除对自身利益考虑的三种可能的假设，进一步说明"怵惕恻隐之心"，是人们在没有任何心理准备的情况下，做出的本能反应，完全是人真实情感的呈现。因而将"声"理解为"名声"，更有助于说明"怵惕恻隐之心"完全是自然而发。

孟子认为，四心是人的本质特征，是性善论的前提和依据。在翻译"无恻隐之心，非人也；无羞恶之心，非人也；无辞让之心，非人也；无是非之心，非人也"时，理雅各的译文是：From this case we may perceive that the feeling of commiseration is essential to man, that the feeling of shame and dislike is essential to man, that the feeling of modesty and complaisance is essential to man, and that the feeling of approving and disapproving is essential to man。他采用意译法，反复使用"essential to man"来表明四心是人类固有的、本质的存在，这与孟子的心性论是一致的。赖发洛的译文是：This shows that no man is without a merciful, tender heart, no man is without a heart for shame and hatred, no man is without a heart to give way and yield, no man is without a heart for right and wrong。他用"no man is without"来强调四心存在于所有人中，是人的共性。刘殿爵的译文是：From this it can be seen that whoever is devoid of the heart of compassion is not human, whoever is devoid of the heart of shame is not human, whoever is devoid of the heart of courtesy and modesty is not human, and whoever is devoid of the heart of right and wrong is not human。他用"whoever is devoid……not human"反复强调"四心"是人之所以为人的重要标志，没有四心就不能称作人。虽然三种译本强调的重点略有不同，但都符合孟子的心性观。

孟子认为："辞让之心，礼之端也。"可见，谦逊退让，是礼仪的开端，也是辞让之心的首要特征。理雅各将之译为：the feeling of modesty and complaisance，根据《柯林斯词典》"Someone who shows modesty does not does not talk much about their abilities or achievements"。可见，modesty 的一个明显特征就是谦虚，不夸耀自己的能力和成绩。Complaisance 则有顺从别人之意。二者结合起来，可以很好表达辞让之心的内涵。赖发洛的译文是：a heart to give way and yield，根据《牛津词典》Yield，是 to stop resisting sth/sb; to agree to do sth that you do not want to do，即放弃抵抗或者是虽然内心不情愿，但还是同意某事。Yield 和 give up 是同义词。"辞让之心"体现的谦虚退让是内心使然，并非被迫做出，因而其翻译不准确。刘殿爵的译文 the heart of courtesy and modesty，《牛津词典》对 courtesy 的注解是 "polite behaviour that shows respect for other people"。他的译文将"辞让之心"所具备礼貌的行为和谦让的态度完美呈现。

理雅各将"是非之心"译为"the feeling of approving and disapproving（赞成和反对的情感）"。他的译文过于草率，不能体现孟子对"是非之心"的独特认识。从孟子的整个思想体系看，他认为"是非之心"的作用，是判断人的行为正确与否，标准是人的本然善性，即凡是符合人的本然善性的行为都是正确的，凡是违背它的都是错误的。尽管赖发洛和刘殿爵的译文"a heart for/of right and wrong（用来判断正确和错误的心）"也不能完整体现"是非之心"的内涵，但比理雅各的译文准确。

理雅各和赖发洛将"非人"之"人"翻译为"man"不准确。刘殿爵将之译为"human"，根据《美国传统词典》，它的含义是

"有人性的，通人情的：具有人的本性或特征中积极方面的或表现出这些方面的，这些积极方面将人类与低等动物区分开来"。可见，"human"的词义与孟子从人禽之辩上谈人性善的论述一致，准确体现了此处"人"的特殊性。

理雅各译文：The feeling of commiseration is the principle of benevolence. The feeling of shame and dislike is the principle of righteousness. The feeling of modesty and complaisance is the principle of propriety. The feeling of approving and disapproving is the principle of knowledge。

赖发洛译文：A merciful, tender heart is the seed of love; a heart for shame and hatred is the seed of right; a heart to give way and yield is the seed of courtesy; a heart for right and wrong is the seed of wisdom。

刘殿爵译文：The heart of compassion is the germ of benevolence; the heart of shame, of dutifulness; the heart of courtesy and modesty, of observance of the rites, the heart of right and wrong, of wisdom。

仁、义、礼、智是儒家的重要哲学概念，理雅各将之分别翻译为：benevolence, righteousness, propriety, knowledge；赖发洛的译文是：love; right, courtesy, wisdom；刘殿爵的译文：benevolence, dutifulness, observance of the rites, wisdom。

"四心"是仁、义、礼、智的"四端"。杨伯峻将"端"今译为"萌芽"，并引用《说文》"耑，物初生之题（题犹额也，端也。）也，上象生形，下象其根也"[1]支持自己的观点。理雅各将"端"英译为"principle（起源）"，认为四心是仁、义、礼、智的来源。赖发洛用"seed"译"端"。"seed"有"萌芽、开端"之意，形神兼备地翻译出了古汉语中"端"的含义。刘殿爵将之译为"germ"，根据《美国传统词典》，它的含义是"萌芽、雏形、原形"，指那些"可作为进一步成长或发展的基础事物"。可见，"germ"不仅体现了"端"的含义，而且表明仁义礼智是四心成长发展的结果。总之，

---

[1] 杨伯峻：《孟子译注》，中华书局1960年版，第81页。

三位译者对"端"的翻译是准确的,对四心与四德关系的理解也是到位的。

孟子认为,如果四心能够得到充分地扩充发展,成长为四德,那么拥有四德的人就有能力结束四分五裂的社会状况,恢复四海之内的安定统一。由于当时人们的认识能力有限,孟子所谓的四海仅局限在古代中国的版图之内,而非全世界。理雅各将"苟能充之,足以保四海"译为:Let them have their complete development, and they will suffice to love and protect all within the four seas,"如果让它们充分发展,那么四心就能够爱护和保有四海之内的所有事物"。他认为"足以保四海"的主语是"扩充后的四心",但是四心离不开人,必须通过人发挥作用,因而"保四海"的执行者是使四心得以充分发展的人更确切。"保"的甲骨文字形,象用手抱孩子于背的形状,其本义是背子于背,即唐兰《殷墟文字记》:"负子于背谓之'保',引申之,则负子者为'保',更引申之则有'保养'之义。"① 理雅各将"保"翻译为 love and protect 更符合"保"的含义。

赖发洛的译文是:If he can develop them they are enough to ward the four seas,"如果他能够发展四心,那么四心就能够守卫四海"。与理译本一样,他也不恰当地认为四心是"保四海"的主语。此外,"保四海"指的是安定四海之内的国民,而非"守卫四个海域免受迫害"。赖发洛将"保"翻译为 ward,即保卫、守卫,缩小了保的内涵。刘殿爵的译文是:When these are fully developed, he can take under his protection the whole realm within the Four Seas,"当他的四心得到充分发展后,他就能够保卫四海之内的整个国家"。他的译文表明保四海的主语是四心得到扩充的人,因而能更准确体现原文之意。但是他将"保"翻译为 protection,强调保护免受伤害之意,未能体现爱护之情。

---

① 唐兰:《殷墟文字记》,中华书局1981年版,第59页。

卷四　公孙丑章句下

4.1　孟子曰："天时不如地利，地利不如人和。三里之城，七里之郭，环而攻之而不胜。夫环而攻之，必有得天时者矣；然而不胜者，是天时不如地利也；城非不高也，池非不深也，兵革非不坚利也，米粟非不多也；委而去之，是地利不如人和也。故曰：域民不以封疆之界，固国不以山溪之险。威天下不以兵革之利。得道者多助，失道者寡助。寡助之至，亲戚畔之；多助之至，天下顺之。以天下之所顺，攻亲戚之所畔，故君子有不战，战必胜矣。"

天、地、人的关系古往今来一直被人们所关注。孟子从当时诸侯征战的社会现实出发，探讨了三者对军事战争的影响，并一针见血地指出"人和"的重要性。在强调"人和"的基础上，他把问题引向政治，得出了"得道者多助，失道者寡助"的结论。

孟子在本章中论述的天时、地利和人和是针对军事战斗而言。因而天时应特指气候条件是否对作战有利，而非朱熹所谓"时日支干、孤虚、王相之属也"。① 理雅各把"天时"翻译为 Opportunities of time vouchsafed by Heaven，"上天赋予的时机"，赖发洛译为 The hour of heaven，"天机"。他们的译文体现了较强的神秘主义色彩。相比之下，刘殿爵的 Heaven's favorable weather，"有利的气候条件"更准确。

"地利"应指有利于作战的地形地貌、牢固的城墙和较深的护城河。理雅各把"地利"翻译为：advantages of situation afforded by the

---

①　（南宋）朱熹：《四书章句集注·孟子集注》卷四，中华书局1983年版，第241页。

Earth,"大地提供的有利形势"。赖发洛译为：vantage on earth,"地面优势"。这种直译过于模糊，不便于理解。此处的"地利"是针对作战而言，刘殿爵译为 Earth's advantageous terrain,"有利的地形地貌"是清楚准确的。"天时"和"地利"在不同的语境下具有不同的含义，在汉语言系统下便于理解，但若将之翻译为英文，译者应根据篇章之意作出适当的添加和解释。

"三里之城，七里之郭"指古代都邑四周用作防御的高墙，一般分两重，里面的叫内城，外面的叫郭，是在内城的外围加筑的城墙。理雅各将之译为：There is a city, with an inner wall of three li in circumference, and an outer wall of seven,"有一座城邦，内城墙周长三里，外城墙七里"。他虽然看到了"城"和"郭"的区别，但错误地认为三里和七里分别指城墙的周长。赖发洛的译文是：A wall three miles long with seven miles of outworks,"一堵三米长的墙，沿着它有一个长达七米的外垒"。outworks 指筑城外的防御建筑物。他的译文不能准确体现城、郭的区别。刘殿爵的译文是：a city with inner walls measuring, on each side, three li and outer walls measuring seven li,"有一座城邦，它的内城墙每边长三里，外城墙每边长七里"。他的译文既体现了城、郭之别，又看到了此处的"三""七"分别指边长而非周长。

"亲戚"在古代有三种不同的含义：一是仅指父母而言；二是指父母兄妹；三是亲指族内，戚，指族外。[①] 根据上下文，此处的"亲戚"指那些因血缘或婚姻而发生关系的人。理雅各将之译为"relations"。"relations"既可以指因血缘或婚姻而发生关联的人，也可以指两个或更多的事物之间的逻辑或自然的联系，用它翻译扩大了"亲戚"的范围。赖发洛的"kith and kin"将朋友包含在内，也不能准确再现"亲戚"的内涵。刘殿爵将"亲戚"译为"his own flesh and blood"。他认为"亲戚"特指血肉至亲，以突出"寡助之至"的危害。相比之下，刘殿爵的译文在外延和内涵上更能对应

[①] 参阅杨伯峻《孟子译注》，中华书局 1960 年版，第 88 页。

"亲戚"之义。

"道"是儒家的一个重要概念，内涵非常丰富。从甲骨文字形看，"道"在六书中属于会意字，从人，从行，表示人所行之道路，后来引申为方法、路径等，再后来引申为规律、法则、终极目标等。可见，"道"在不同语境下，内涵不同。理雅各将"得道者多助"翻译为"He who finds the proper course has many to assist him"，可见，他认为得道者就是那个能发现正确的路线的人；赖发洛译为："He that has found the way has many helpers。"刘殿爵译为："One who has the Way will have many to support him。"赖发洛和刘殿爵都选择用"way"来翻译"道"，不同点就是，刘殿爵选择将"Way"大写，来突出强调此处的"Way"和英文"way"相同但不等同。但二者均未翻译出"道"在此处的具体含义，理雅各虽试图译出，但不准确。孟子在本章由作战说起，引申到国家治理，始终在强调一件事，那就是"人和"的重要性。因而在翻译"得道者多助，失道者寡助"时，将"道"理解为"得人心行仁政"，可以凸显孟子的民本思想。可见，在翻译这些中国儒家哲学概念时，可以选择一个固定的单词，确保同一个哲学概念在翻译的时候的连续性，同时通过页下注的形式，来提示读者同一词语在不同语境下的不同含义。

"君子"也是中国特有的文化词语，在不同的篇章中含义不同。本章从论述作战说起，最后引申到以仁政治国，因而此处的"君子"应特指得人心的国君。理雅各看到了"君子"含义的丰富性，根据上下文将之译为"the true ruler（真正的统治者）"是准确的。赖发洛和刘殿爵译为"gentleman"，有利于确保对孟子中核心词汇翻译的贯串统一，但不能体现"君子"在不同语境下内涵的独特性。

4.7 孟子自齐葬于鲁，反于齐，止于嬴。充虞请曰："前日不知虞之不肖，使虞敦匠事。严，虞不敢请。今愿窃有请也：木若以美然。"曰："古者棺椁无度，中古棺七寸，椁称之。自天子达于庶人，非直为观美也，然后尽于人心。不得，不可以为悦；无财，不可以为悦。得之为有财，古之人皆用之，吾何为独不然？且比化者无使土亲肤，于人心独无恔乎？吾闻之也：君子不以天下俭其亲。"

"孝"是儒家伦理思想的核心，从甲骨文上看，"孝"上面是个略写的"老"字，下面是一个"子"字，是六书中的会意字，意为子侍奉老人的意思。《说文解字》对"孝"的定义是"善事父母者。从老省，从子，子承老也"。[①] 孔子认为，"生，事之以礼；死，葬之以礼，祭之以礼"（《论语·为政》）就是孝。可见，葬之以礼是孝的一个重要体现。儒家非常重视葬礼，提倡厚葬久丧，认为这是孝的重要体现。这种丧葬习俗，受到许多人的非议，墨子就曾经专门提出"节葬"，反对儒家厚葬费财的做法。

充虞认为孟子在安葬母亲时，所用的棺木太奢侈浪费，因而提出"木若以美然"的疑问。在翻译此句时应看到过，虽然原文使用的是疑问语气，却表现了说话者对棺木过于奢华的感慨和不认同。理雅各将之译为 The wood of the coffin, it appeared to me, was too good，"我觉得棺木太上等了"。这一翻译准确表达了原文的语气和感情色彩。赖发洛的译文是："The wood seemed very beautiful? 木头看起来好像特别漂亮？"译文仅表现了说话者对客观情况的表达和询问。刘殿爵的 The wood seemed to be excessively fine in quality，"棺木的质量似乎过于上乘了"也能体现出充虞对棺木过于奢华的不满。

"古者棺椁无度，中古棺七寸，椁称之"简要概括了我国古代丧葬礼制的发展史。理雅各的译文是：Anciently, there was no rule for the size of either the inner or the outer coffin. In middle antiquity, the inner coffin was made seven inches thick, and the outer one the same。

赖发洛的译文是：Mencius said, Of old there was no limit to the in-

---

① （东汉）许慎撰，（清）段玉裁注：《说文解字注》八篇上，上海古籍出版社1988年版，第398页。

ner or outer coffin. In the Middle Ages the inner coffin was seven inches for everyone, from the Son of Heaven down to the common man; and the outer coffin was to match。

刘殿爵的译文是：In high antiquity, there were no regulations governing the inner and outer coffins. In middle antiquity, it was prescribed that the inner coffin was to be seven inches thick with the outer coffin to match。

理雅各和赖发洛分别将"古者"翻译为"Anciently"和"Of old"，即"古代"或"古时候"。刘殿爵将之译为"In high antiquity（上古时代）"。孟子曾将古代划分为上古、中古和近古三个阶段。联系下文的"中古棺七寸"可知，并非在整个古代都没有规定棺椁的厚度，仅仅在古代的第一个时期，即上古时代没有相关规定，因而刘殿爵的翻译是准确的。而理雅各和赖发洛的译文，将中古从古代剥离出去，使之成为一个独立的时期，这显然和中国的历史不符。对于"中古"，笔者同意朱熹将之解为"周公制礼时也"。[①] 理雅各和刘殿爵按字面意思将之直译为"middle antiquity"，不能体现出"中古"的文化内涵。赖发洛用"the Middle Ages"翻译，但是它更容易让西方读者联想到"中世纪"，即欧洲历史上的古代与文艺复兴之间的时期。这一翻译容易误导西方读者将他们历史上的中世纪等同于中国的"中古"时期。

"中古棺七寸，椁称之"指棺的厚度是七寸，而椁的厚度要和棺相称。赖发洛和刘殿爵准确翻译出了本句话的含义。而理雅各却将之译为："在中古，棺的厚度被规定为七寸，椁的厚度和它一样。"此处的"称"指的是相符合，而非同样厚。

对于"不得，不可以为悦"，杨伯峻指出，"书注皆以不得'谓

[①] （南宋）朱熹：《四书章句集注·孟子集注》卷四，中华书局1983年版，第245页。

法制所不当得'"。① 理雅各也依循传统将之译为 If prevented by statutory regulations from making their coffins in this way, men cannot have the feeling of pleasure,"如果法律制度禁止人们这样制作棺木,人们就会感到不满足"。赖发洛认为"不得"是"不得棺木"的省略,将本句译为: If they are not to be had he cannot be happy,"如果不能找到棺木,他(孝子)会不高兴"。刘殿爵根据上下文,译为 However, if such wood is not available, one cannot have the satisfaction of using it,"如果不能找到这种棺木,人们就不会有使用它的满足"。笔者认为,赖发洛和刘殿爵的翻译更符合原文的意思。从文意上看,中古时已经对棺椁的厚度进行了规定,以使孝子"尽于人心",获得内心的安慰。虽然法律做出了这样周密的考虑,但是如果孝子因为自己的原因无法达到礼制的规定,就会因无法"尽于人心"而内疚。因而"不得,不可以为悦;无财,不可以为悦"指的是因孝子自身原因而无法尽人心的情况,和"法制"无关。

翻译"且比化者无使土亲肤,于人心独无恔乎"的关键是对"比"的理解。传统观点一般训"比"为"为了",理雅各受其影响,将之译为 And moreover, is there no satisfaction to the natural feelings of a man, in preventing the earth from getting near to the bodies of his dead,"(这样做是)为了避免死者的尸体和泥土相接触,从人的自然感情出发,这难道不是件令人高兴的事么?"虽然他的译文从文意上讲得通,但与古代语法结构略显不合。根据尹洁的研究,否定副词+"使"的句式,在《十三经》中共23例,均表示"使役""使令"之义,但是对于介宾短语+否定副词+"使"的句式,除《孟子·公孙丑下》中该句以外,未见他例。② 赖发洛和刘殿爵选择了"比"的另一含义"及其时"。赖发洛将本句译为: Moreover, when corruption sets in, will it not ease a man's heart too if the earth cannot tou-

---

① 杨伯峻:《孟子译注》,中华书局1960年版,第99页。
② 尹洁:《〈孟子〉"比化者"献疑》,《兰州学刊》2009年第S1期。

ch the flesh?""当尸体开始腐烂的时候,如果能使泥土不接触尸体,难道不会使人安心么?"刘殿爵的译文是:Furthermore, does it not give one some solace to be able to prevent the earth from coming into contact with the dead who is about to decompose?"难道能够阻止泥土接触将要腐烂的尸体,不会给人一些安慰?"笔者认为,尹洁的考证缺乏说服力,不能认为《十三经》中缺乏介宾短语+否定副词+"使"的句式,就否认将"比"理解为"为了"的可行性。刘殿爵和赖发洛的译文是对前代学者研究的合理创新,丰富了原文的内涵。

"君子不以天下俭其亲"是孟子对孔子"孝"的思想的继承和发展。孟子认为,葬祭父母应遵循礼的规定,只有这样才能尽孝子之心,获得内心的平静。孟子这句话是针对墨家"节葬"的观点而发,认为不论什么时候,君子都不能在父母身上节省花费。此处的"俭",根据《说文解字》,释为"俭,约也"。段玉裁注云:"约者,缠束也。俭者不敢放侈之意。"[①]《颜氏家训》对"俭"进一步注解"俭者,省约为礼之谓也;吝者,穷急不恤之谓也"[②]。可见,"俭"并非吝啬,而是在符合"礼"的范围内,不要过于奢侈。

理雅各将本句译为:the superior man will not for all the world be niggardly to his parents,"君子不能以天下为理由,在父母身上小气",理雅各用 be niggardly 翻译"俭"。根据《牛津词典》niggardly 是 unwilling to be generous with money, time, etc,即在钱和时间等方面不大方。刘殿爵译为:a gentleman would not for all the world skimp expenditure on his parents,"君子不能为了天下,减少在父母身上的花费"。根据牛津词典,skimp 的解释是 to try to spend less time, money, etc. on sth than is really needed,即在那些真正需要的事情上,试图花费较少的时间和金钱。这两个译文都准确再现了孟子关于"孝"

[①] (东汉)许慎撰,(清)段玉裁注:《说文解字注》,上海古籍出版社 1981 年版,第 376 页。

[②] (北齐)颜之推:《颜氏家训》,檀作文译注,中华书局 2016 年版,第 34 页。

的认识。赖发洛将"亲"理解为"亲人",将本句译为 A gentleman, I have heard, will not stint his kin for all below heaven,"君子不会为了天下而对亲人吝啬"。从文意看,此处的"亲"应特指"父母",因而赖发洛的译文不够准确。stint 通常用于否定句,指仅仅提供或使用某物的很少的部分,能够部分体现"俭"的含义。相较而言,刘殿爵的译文对"俭"的翻译更准确。

卷五　滕文公章句上

5.1　滕文公为世子,将之楚,过宋而见孟子。孟子道性善,言必称尧舜。世子自楚反,复见孟子。孟子曰:"世子疑吾言乎?颜渊曰:'舜,何人也?予,何人也?有为者亦若是。'公明仪曰:'文王,我师也,周公岂欺我哉?'今滕,绝长补短,将五十里也,犹可以为善国。《书》曰:'若药不瞑眩,厥疾不瘳。'"

孟子在本章首次提出了"性善"说,但未展开论述他对人性的独特看法。因而,在讨论译文前,有必要在孟子的整个思想体系下梳理一下他的人性观。

我们可以从《孟子》文本中找到他对性善的论述。孟子认为"恻隐之心,人皆有之;羞恶之心,人皆有之;恭敬之心,人皆有之;是非之心,人皆有之。恻隐之心,仁也;羞恶之心,义也;恭敬之心,礼也;是非之心,智也。仁义礼智,非由外铄我也,我固有之也,弗思耳矣"(《孟子·告子上》)。可见,孟子相信"四心"是人性的基本内涵,人先天地具有善性。孟子同时强调,人需要将善性存养、扩充以实现自己的性。因为"恻隐之心,仁之端也;羞恶之心,义之端也;辞让之心,礼之端也;是非之心,智之端也"(《孟子·公孙丑上》)。"端"是开端、发端之意,故还需要"扩而充之"。因而,孟子对性善的认识应是人性天生就具有善性,但需要后天的扩充才能实现。

可见,不少学者将"道性善"简单理解为"认为人性是善的"不准确,缩小了孟子"道性善"的内涵。正如梁涛所说:"《孟子》一书中只说'孟子道性善'、'言性善',而'道性善'、'言性善'是宣传、言说关于性善的一种学说、理论,是不能直接等同于'人性是善的'。'人性是善的'是一个命题,是对人性的直言判断,而'性善'则是孟子对人性的独特理解,是基于孟子特殊生活经历的一种体验与智慧,是一种意味深长、富有启发意义的道理。"① 在翻译"孟子道性善,言必称尧舜"时,理雅各的译文是:"Mencius discoursed to him how the nature of man is good, and when speaking, always made laudatory reference to Yâo and Shun。"可见,理雅各在翻译时看到了"性善"内涵的丰富性和独特性,将"道性善"翻译为"和他讨论人性如何善良"是准确的。赖发洛将之译为:"Speaking of the goodness of our nature, Mencius always praised Yao and Shun。"他将"道性善"翻译为"谈及我们本性的善良",缩小了"道性善"的内涵。刘殿爵译为:"he saw Mencius who talked to him about the goodness of human nature, always citing as his authorities Yao and Shun。"刘殿爵"道性善"翻译为"告诉他关于人性的善良"。相比较而言,理雅各和刘殿爵的译文相对更准确,但也不能传播"道性善"所包含的丰富的思想内涵。

对于"言必称尧舜",朱熹注曰:"人与尧舜初无少异,但众人汩于私欲而失之,尧舜则无私欲之蔽,而能充其性尔。故孟子与世子言,每道性善,而必称尧舜以实之。欲其知仁义不假外求,圣人可学而至,而不懈于用力也。"② 根据朱熹的解释,此处的"称"有"称引""援引"尧舜以证实之意。刘殿爵亦把"称"理解为"援

---

① 梁涛:《郭店竹简与思孟学派》,中国人民大学出版社2008年版,第362页。
② (南宋)朱熹:《四书章句集注·孟子集注》卷五,中华书局1983年版,第251页。

引", 将之译为 "citing as his authorities Yao and Shun"。根据刘译本, 尧舜是孟子人性善的证据。尧舜是古代的圣君, 用他们证明人性善, 会使孟子的性善说不具备普遍性和说服力。理雅各的 made laudatory reference to Yâo and Shun 和赖发洛的 praised Yao and Shun 则认为 "称"指"称颂、赞许", 将"言必称尧舜"译为"总是称赞尧舜"。根据文意, 理译本和赖译本亦不妥。既然孟子认为人性本善, 人人都可以为尧舜, 那么就没有必要称赞尧舜可以做到性善了。从全文来看, 孟子在这里鼓励藤文公努力行善, 以成为尧舜那样的圣人, 故将"称"理解为"相称（chèn）, 合适, 配得上", 因而亨顿的译本 he must strive to equal Yao and Shun, 即孟子希望"世子努力成为尧舜那样的人"更合适。

在翻译"彼, 丈夫也; 我, 丈夫也"时, 理雅各的译文是 They were men. I am a man; 赖发洛的译文是: They were men, I am a man; 刘殿爵的译文是 He is a man and I am a man。学界对"彼"的理解大体有三种: 第一种观点是泛指那些有大丈夫气的人; 第二种观点认为, 特指齐景公。焦循指出, "赵氏以彼为尊贵者, 盖指景公言"。[1] 第三种观点认为, 特指尧舜等圣人。朱熹注曰: "彼, 谓圣贤也。"[2] 虽然理雅各将"彼"译为"they", 但在注释中指出它特指圣人, 和朱熹的注解一致。赖发洛也持这种观点, 强调"彼"指尧和舜。刘殿爵将"彼"译为"he", 认为泛指有大丈夫气的人。孟子在文中引用成覸、颜渊和公明仪的话, 旨在证明不论是大丈夫, 还是圣人, 其"道一而已矣", 因而成覸的"彼"应泛指有男子汉气的大丈夫。如果"彼"特指圣人尧舜, 就和后面颜渊的话重复, 故刘译本更准确。

对"公明仪曰:'文王, 我师也, 周公岂欺我哉?'"有两种理解: 一种观点认为"文王, 我师也"是公明仪引用的周公的话, 而"周公

---

[1] （清）焦循:《孟子正义》卷十, 中华书局 1987 年版, 第 320 页。
[2] （南宋）朱熹:《四书章句集注·孟子集注》卷五, 中华书局 1983 年版, 第 251 页。

岂欺我哉?"是他对这句话的评价。朱熹就持这一观点,指出"文王我师也,盖周公之言。公明仪亦以文王为必可师,故诵周公之言,而叹其不我欺也"。① 另一种观点认为,公明仪为贤能之人,他师文王信周公。如赵岐认为,"公明仪,贤者也。师文王,信周公,言其知所法则也"。② 这两种解释各自成理,用在此处都能解释的通。理雅各和刘殿爵的理解同朱熹,将之分别译为 King Wân is my teacher. How should the duke of Châu deceive me by those words?"文王是我的老师,周公的这句话怎么会欺骗我呢?"和 When he said that he modeled himself on King Wen, the Duck of Chou was only telling the truth,"当周公说他以文王为师时,他只是在陈述一个事实"。赖发洛将之直译为 King Wen is my teacher; would the Duke of Chou cheat me?"文王是我的老师,周公会欺骗我么?"他的译文没有体现前后两句的逻辑关联,使文意晦涩难懂。相比较而言,理雅各和刘殿爵的译文在传意上更准确。由于中西语言存在较大差异,有时候用简短的汉语可以清楚表达的含义,在翻译成英语时,需要作出必要的补充才能说清楚。译者如果过于拘泥逐字对译原文,反而不容易让读者理解。

5.3 滕文公问为国。孟子曰:"民事不可缓也。《诗》云:'昼尔于茅,宵尔索绹;亟其乘屋,其始播百谷。'民之为道也,有恒产者有恒心,无恒产者无恒心。苟无恒心,放辟邪侈,无不为已。及陷乎罪,然后从而刑之,是罔民也。焉有仁人在位罔民而可为也?是故贤君必恭俭礼下。取于民有制。阳虎曰:'为富不仁矣,为仁不富矣。'夏后氏五十而贡,殷人七十而助,周人百亩而彻,其实皆什一也。彻者,彻也;助者,籍也。龙子曰:'治地莫善于助,莫不善于贡。贡者,校数岁之中以为

---

① (南宋)朱熹:《四书章句集注·孟子集注》卷五,中华书局 1983 年版,第 251—252 页。

② (清)焦循:《孟子正义》卷十,中华书局 1987 年版,第 320 页。

常。乐岁，粒米狼戾，多取之而不为虐，则寡取之；凶年，粪其田而不足，则必取盈焉。为民父母，使民盼盼然，将终岁勤动，不得以养其父母，又称贷而益之，使老稚转乎沟壑，恶在其为民父母也？夫世禄，滕固行之矣。《诗》云：'雨我公田，遂及我私。'惟助为有公田。由此观之，虽周亦助也。设为庠序学校以教之。庠者，养也；校者，教也；序者，射也。夏曰校，殷曰序，周曰庠；学则三代共之，皆所以明人伦也。人伦明于上，小民亲于下。有王者起，必来取法，是为王者师也。《诗》云：'周虽旧邦，其命惟新。'文王之谓也。子力行之，亦以新子之国。"使毕战问井地。孟子曰："子之君将行仁政，选择而使子，子必勉之！夫仁政，必自经界始。经界不正，井地不钧，谷禄不平，是故暴君污吏必慢其经界。经界既正，分田制禄，可坐而定也。夫滕，壤地褊小，将为君子焉，将为野人焉。无君子，莫治野人；无野人，莫养君子。请野九一而助，国中什一使自赋。卿以下必有圭田，圭田五十亩；余夫二十五亩。死徙无出乡，乡田同井，出入相友，守望相助，疾病相扶持，则百姓亲睦。方里而井，井九百亩，其中为公田。八家皆私百亩，同养公田；公事毕，然后敢治私事，所以别野人也。此其大略也；若夫润泽之，则在君与子矣。"

通过向滕文公讲述治国之道，孟子详细阐述了自己的政治理想：重视民事，使民有恒产，并以此为基础兴办学校，教育人民。孟子认为这一政治蓝图得以实现的前提是井田制。虽然井田制在人类历史上曾起过积极作用，但已经不符合战国时期的社会生产力水平，这从根本上决定了孟子的政治主张不可能实现。

在翻译"《诗》云：'昼尔于茅，宵尔索绹；亟其乘屋，其始播百谷'"时，理雅各和刘殿爵分别将"《诗》"翻译为 the Book of Poetry 和 The Book of Odes。赖发洛的译文是 The poem。此处的《诗》专指中国最早的诗歌总集，在汉代时被尊为《诗经》，而非普通的一首诗。因而赖发洛的译文不准确。理雅各的"the Book of Poetry",指的是普通的诗歌总集。而刘殿爵的 The Book of Odes,强调的是颂诗、颂歌,即为了纪念某人、某物或者某一特殊事件而作,通常伴随着音乐和舞蹈。《诗》包含《风》《雅》《颂》三个部分。《风》主要是记载是周代各地的民歌、《雅》是周人的正声雅乐亦即宫廷音乐,《颂》是宗庙祭祀的乐歌。因而相比较而言,刘殿爵的译文更准确。理雅各将《诗》的内容翻译为:

> In the day-light go and gather the grass,
> And at night twist your ropes;
> Then get up quickly on the roofs;
> Soon must we begin sowing again the grain.

赖发洛的译文是:

> Out in the reeds by day:
> Binding, plaiting by night:
> Climb the roof betimes:
> There are hundreds of seeds yet to sow.

刘殿爵的译文是:

> In the day time they go for grass;
> At night they make it into ropes.
> They hasten to repair the roof;
> Then they begin sowing the crops.

理雅各和刘殿爵的译文基本保留了原文的句式结构,赖发洛则保留了原文简练的风格。三位译者最大的区别是在翻译"亟其乘屋"

时，理雅各和赖发洛皆取"乘"的本义"登，升"，将之译为"很快爬上屋顶"和"快速地爬上屋顶"。译文虽能体现原文的字面意思，但割裂了诗句的前后联系，不便于读者理解。刘殿爵取"乘"的引申义，将"亟其乘屋"译为"赶紧修葺屋顶"更准确、易懂。

"有恒产者有恒心"是孟子仁政思想的重要内容。准确翻译这句话的关键是对"恒"的理解。"恒"是六书中的会意字，目前尚未发现甲骨文，最早出现在金文中，根据《汉典》的解释，金文"恒"从心，从月，从二。"二"，表示天地。本义：永久，长久。理雅各将之译为：Those with constant means of support will have constant hearts。他选择用constant翻译"恒"。根据《柯林斯词典》，If an amount or level is constant, it stays the same over a particular period of time，即表示数量或程度在一个特定时期内保持不变，基本能体现原文之义。赖发洛的译文是：The way of the people is this：—If they have a certain livelihood, they will have a fixed heart。赖发洛选择用两个不同的单词a certain livelihood（某种生活方式）和a fixed heart来翻译"恒产"和"恒心"。根据《柯林斯词典》，You use fixed to describe something which stays the same and does not or cannot vary。可见，fixed通常用来描述保持不变或者不能改变的事物，与"恒"固有的长久、不容易变的内涵不符合。刘殿爵的译文：If they have a stable living, they have stable hearts，根据《柯林斯词典》，If something is stable, it is not likely to change or come to an end suddenly，即如果说某事物稳定，它就不会轻易改变或者突然终结。可见，刘殿爵的译文更符合孟子仁政思想的内涵。

"夏后氏五十而贡，殷人七十而助，周人百亩而彻"，是夏商周三代的土地和赋税政策。首先看一下"贡、助和彻"的含义。朱熹注曰："夏时一夫授田五十亩，而每夫计其五亩之入以为贡。商人始为井田之制，以六百三十亩之地，画为九区，区七十亩。中为公田，其外八家各授一区，但借其力以助耕公田，而不复税其私田。周时一夫授田百亩。乡遂用贡法，十夫有沟；都鄙用助法，八家同井。

耕则通力而作，收则计亩而分，故谓之彻。"① 可见，"贡""助""彻"是中国古代社会特有的租税和土地制度，内涵极其丰富。理雅各将之分别译为"the payment of a tax（交税）""mutual aid（互助制度）"和"the share system（共享制度）"。译文仅仅抓住了"贡""助""彻"的某个显著特征，不能涵盖它们丰富的内涵，而且容易以偏盖全，产生误解。赖发洛也存在类似的缺陷，将之分别译为"was taxed（征税）""gave aids（提供帮助）"和"tithed（什一税）"。在西方国家，"tithed"通常和宗教捐税相关，容易引起不必要的文化联想。刘殿爵将"贡""助""彻"分别翻译为"the 'kung' method of taxation""'chu' method"和"the 'che' method"。译文既能体现"贡""助""彻"指不同的租税方法，又表明这三个词含义独特，在英语世界没有对等词。为了方便读者理解，他还在索引中对这三种租税方法做了详细、准确的介绍。

在翻译"乐岁，粒米狼戾，多取之而不为虐，则寡取之；凶年，粪其田而不足，则必取盈焉"时，

理雅各的译文是：In good years, when the grain lies about in abundance, much might be taken without its being oppressive, and the actual exaction would be small. But in bad years, the produce being not sufficient to repay the manuring of the fields, this system still requires the taking of the full amount。

赖发洛的译文是：In a glad year, when grain is wolfishly wasted and much could be taken without cruelty, little is taken. In a bad year, when the fields are dunged but do not give enough, the full portion must be taken。

刘殿爵的译文是：In good years when rice is so plentiful that it goes to waste, the people are no more heavily taxed, though this would mean no

---

① （南宋）朱熹：《四书章句集注·孟子集注》卷五，中华书局1983年版，第254页。

hardship; while in bad years, when there is not enough to spare for fertilizing the fields, the full quota is insisted upon。

首先看译者对"乐岁"的翻译。"乐岁"指的是物产丰收的年岁，理雅各和刘殿爵的 good years 能准确体现原文之义；而赖发洛按字面意思翻译为 a glad year，即开心的年份，不能准确体现"乐岁"的含义。

再次看译者对"狼戾"的翻译，理雅各将之理解为"非常充裕，到处都是"。赖发洛译为"残忍地浪费"。刘殿爵的译文是"非常充裕，以至浪费"。从上下文看，"乐岁"和"凶年"，"狼戾"和"不足"相对举而言，故与"浪费"相比，"充裕"更符合"狼戾"之义。此外，"狼戾"不仅表明谷物非常充裕，还传递了散乱堆放、到处都是的杂乱意象。理雅各的译文能完整、准确地体现"狼戾"引发的文化联想。刘殿爵的译文虽也表达了"充裕"之义，但更强调"不珍惜，浪费"。赖发洛的译文只表明"浪费"，最不准确。

最后看译者对"则"的处理。"则"的本义是规则章程，此处为连词，表示正相反，表对照。理雅各的译文用表示并列的 and 来翻译，不能体现出转折对比的意思。赖发洛的译文没有体现出则前后的对比，刘殿爵的译文可以体现原文的内涵，但是改变了原文的句式结构，没有体现则的前后对比。相比较而言，赵甄陶的译文更能准确体现前后的对比和转折，现收录如下：In good years, when the grain is so abundant that no harm would ensue if a larger quantity than usual was taken, but slight taxes are levied on it。

"庠序学校"泛指我国古代的教育机构。综合各家注释，概括来说，"庠、序、校"指乡学，分别以养老、习射和教民为义，而"学"则指国学。这些教育机构在英语中没有对等词，理雅各和刘殿爵在翻译时，皆采取音译加注的方法，笔者认为，这是翻译中国特有的社会习俗制度的最佳方式。赖发洛则试图在英语中寻求与之最贴近的词。他将"庠"翻译为"Hostels"。"Hostels"的含义是旅馆或学生宿舍，与以养老为义的地方学校"庠"的含义相差甚远。此外，英语中的"colleges, schools and academies"和"序学校"的含义也有天壤之别。

孟子在本章还详细论述了井田制以及与之相关的各项制度。从译文看，译者对这些制度的理解存在差别。

首先看他们对"卿以下必有圭田，圭田五十亩；余夫二十五亩"的翻译。理雅各将之译为：From the highest officers down to the lowest, each one must have his holy field, consisting of fifty mâu. Let the supernumerary males have their twenty-five mâu. 根据《牛津词典》，holy connected with God or a particular religion, "从最高级官员到最低级官员，每个人都必须有五十亩的圣洁土地。剩余的男劳力，可获得二十五亩土地"。赖发洛的译文是：For councilors and those of lower rank there must be sceptre fields. The sceptre field should be fifty roods, the odd men twenty-five roods, "（君主的）顾问和低级官员，必须有象征权力的土地（即俸禄田）五十亩，剩余的男劳力，可获得二十五亩"。根据《牛津词典》，sceptre 象征王权的节杖，刘殿爵的译文是：From Minister downwards, every official should have fifty mu of land for sacrifice purposes. In ordinary households every extra man is to be given another twenty-five mu。"卿以下的官员，都应当有五十亩供祭祀的土地。普通人家有多余的男劳力，可以再分给二十五亩。"

通过排列对举可以清楚看出，三位译者对"圭田"的理解不同。理雅各认为"圭田"象征圣洁，与宗教有关。赖发洛认为"圭田"代表权力，与俸禄有关。刘殿爵强调"圭田"用来祭祀。理雅各和刘殿爵的译文虽强调的侧重点不同，但都释"圭"为"洁"，认为"圭田"是供卿、大夫和士祭祀用的圣洁之田。二人的译文显然受朱熹"圭，洁也，所以奉祭祀也"[①]的影响。不过，焦循在《孟子正义》中还提到了另外两种理解：一是郑玄的"仕

---

① （南宋）朱熹：《四书章句集注·孟子集注》卷五，中华书局 1983 年版，第 256 页。

者亦受田，所谓圭田也"；二是孙兰在《舆地隅说》中提出的："凡零星不成井之田，一以圭法量之。圭者，合二句股之形。井田之外有圭田，明系零星不井者也。"① 笔者认为，对"圭田"的这三种理解，皆言之有理，都可以接受。赖发洛在注解中，大胆提出了他对"圭田"的认识。他认为，圭田是用来种谷物的俸禄田，属于井田中间的一百亩公田。他颠覆了主张圭田不属于井田的传统观点。笔者认为，赖发洛用来支持自己对圭田认识的论据不充分。他的依据是，"孟子主要讲述井田，怎么会在开始时先论及不属于井田的圭田？"他仅以此为理由，指出圭田是井田的组成部分。显然，这一论据是苍白无力的。

三位译者对"余夫二十五亩"的翻译也存在歧义。理雅各和赖发洛认为"余夫"特指公卿以下官吏家的余夫。刘殿爵则认为，"余夫二十五亩"是针对一般农户而言。他的译文具有较多训诂资料的支撑。赵岐注曰："余夫者，一家一人受田，其余老小尚有余力者，受二十五亩，半于圭田，谓之余夫也。"② 朱熹指出："程子曰：'一夫上父母，下妻子，以五口八口为率，受田百亩。如有弟，是余夫也。年十六，别受田二十五亩，俟其壮而有室，然后更受百亩之田。'愚按：此百亩常制之外，又有余夫之田，以厚野人也。"③ 尽管如此，笔者更支持理雅各和赖发洛的译文，正如杨伯峻所说："此句承上圭田而言，恐不能和《周礼遂人》'余夫亦如之'的'余夫'（一般农民家的余夫）一例看待。"④

其次，看译者对"死徙无出乡"的翻译。赖发洛将本句译为 On death or removal nothing leaves the shire，"在死亡或者迁移时，不得从本郡带走任何（土地上的所得的）东西"。他认为这句话的含义很

---

① （清）焦循：《孟子正义》卷十，中华书局1987年版，第355页。
② （清）焦循：《孟子正义》卷十，中华书局1987年版，第354—355页。
③ （南宋）朱熹：《四书章句集注·孟子集注》卷五，中华书局1983年版，第256页。
④ 杨伯峻：《孟子译注》，中华书局1960年版，第123页。

模糊，有必要作进一步解释，因而在注释中指出，当一个官员被调离后，在其上任的地区，会重新分配给他土地作为俸禄。当这名官员去世后，他的家人可以继续保留君主赐给的土地，但是不能离开去别处居住，从而成为外居地主（absentee landlords）。他将本句和前面的"卿以下必有圭田，圭田五十亩；余夫二十五亩"联系起来，认为此处仍在论述对官员俸禄田的处理方法。笔者认为，从前面将圭田划入井田的组成部分，到此处对"死徙无出乡"含义的判断，都建立在译者大胆推测的基础之上，是对原文含义的背离。理雅各和刘殿爵的译文分别是 On occasions of death, or removal from one dwelling to another, there will be no quitting the district，"不管是丧葬还是搬家，都不会离开本地"和 Neither in burying the dead, nor in changing his abode, does a man go beyond the confines of his village，"不论是丧葬还是搬家，人们都不会离开自己的村庄"。他们将本句和"乡田同井，出入相友，守望相助，疾病相扶持，则百姓亲睦"结合起来翻译，认为此处是在论述井田制下百姓的生活方式。笔者认为，这样理解更符合原文的意思。

最后，看译者对"方里而井，井九百亩"的翻译。理雅各的译文是 A square lî covers nine squares of land, which nine squares contain nine hundred mâu，"每一平方里包含九个正方形的土地，这九个正方形共九百亩。"他在翻译"井"时采取解释性翻译策略，根据自己对"井田制"的理解，将之译为"九个正方形的土地"。他的译文略显笨拙、僵硬。赖发洛的译文是 If each Well is one mile square, the Well will be nine hundred roods，"如果一个井田是一平方英里，那么这个井田将有九百路德"。他将"井"翻译为"Well"，但英文"Well"和中国的"井田"似乎没有什么联系，尽管赖发洛推测"井田制"这一名称的出现或许是因为田地中间有一个"well（井）"。不仅如此，他用英国人熟悉的"平方英里""路德"翻译古汉语的"方里"和"亩"，也容易使读者对井田制产生错觉。刘殿爵的译文是 A ching is a piece of land measuring one li square, and each ching consists of 900 mu，"每一平方里的土地为一个井田，每一个井田有九百亩"。他将"井"音译为"ching"，并在索引中对其做了详细的解释，因而更准确。

卷六　滕文公章句下

6.2　景春曰："公孙衍、张仪岂不诚大丈夫哉？一怒而诸侯惧，安居而天下熄。"孟子曰："是焉得为大丈夫乎？子未学礼乎？丈夫之冠也，父命之；女子之嫁也，母命之，往送之门，戒之曰：'往之女家，必敬必戒，无违夫子！'以顺为正者，妾妇之道也。居天下之广居，立天下之正位，行天下之大道；得志，与民由之；不得志，独行其道。富贵不能淫，贫贱不能移，威武不能屈，此之谓大丈夫。"

景春认为"一怒而诸侯惧，安居而天下熄"是大丈夫。孟子则认为"富贵不能淫，贫贱不能移，威武不能屈"才是真正的大丈夫。孟子认为，真正的大丈夫，在任何环境下都能够坚守自己独立的人格，不因富贵改变自己的节操，不因贫贱改变自己的理想，更不会因为武力威慑放弃自己的追求。

理雅各的译文是：Are not Kung-sun Yen and Chang î really great men? Let them once be angry, and all the princes are afraid. Let them live quietly, and the flames of trouble are extinguished throughout the kingdom。

赖发洛的译文是：Are not Kung-sun Yen and Chang Yi great men indeed! They were once angry, and the feudal lords quaked; they dwell in peace, and all below heaven the flames are quenched。

刘殿爵的译文是：Were not Kung-sun Yen and Chang Yi great men? As soon as they showed their wrath the feudal lords trembled with fear, and when they were still the Empire was spared the conflagration of war。

景春眼中的大丈夫以公孙衍和张仪为代表，译者在翻译时应对二人作注，否则不便于读者理解为什么孟子不认可他们。理雅各在翻译时，对公孙衍和张仪作了简要介绍，并解释了景春推崇二人的原因。他还为试图进一步了解二人情况的读者指明了参考书目。赖发洛的注释是："公孙衍、张仪和孟子是同时代的人。他们二人都是当时的名人，为西方秦国的强盛作出了巨大贡献。五十年后，秦王统一了全中国。"他的注解不仅对说明原文没有帮助，而且容易引起读者困惑：为什么孟子反对称那些为国家统一做出了巨大贡献的人为大丈夫？刘殿爵在附录中以检索的方式对文中出现的人名、地名作了简介，既能保持原文简洁的风格，又可以把文中出现的地名、人名介绍清楚，使译文体现了较强的学术性。

虽然三位译者在遣词造句上略有差异，但基本上都能译出"一怒而诸侯惧"的含义，但对"安居而天下熄"的翻译存在明显差别。理雅各和赖发洛取"安居"的字面意思，分别将之译为 live quietly 和 dwell in peace "安稳的生活"，刘殿爵则选择用 were still 翻译"安居"，根据《牛津词典》still 作为形容词，有 calm and quiet（平静、安稳）之意，正好和前面的"怒"相对。在翻译"天下熄"时，赖发洛按字面意思直译，理雅各和刘殿爵做了解释性添加，将之译为天下熄于动（战）乱。

"丈夫之冠也，父命之"包含了古代中国的一项重要礼仪，据《礼记·冠义》记载："古者冠礼，筮日筮宾，所以敬冠事。敬冠事所以重礼，重礼所以为国本也。故冠于阼，以著代也。醮于客位，三加弥尊，加有成也。已冠而字之，成人之道也。见于母，母拜之；见于兄弟，兄弟拜之，成人而与为礼也。"[①] 可见，加冠礼对男子非常重要，是他们步入成年人行列的象征。理雅各将"丈夫之冠也，父命之"译为：At the capping of a young man, his father admonishes

---

① （汉）郑玄注，（唐）孔颖达等正义：《礼记正义》卷六十一《冠义》，（清）阮元校刻《十三经注疏》本，中华书局1980年版，第1679页。

him；赖发洛译为 When a man is capped, his father instructs him，"在给年轻男子加冠时，父亲训导他"。两位译者都将加冠礼的表现形式，即"加冠于首"准确体现了出来。刘殿爵的译文是 When a man comes of age his father gives him advice，"当年轻男子成年时，他的父亲会教导他"。他的译文则体现了加冠礼的实质，即成年礼。从传播中国传统文化的角度讲，成功的翻译应当能够将"加冠礼"的内容和实质都体现出来。

三位译者对"以顺为正者，妾妇之道也"的翻译如下，理雅各的译文是：Thus, to look upon compliance as their correct course is the rule for women。赖发洛的译文是：To make a duty of obedience is the way for concubines and women。刘殿爵的译文是：It is the way of a wife or concubine to consider obedience and docility the norm。该句话作为孟子歧视女性的例子，在新文化运动后被广泛提及，为孟子招致了不少批评。通读全篇可以看出，孟子并不是真的歧视女性，而是强调要从实际情况出发，使自己的言行举止符合礼仪的规定。对文中的"顺"应当全面理解。在古代，妻道如臣道。妻子顺从丈夫，就如同臣子顺从君主，即并非曲意顺从，阿谀奉承，而是以义为标准，君、夫行义则顺之，不义则谏之。因而不能以此为依据，认为孟子歧视妇女。从本章的具体语境分析，孟子以"妾妇"之道喻公孙衍、张仪非大丈夫，而是阿谀奉承的小人，因而，此处的"妾妇"特指那些不问是非、一味顺从的女子，也就是被人所鄙弃的"小老婆"之道。理雅各认为"妾妇"泛指所有妇女，赖发洛认为指小老婆和妇女；刘殿爵认为指妻子和小老婆。三位译者都认为"顺"指"服从、听从"，容易引起读者对孟子的误解。

"居天下之广居，立天下之正位，行天下之大道"，朱熹注曰："广居，仁也。正位，礼也。大道，义也。"[①] 结合"仁，人之安宅

---

① （南宋）朱熹：《四书章句集注·孟子集注》卷六，中华书局 1983 年版，第 266 页。

也；义，人之正路也"(《孟子·离娄上》)和"兴于诗，立于礼，成于乐"(《论语·泰伯》)，可以断定朱熹的注解是准确的，能够体现孟子之意。理雅各将之译为：To dwell in the wide house of the world, to stand in the correct seat of the world, and to walk in the great path of the world，"居住在世界上最宽广的房子里，立足于世界上最正确的位置，走在世上最正确的道路上"。赖发洛的译文是：Dwelling in all below heaven's wide house; standing on all below heaven's true base; walking in all below heaven's great way，"居住在天下最宽广的房子里，立足天下正确的根基，走在天下的大道上"。刘殿爵的译文是 A man lives in the spacious dwelling, occupies the proper position, and goes along the highway of the Empire，"一个人居住在宽广的住所里，占据着合适的位置，走在国家的康庄大道上"。三位译者都按字面意思翻译。蔡希勤在《孟子说》中给出另外一种翻译。他将之译为（As for males）the guiding principle should be benevolence. His performance should conform to the rites and his behavior should be righteous and just。[①] 他在翻译这段话时，不拘泥于原文句型结构，而是更关注孟子思想的传播。

6.4 彭更问曰："后车数十乘，从者数百人，以传食于诸侯，不以泰乎？"孟子曰："非其道，则一箪食不可受于人；如其道，则舜受尧之天下，不以为泰——子以为泰乎？"曰："否，士无事而食，不可也。"曰："子不通功易事，以羡补不足，则农有余粟，女有余布；子如通之，则梓匠轮舆皆得食于子。于此有人焉，入则孝，出则悌，守先王之道，以待后之学者，而不得食于子；子何尊梓匠轮舆而轻为仁义者哉？"曰："梓匠轮舆，其志将以求食也；君子之为道也，其志亦将以求食与？"曰："子何以其志为哉？其有功于子，可食而食之矣。且子食志乎？食功乎？"曰："食志。"曰："有人于此，毁瓦画墁，其志

[①] 蔡希勤：《孟子说》，华语教学出版社2006年版，第47页。

将以求食也,则子食之乎?"曰:"否。"曰:"然则子非食志也,食功也。"

本章集中体现了孟子的志功观。志功是中国传统哲学的重要概念,志是主观动机,功指实际效果。在志功观上,墨子提出"合其志功而观焉"(《墨子·鲁问》)的"志功统一"说,认为动机和效果不能偏废。孟子没有明确提出他的志功观,但多数学者依据"王子垫问曰:'士何事?'孟子曰:'尚志。'曰:'何谓尚志?'曰:'仁义而已矣'"(《孟子·尽心上》)和"王何必曰利,亦有仁义而已矣"(《孟子·梁惠王上》),将孟子的志功观概括为"尚志",否定功利。但从孟子的思想体系出发,"何必曰利"的"利"实际上指违背仁义的一己私利,而"尚志"指符合"仁义"标准的"公利"。正如刘鄂培所说,"'义利之辨'实质上是公与私之辨,讨论公与私、社会和个人的关系问题"。① 概而论之,孟子尚志但不反对符合仁义的利。"其有功于子,可食而食之矣"(《孟子·滕文公下》)进一步证明,孟子志功兼重,"惟义所在"。

在志功观上,彭更的观点前后不一致。开始,他认为"士无事而食,不可也"。显然他认为功是评价行为的首要标准。理雅各将之译为:But for a scholar performing no service to receive his support notwithstanding is improper. 他选择用 scholar(学者)翻译"士",根据牛津词典,scholar 的含义是 a person who knows a lot about a particular subject because they have studied it in detail(学者是对某一特定学科了解很多的人,因为在该领域他做过详细的研究)。他的翻译看到"士"有学问,有知识的特点,但是不能准确体现儒家特有文化词语"士"的内涵。而且他将"不可"译为"improper"(不合适),削弱了原文的感情色彩。彭更开篇就表明,自己对孟子"后车数十乘,从者数百人,以传食于诸侯"不满。显然,他的态度是基于对"士无事而食"

---

① 刘鄂培:《孟子大传》,清华大学出版社1998年版,第297页。

的否定，因而"不可"应翻译为"不正确"。赖发洛的译文是：but it will not do for a knight to take food without doing service。他选择用 knight（骑士）翻译"士"，虽然中国的"士"和欧洲的"骑士"有相似之处，但区别更为明显。在儒家学说中，"士"在更多时候指知识分子阶层，他们凭借自身高尚的品德，践行礼仪，感染百姓，教化人民。而"骑士"往往会让西方读者联想到中世纪受过正规军事训练的骑兵。二者一个凭文见长，一个以武著称。他对"不可"的翻译是"will not do"，即不会去做。可见，他的译文表明，士人本身不认可这种无事而食的行为。刘殿爵的译文是：But it is not right for a Gentleman not to earn his keep。他认为儒家学说中的"士"和"君子"具有很多相似之处，因而选择用同一个单词"gentleman"来翻译它们。在《孟子》中，"士"和"君子"属于出现频率较高的词，前者出现了94次，后者出现了82次。二者虽有相似处，但区别更为明显。"士"在《孟子》中多指有理想有志向的知识分子，可以凭借自己的知识和技能实现自身地位的提升；而"君子"通常指那些品德高尚的人。尽管刘殿爵为凸显二者的区别，在翻译"士"时将"gentleman"大写，但仍容易混淆二者的含义。他将"不可"翻译为"不正确"，能准确体现彭更对"士无事而食"的态度。

在"子不通功易事，以羡补不足"中，"通"和"易"相呼，"功"和"事"相应，泛指各种职业的人相互交换劳动成果。理雅各按照原文的句型结构，将之译为：If you do not have an intercommunication of the productions of labour, and an interchange of men's services, so that one from his overplus may supply the deficiency of another。译文不仅准确译出了原文之意，还保留了原文同义反复强调的特点。赖发洛的译文是：Sir, if you do not exchange work and swap services, taking what is over to patch what is wanting, the husbandman will have spare grain and the woman will have spare cloth。他的译文也能再现原文的行文特点，但将"子"翻译为"Sir"即"先生，阁下"（对上级、长辈、老师等的尊称）不妥。在古代，尤其是儒家学说中，

"子"虽然通常会被用作敬称,但在翻译时不能一概而论,应根据具体语境而定。在本章,孟子谈话的对象是自己的弟子,显然"子"不可能表尊敬,而是对"男子的通称"。刘殿爵的译文是:If people cannot trade the surplus of the fruits of their labours to satisfy one another's needs。他的翻译既能准确传意,又符合英文不喜重复的表达习惯。

在翻译"入则孝,出则悌"时,理雅各将之译为:who, at home, is filial, and abroad, respectful to his elders;赖发洛译为:Here is a man who is pious at home and modest abroad;刘殿爵的译文是:He is obedient to his parents at home and respectful to his elders abroad。

"孝"和"悌"都是儒家重要的核心概念。从古文字字形来看,"孝"的上面为一个弯腰驼背的老人形象,下面是一个小孩。东汉许慎将之解为:"善事父母者。从老省,从子。子承老也。"清段玉裁注曰:"《礼记》:孝者,畜也。顺于道,不逆于伦。"[①] 可见,"孝"的本义是"善事父母",规定了子女对父母的义务。《说文解字》卷十心部:"悌,善兄弟也。从心弟聲。"[②] 后泛指敬重同乡的长上。

理雅各将"孝"译为"filial"。"filial"的主要含义是"子女应作的,孝顺的",基本上能体现"孝"的本义,但不能包含儒家孝论的全部内容,如"礼""敬""葬"等。赖发洛将"孝"译为"pious"。"pious"更强调宗教上的虔诚,并且含有虚伪的意思,和儿女发自内心的至真至切的孝顺之心相差甚远。刘殿爵将"孝"翻译为"obedient to his parents(对父母唯命是从)"。他的翻译更符合秦汉以后变异的儒家孝论,而非原生儒家对孝的定义。曾振宇曾将以孔子为代表的原生儒家孝论概括为四个方面:养亲、敬亲、谏亲和丧致乎哀而止。[③] 他指出:"注重自然亲情、追求人格独立与平等的原生儒家孝论,自秦汉以降便走向了它自身的反面。愚忠与愚孝

[①] (东汉)许慎撰,(清)段玉裁注:《说文解字注》八篇上,上海古籍出版社1988年版,第398页。

[②] (东汉)许慎:《说文解字》,中华书局1963年版,第224页。

[③] 参阅曾振宇《儒家孝论的发生及其变异》,《文史哲》2002年第6期。

一同诞生,强调子女对父母尊长绝对无条件的顺从是秦汉之后孝论最大的特点。"① 可见,刘殿爵的译文更侧重于阐发变异后的儒家孝论。理雅各和刘殿爵的译文基本能体现"悌"的含义,赖发洛的译文体现了"悌"谦虚、谦逊的特点,但是过于笼统。

在翻译"守先王之道,以待后之学者"时,理雅各将之译为:(a man) who watches over the principles of the ancient kings, awaiting the rise of future learners。

赖发洛译为:He guards the way of bygone kings, in readiness for the learners to come。

刘殿爵译为:(He) acts as custodian of the way of the Former Kings for the benefit of future students。

首先看"守"的翻译。理雅各选择用 watch over 翻译,根据《柯林斯词典》,If you watch over someone or something, you pay attention to them to make sure that nothing bad happens to them, 可见,他的译文更侧重"守"的"看顾、照料"之意。赖发洛选择用 guards 翻译"守",取守卫、保卫之意;刘殿爵将之译为 acts as custodian(像守护者那样),可见三位译者都关注"守"的守卫、保护之意。根据前后文,此处的"守"应是"遵守、奉行"之意。

译者对"待"的理解不同。理雅各和赖发洛取"待"的字面意思"等待",分别将之译为"awaiting"和"in readiness for"。刘殿爵受焦循"惟守先道以扶持后学,所以有功"②的影响,将之译为"for the benefit(帮助、扶持)"。笔者认为,将"待"翻译为"等待"过于消极,与孟子的言行不符。孟子并非消极等待君主自觉践行先王之道,而是主动去各诸侯国游说,并"言必称尧舜"(《孟子·滕文公上》),时刻不忘宣扬先王之道。可见,孟子一直都在努力说服和帮助君主实践仁政,而非消极等待君主自觉向仁,因而刘

---

① 曾振宇:《儒家孝论的发生及其变异》,《文史哲》2002 年第 6 期。
② (清)焦循:《孟子正义》卷十二,中华书局 1987 年版,第 428—429 页。

殿爵将之译为"扶持后代学者"更准确。综上，大中华文库版《孟子》英译本将"守先王之道，以待后之学者"翻译为"（a man who）adheres to the principles of the ancient saintly kings and whom the younger generation can learn from"更准确。

在和孟子的辩论中，彭更又改变了观点，认为"食志"是判断行为的标准。理雅各和刘殿爵将"志"翻译为"intention（计划、意图和目的）"，属于行为动机的范畴，基本上能体现"志"的含义。赖发洛将"志"翻译为"purpose"。它除了具有目的、意图的含义之外，还有效果、意义的含义，将"功"的部分内涵也包含其中，不利于将"志功"之辩说清楚。

"墁"的本义是"粉刷墙壁的镘刀"，但从文意和孟子说理的逻辑看，它在此处应指代墙壁。理雅各将"毁瓦画墁"译为"There is a man here, who breaks your tiles, and draws unsightly figures on your walls；这儿有个人，他打碎了瓦，并在墙上画了一些丑陋的图案"。他的译文虽以直译著称，但不拘泥于逐字翻译，有时会根据文意作出必要的添加，使译文略显冗长。赖发洛的译文是"Here is a man smashing tiles and scrawling on the plaster；这儿有个人，他打碎瓦，并在墙上乱画"。他的译文再现了原文简洁的风格。显然，二人的译文都认为，"毁瓦画墁"是将有用变为无用的破坏行为，对别人没有任何功劳。刘殿爵提出了一种新的解释，他取"墁"的本义"粉刷墙壁的镘刀"，将"毁瓦画墁"译为"Here is a man who makes wild movements with his trowel, ruining the tiles；用镘刀胡乱划，破坏了屋瓦"。镘刀本是用来粉刷、美化墙壁的，但因使用不当而导致屋瓦被毁。虽然使用镘刀的动机是使墙壁变得更漂亮，但使用者也不能因此获得食物。他的这一创新性翻译也是可以接受的。

6.6 孟子谓戴不胜曰："子欲子之王之善与？我明告子。有楚大夫于此，欲其子之齐语也，则使齐人傅诸？使楚人傅诸？"曰："使齐人傅之。"曰："一齐人傅之，众楚人咻之，虽日挞而求其齐也，不可得矣；引而置之庄岳之间数年，虽日挞而求其楚，亦不可得矣。子谓薛居州，善士也，使之居于王所。在于王所者，长幼卑尊皆薛居州也，王谁与为不善？在王所者，长幼卑尊皆非薛居州也，王谁与为善？一薛居州，独如宋王何？"

环境对人的影响，古人在很早的时候就已经注意到了。孔子宣扬"里仁为美"（《论语·里仁》），孟子强调"富岁，子弟多赖；凶岁，子弟多暴"（《孟子·告子上》），荀子主张"蓬生麻中，不扶而直；白沙在涅，与之俱黑"（《荀子·劝学》）。在本章，孟子通过举"楚大夫欲其子学齐语"的例子，旨在说明环境对学习语言的影响，并由引出虽然人性本善，但容易受外界环境的影响，因而欲使王为善政，应确保他身边围绕着正人君子，以避免"陷溺其心"。

孟子以疑问句"子欲子之王之善与？"开启了与戴不胜的谈话。理雅各将之译为：I see that you are desiring your king to be virtuous；赖发洛的译文是：Do you wish well to your King, Sir? 刘殿爵的译文是：Do you wish your King to be good?

理雅各选择用肯定翻译，赖发洛和刘殿爵选择与原文保持了一致。笔者认为，尽管本句以提问的方式出现，但暗含肯定之意，因而理雅各的翻译是可以接受的。"为善"指拥有高尚的品德，做对国家和百姓有益的事情。理雅各将之译为"be virtuous"。"virtuous"的含义是善良正直，品行端正，更侧重个人在道德修养上的成果。赖发洛用"well"翻译"为善"。"well"更强调身体健康，没有疾病。相比较而言，刘殿爵的"good"的含义更广，既可以指个人在道德修养上的成绩，也包含助人为乐，与人为善，用它翻译更准确。

"大夫"是古代的高级政府官员，理雅各将之译为"great officer"。译文含义过于模糊，扩大了"大夫"的内涵。赖发洛直译"大夫"为"a great man"。他的译文有照字面意思硬译之嫌，不能体现"大夫"的特征。刘殿爵将之译为"a Counsellor"。他认为中国的"大夫"和外国人熟悉的"counsellor"有相似之处，即作为君主的智囊团，有为君主献计献策的职责。他同时选择将"Counsellor"大写，以提醒读者二者的区别。他的译文既方便读者理解"大夫"的职责，又能突出中国文化的独特性。

理雅各将"齐语"译为"the speech of Ch'î"，赖发洛译为"speak Ch'i"，刘殿爵译为"the language of Ch'i"。三位译者都将"齐语"直译为"齐国语言"不妥。正如楚至大所说："齐语、楚语中的'语'恐怕也不是speech或language，而应是dialect。当时各诸侯国使用的语言文字大致相同，属于汉语的各种方言，彼此尚可交流。"① 虽然"speech"也有"民族语言，地方方言"之意，但这层含义不经常使用，为了避免引起不必要的联想和误解，将"语"翻译为"dialect（方言）"更准确。赵甄陶英译的大中华文库版《孟子》将之译为speak the Qi dialect可以准确地再现"齐语"的内涵。

孟子认为，如果周围的人都说楚语，就会干扰孩子学习齐语。理雅各将"众楚人咻之"译为If but one man of Ch'î be teaching him, and there be a multitude of men of Ch'û continually shouting out about him，"众多的楚国人在他周围不断地大叫大喊"。赖发洛的译文是With one Ch'i man to teach him and all the Ch'u men shouting at him，"所有的楚国人都对他大喊大叫"。二人完全按照原文的字面意思硬译，容易让不能直接阅读原文的外国读者，误认为楚国人都是疯子，围着一个学齐语的小孩不停地大喊大叫。刘殿爵根据语境和篇章宗旨，将之译为With one man from Ch'i tutoring the boy and a host of Ch'u men chattering around him，"许多楚国人在他周围喋喋不休地讲话"。他的翻译将孟子对语言环境的强调，清楚地表达了出来。

三位译者对"一薛居州，独如宋王何？"的翻译如下。理雅各的译文是：What can one Hsieh Chü-châu do alone for the king of Sung? 赖发洛的译文是：What can one Hsieh Chü-chou alone do for the King of

---

① 楚至大：《难能可贵与美中不足——评理雅各两段〈孟子〉的译文》，《中国翻译》1995 年第 6 期。

Sung? 刘殿爵的译文是：What difference can one Hsüeh Chü-chou make to the King of Sung。理雅各和赖发洛都选择直译，但是前文已经出现了"一薛居州"，若再将"独"翻译为"alone（单独）"，就会显得重复而无意义。因而刘殿爵进行了创新性的翻译，将之译为"（薛居州）将给会宋王带来什么不同的变化么？"显然，他认为此处的"独"应译为"将"。笔者认为把"独"理解为副词，"岂，难道"，将"一薛居州，独如宋王何？"翻译为"难道仅凭薛居州一人就能给宋王带来什么不同的变化么？"更符合孟子的说理风格。

卷七　离娄章句上

7.8　孟子曰："不仁者可与言哉？安其危而利其灾，乐其所以亡者。不仁而可与言，则何亡国败家之有？有孺子歌曰：'沧浪之水清兮，可以濯我缨；沧浪之水浊兮，可以濯我足。'孔子曰：'小子听之！清斯濯缨，浊斯濯足矣。自取之也。'夫人必自侮，然后人侮之；家必自毁，而后人毁之；国必自伐，而后人伐之。《太甲》曰：'天作孽，犹可违；自作孽，不可活。'此之谓也。"

通过论述"不仁"的危害，孟子再次强调了"仁"的重要性。孟子认为，人们之所以会面临亡国败家的危险，是因为他们自己选择成为不仁的人。

在翻译"不仁者可与言哉？安其危而利其灾，乐其所以亡者"时，理雅各将之译为：

How is it possible to speak with those princes who are not benevolent? Their perils they count safety, their calamities they count profitable, and they have pleasure in the things by which they perish.

赖发洛的译文是：

How can you talk to men without love! Their dangers are their happiness, their woes are gains to them, they rejoice in their ruin!

刘殿爵的译文是：

How can one get the cruel man to listen to reason? He dwells happily amongst dangers, looks upon disasters as profitable and delights in what will lead him to perdition.

可见，理雅各认为"不仁者"专指君主，赖发洛和刘殿爵则认为是针对所有人而言，结合下文的"亡国败家"和"人必自侮，然后人侮之；家必自毁，而后人毁之；国必自伐，而后人伐之"。可知，此处的"不仁者"并非专指君主，而是针对所有人而言，"不仁"的危害可导致个人受辱、家道败落，国家灭亡。

学者们对"不仁者可与言哉？安其危而利其灾"的义理阐释存在分歧。朱熹注曰："安其危利其灾者，不知其为危灾而反以为安利也。"① 今人陈器之进一步解释为，"不仁的人，可以和他直言吗？这些人以那危险为安全，以那灾难为便利"。② 理雅各、赖发洛和刘殿爵的译文都持这一观点，认为"安其危而利其灾"是对"不仁"危害的强调，即不仁会使人丧失辨别是非的能力，分不清危险和灾难，反而把它们当作便利。杨伯峻则提出了一种新的理解，即"不仁的人难道可以同他商议吗？他们眼见别人的危险，无动于衷；利用别人的灾难来取利"。③ 他的译文侧重于揭露不仁者道德败坏、暴虐凶残的一面。相比之下，将"安其危而利其灾"看作对"不仁"危害的强调，更能呼应下文的"亡国败家"，也能凸显本章的宗旨。

"乐其所以亡者"紧承上文，反复强调不仁的危害。理雅各和刘殿爵将之译为"他们把那些导致自己毁灭的事情当做快乐"，是准确的。赖发洛的译文是"他们以毁灭为乐"。世界上没有任何人会把国破家亡当快乐，甚至历史上有名的荒淫无道的君主夏桀和商纣，对毁

---

① （南宋）朱熹：《四书章句集注·孟子集注》卷七，中华书局1983年版，第280页。

② 陈器之：《孟子通译》，湖南大学出版社1989年版，第240页。

③ 杨伯峻：《孟子译注》，中华书局1960年版，第170页。

灭也充满了恐惧，并拼命做垂死挣扎以保全自己的国家。

"沧浪"，朱熹认为是"水名"。① 理雅各和赖发洛支持这一观点，将之音译为"Ts'ang-lang"。还有一种观点认为，"沧浪"指"青色，或青色的水"。如卢文弨的《钟山札记》云："仓浪，青色。在竹曰苍筤，在水曰沧浪。"②《文选·陆机〈塘上行〉》有："发藻玉台下，垂影沧浪泉。"李善注曰："《孟子》曰：'沧浪之水清。'沧浪，水色也。"③ 刘殿爵的译文就持这一观点，将之译为"blue water（碧水）"。虽然将"沧浪"理解为水的颜色有较多的训诂资料作支撑，但联系"沧浪之水清兮，可以濯我缨；沧浪之水浊兮，可以濯我足"，认为清水和浊水的颜色都是"青色"不妥。

理雅各将"夫人必自侮，然后人侮之；家必自毁，而后人毁之；国必自伐，而后人伐之"，翻译为：A man must first despise himself, and then others will despise him. A family must first destroy itself, and then others will destroy it. A State must first smite itself, and then others will smite it。

赖发洛译为：A man must flout himself before others flout him, a house must break itself before others break it, a land must smite itself before others smite it。

刘殿爵译为：Only when a man invites insult will others insult him. Only when a family invites destruction will others destroy it. Only when a state invites invasion will others invade it。

理雅各和赖发洛按原文句式结构，翻译出了原文所蕴含的先后关系，即自我轻视，自我毁灭在先，别人的轻视和攻伐紧随其后。但译文没有体现另外一层含义，即侮辱、毁灭和攻伐都是自己造成

---

① （南宋）朱熹：《四书章句集注·孟子集注》卷七，中华书局1983年版，第280页。
② （清）卢文弨：《钟山札记》卷四，中华书局1985年版，第57页。
③ （梁）萧统编，（唐）李善注：《文选》卷二八《乐府下》，中华书局1977年版，第401页。

的，是"自取之也"。刘殿爵的译文则表明，只有当一个人自取侮辱的时候，别人才会侮辱他；只有当一个家庭自取毁灭时，别人才会摧毁他；只有当一个国家自取讨伐时，别人才会讨伐它。他的译文将原文包含的两层含义都准确体现了出来。

7.9　孟子说："桀纣之失天下也，失其民也；失其民者，失其心也。得天下有道：得其民，斯得天下矣；得其民有道：得其心，斯得民矣；得其心有道：所欲与之聚之，所恶勿施尔也。民之归仁也，犹水之就下，兽之走圹也。故为渊驱鱼者，獭也；为丛驱爵者，鹯也；为汤武驱民者，桀与纣也。今天下之君有好仁者，则诸侯皆为之驱矣。虽欲无王，不可得已。今之欲王者，犹七年之病求三年之艾也。苟为不畜，终身不得。苟不志于仁，终身忧辱，以陷于死亡。《诗》云：'其何能淑，载胥及溺。'此之谓也。"

孟子从当时的社会现实出发指出，各诸侯国试图通过战争，抢夺土地和百姓以达到富国强兵的目的并非明智之举。他认为，仁政是争取民心，一统天下之本。统治者只有好仁义、行仁政，才能获得民心，赢得百姓的支持，从而最终成为统一天下的王者。

孟子将得民心的方法概括为"所欲与之聚之，所恶勿施尔也"，这与孔子"己所不欲勿施于人"（《论语·卫灵公》）的思想一脉相承。"所欲与之聚之"，赵岐注曰："聚其所欲而与之。"[①] 显然，他认为"与之"与"聚之"是并列关系，"与"字当解为动词。赖发洛的译文同赵岐，将之译为 gather for them and give them what they wish, do not do to them the things they hate，"他们想要的东西，为他们聚集并且给予他们"。但杨伯峻认为，将"'与'字看为介词，较好"。他引王引之《经传释词》支持自己的观点，即"家大人曰，

---

① （清）焦循：《孟子正义》卷十五，中华书局1987年版，第503页。

'与',犹'为'也,'为'字读去声,'所欲与之聚之',言所欲则为民聚之也"。① 理雅各将之译为:it is simply to collect for them what they like, and not to lay on them what they dislike;刘殿爵将之译为:a-mass what they want for them; do not impose what they dislike on them。就持这一观点,将之译为"为他们积聚他们想要的东西"。从文意上看,这两种理解都可以接受。但若将"与"理解为动词"给予",就会出现逻辑上的问题。因为只有先"聚集",才能"给予"。赖发洛也认识到了这一点,在翻译时,将原文的"与之聚之"改为"聚之与之"。可见,将"与"理解为介词"为了"更好。

"所恶勿施尔也",赵岐注曰:"尔,近也。勿施行其所恶,使民近,则民心可得矣。"② 但朱熹认为,此句的含义是"民之所恶,则勿施于民"。③ 杨伯峻引赵佑《温故录》,"读'尔也'自为句",认为"尔,如此;也,用法同耳"。④ 笔者认为,赵岐的注解有牵强附会之嫌。朱熹的训释虽符合上下文语境,但漏解了"尔也"。"尔也"自为句,用来修饰"所欲与之聚之,所恶勿施",以凸显得民心、行仁政并不难。可见,杨伯峻的注解最准确。理雅各的译文同杨伯峻,用"simply to(只不过)"来翻译"尔也",准确体现了原文的意思。赖发洛和刘殿爵的译文同朱熹,虽能体现原文之意,但没有翻译出"尔也"的含义,削弱了原文的感情色彩。

孟子批判诸侯国君治理国家不得要领,虽欲统一全国,却不行仁政,难得民心,就像"七年之病求三年之艾也"。"七年之病"旨在突出病的严重性和需要治疗的急迫性。"三年之艾"重在强调储备的必要性。如若平时不积累,奄奄一息的病人难以等到储备了三年的艾草来救命。理雅各和赖发洛完全按字面意思将"三年之艾"翻

---

① 杨伯峻:《孟子译注》,中华书局1960年版,第172页。
② (清)焦循:《孟子正义》卷十五,中华书局1987年版,第503页。
③ (南宋)朱熹:《四书章句集注·孟子集注》卷七,中华书局1983年版,第280页。
④ 杨伯峻:《孟子译注》,中华书局1960年版,第172页。

译为 mugwort three years old，但没有人能明白"三年的艾草"究竟为何物。刘殿爵将之译为"ai that has been stored for three years，储备了三年的艾草"。译文表义明确，不仅能够突出平常储藏的重要性，还可以呼应下文的"苟为不畜，终身不得"。在翻译"艾"时，理雅各和赖发洛选择用 mugwort 翻译，根据《新牛津英汉双解大词典》，这是英国人常见的树篱植物艾蒿，人们长期将它与魔法和迷信相联系。为了避免不必要的联想，刘殿爵则选择用汉语拼音翻译。

"其何能淑，载胥及溺"出自《诗经·大雅·桑柔》。理雅各将之译为 How *otherwise* can you improve *the kingdom*? You will only with it go to ruin，"你又如何能改善这个国家？你只能和它一起毁灭"。显然，他的理解受前文"苟不志于仁，终身忧辱，以陷于死亡"的影响。他认为如果君主不立志行仁政，不仅不能使国家富强，还会同国家一起灭亡。理雅各将《诗经》里的句子和原文结合起来理解，有助于确保译文不偏离原文宗旨。赖发洛的译文是：How can it be saved? All shall drown together，"又能如何解救？都将一起溺死"。他一改逐字直译的策略，结合文意和章节宗旨对这一诗句进行了意译，基本上能体现原文的意思。刘殿爵的译文是：How can they be good? They only lead one another to death by drowning，"他们如何能善良？只能一起沉溺至于死"。他的译文则是围绕诗句的字词之意展开，未结合文意探求所引诗句在原文中的含义。在他的译文中，诗意和孟子之意结合得不是很紧密。

7.10 孟子曰："自暴者，不可与有言也；自弃者，不可与有为也。言非礼义，谓之自暴也；吾身不能居仁由义，谓之自弃也。仁，人之安宅也；义，人之正路也。旷安宅而弗居，舍正路而不由，哀哉！"

理译：(1) Mencius said, 'With those who do violence to themselves, it is impossible to speak. With those who throw themselves away, it is impossible to do anything. To disown in his conversation propriety and righteousness, is what we mean by doing violence to one's self. *To say*—"*I* am not able to dwell in benevolence or pursue the path of righteousness,*"* is what we mean by throwing one's self away.

（2）'Benevolence is the tranquil habitation of man, and righteousness is his straight path.

（3）'Alas for them, who leave the tranquil dwelling empty and do not reside in it, and who abandon the right path and do not pursue it?'

赖译: Mencius said, 'Nothing can be said to the man that wrongs himself; nothing can be done for the man that throws himself away. To flout good form and right in your speech is to wrong yourself. To say, "I cannot dwell in love or follow the Way" is to throw yourself away.

'Love is man's peaceful home, right is man's true road. To abandon the peaceful home, and not dwell in it; to forsake the true road, and not follow it, is sad indeed!'

刘译: Mencius said, 'It is not worth the trouble to talk to a man who has no respect for himself, and it is not worth the trouble to make a common effort with a man who has no confidence in himself. The former attacks morality; the latter says, "I do not think I am capable of abiding by benevolence or of following rightness." Benevolence is man's peaceful abode and rightness his proper path. It is indeed lamentable for anyone not to live in his peaceful abode and not to follow his proper path.'

自暴者和自弃者是孟子批判、不屑与之交往的两类人。自暴者是诽谤、诋毁仁义的人，自弃者虽不非议仁义，但却不能保有、行使自身固有的仁义。这两类人都没有看到仁义的重要性，因而孟子认为不应与这样的人商讨事情，共谋事业。

在翻译"自暴者"和"自弃者"时，理雅各和赖发洛按字面意思将之译为"自己损害自己的人"和"自己抛弃自己的人"，而刘殿爵意译为"不自尊"和"不自信"的人。从下文孟子对自暴者和自弃者的解释看，刘殿爵的译文更准确。

"不可与有言"和"不可与有为"是孟子对"自暴者"和"自弃者"的态度。他认为，对于这样的人不值得与之商议仁义等善言，也不要幻想和他们一起有所作为。理雅各将"不可与有言"译为"不能（和他们）说话"，赖发洛译为"不能对他说任何事情"。二人仅关注原文的字面意思，过于绝对。此处的"言"特指"仁义等善言"，而非不能和他们有任何言语上的接触。孟子认为"杨墨之道"是"邪说诬民，充塞仁义也"，声称"能言距杨墨者，圣人之徒也"（《孟子·滕文公下》）。显然，孟子主张通过辩论来反对那些污蔑"仁义"的邪说。相比较而言，刘殿爵将"不可与有言"翻译为"不值得费心和他商议"虽不十分准确，但仍可以接受。

理雅各将"不可与有为"翻译为"不能（和他们）一起做事"，基本上能体现孟子的态度。赖发洛将之译为"不能为他做任何事"，不准确。此处的"不可与有为"是"不可与之有为"的省略，指不能和"自弃者"一起有所作为。刘殿爵的译文是"不值得费心和他一起做有价值的事业"。他的译文不仅体现了孟子对"自弃者"的态度，还准确传达了孟子的不屑之情。

"言非礼义"，朱熹注曰："非，犹毁也。"① 虽然三位英译者都翻译出了"非"的意思，但传递的感情色彩不同。理雅各将"非"翻译为"disown（否认）"，将"言非礼义"理解为"在谈话中否认礼义"。他的译文仅仅表明自暴者不认可礼义，而赖发洛的"flout（嘲笑、轻蔑）"和刘殿爵的"attack（抨击）"，不仅表明不认可，还将自暴者无知、极尽所能诋毁礼义的丑态表现的淋漓尽致。

---

① （南宋）朱熹：《四书章句集注·孟子集注》卷七，中华书局1983年版，第281页。

理雅各和赖发洛都将"居仁"直译为"dwell in benevolence/love（居住在仁里）"。翻译的首要任务是帮助不能直接阅读原文的读者，理解原文的思想感情。显然，他们的译文不能做到这一点。刘殿爵用"abiding by benevolence"翻译"居仁"，"abide"的含义是"居住"，能够体现"居"的字面意思，而"abiding by"连用则取"遵守，依从"之义，可以将"居仁"的引申义清楚地表达出来。

孟子以"安宅"和"正路"评价仁义，认为只有居仁由义才能确保内心的安静和行为的正确。理雅各选择用"tranquil habitation"翻译"安宅"，但"tranquil"通常形容环境安静，不受外界打扰。相比之下，赖发洛和刘殿爵的"peaceful（安宁）"更侧重于内心的平静。此处的"正路"指"义"，是抽象意义上的路，因而理雅各和刘殿爵的"path"优于赖发洛的"road"。

7.11　孟子曰："道在迩而求诸远，事在易而求诸难：人人亲其亲，长其长，而天下平。"

理译：Mencius said, 'The path *of duty* lies in what is near, and men seek for it in what is remote. The work *of duty* lies in what is easy, and men seek for it in what is difficult. If each man would love his parents and show the due respect to his elders, the whole land would enjoy tranquillity.'

赖译：Mencius said, The Way is near, and we seek it afar; the work is light, and we seek the hard.

If every man were a kinsman to his kinsmen, and humble to his elders, there would be peace below heaven.

刘译：Mencius said, 'The Way lies at hand yet it is sought afar off; the thing lies in the easy yet it is sought in the difficult. If only everyone loved his parents and treated his elders with deference, the Empire would be at peace.'

孟子认为无论是做学问还是治理国家，最忌舍近求远、舍易求难、好高骛远。只要人人都能从自身做起，孝顺父母，尊敬兄长，那么天下就太平了。

"道"是儒家的一个重要的哲学概念，在《论语》中大约出现了100次，在《孟子》中出现了148次。古人谈"道"并不详加界定，意义比较模糊。理雅各将之译为"The path of duty"（当行之路），认为此处的"道"和《中庸》"率性之谓道"的含义一致。朱熹注曰："道，犹路也。人物各循其性之自然，则其日用事物之间，莫不各有当行之路，是则所谓道也。"① 理雅各的译文将"道"的字面意思和蕴含之意都清楚地表达了出来。赖发洛和刘殿爵都将"道"译为大写的"Way"，但未在注解中对其含义做出解释，放任读者自己去揣摩、体会。这种翻译方法不便于中国传统文化，尤其是孟子思想的外传。

"道在迩而求诸远，事在易而求诸难"是对《中庸》"道不远人。人之为道而远人，不可以为道"继承和发展。朱熹注曰："道者，率性而已，固众人之所能知能行者也，故常不远于人。若为道者，厌其卑近以为不足为，而反务为高远难行之事，则非所以为道也。"② "天命之谓性"表明性是上天赋予人的禀赋，道是循性而为，因而道具备于人身之内。为道者，应在自身寻道，沿自己的本性去行道，不能好高骛远，因为事情简单卑微就不屑去做。理雅各和刘殿爵将"道在迩"放在整个儒家思想体系下去理解，将之译为"道存在于近处"是准确的。而赖发洛的译文"道很近"则是按字面意思，从物理空间上翻译"道在迩"的含义。在翻译"事在易而求诸难"时，理雅各和刘殿爵都将之译为"事情本来很容易，但有人却要把它当做难题去做"。二人认为孟子在批判一种错误的处事方法，即把简单问题复杂化。如果仅从本章文字看，如此翻译是准确的。但联系《中庸》的相关章句，赖发洛的"事情本来是容易的，而我

---

① （南宋）朱熹：《四书章句集注·中庸章句》，中华书局1983年版，第17页。
② （南宋）朱熹：《四书章句集注·中庸章句》，中华书局1983年版，第23页。

们却要找难事做"似乎更符合儒家对道的理解。

在"亲其亲,长其长"中,第一个"亲"和"长"是动词,分别指"爱"和"尊敬"。第二个"亲"和"长"是名词,分别指"父母双亲"和"长辈"。理雅各和刘殿爵将之译为"如果每个人都亲爱自己的双亲,尊敬自己的长辈"是准确的。赖发洛将"亲其亲"译为"对他的亲人来说是亲人"不妥。

7.12　孟子曰:"居下位而不获于上,民不可得而治也。获于上有道,不信于友,弗获于上矣。信于友有道,事亲弗悦,弗信于友矣。悦亲有道,反身不诚,不悦于亲矣。诚身有道,不明乎善,不诚其身矣。是故诚者,天之道也;思诚者,人之道也。至诚而不动者,未之有也;不诚,未有能动者也。"

以"诚"为核心的工夫论是儒家思想的重要组成部分,在《中庸》中得以集中阐述。《中庸》把"诚"提升到"天道"的高度,认为"诚者,天之道也;诚之者,人之道也"。孟子继承并发展了《中庸》对"诚"的论述,将"思诚"规定为人之道。

孟子在本章将"信"与"诚"同用,表明他看到了二者之间的密切联系。但在先秦时期,"诚"和"信"是不同的概念。《中庸》云:"诚者,自成也",即"诚"就是自己成就自己,自己完成品德修养之路,不涉及人与人之间的关系。"信"则是建立人际关系的根本要素,强调与人交往时要言行如一。如《论语·学而》:"与朋友交,言而有信。"可见,"诚"是就个体自身而言,而"信"则是个体与他人发生关系后,产生的人与人之间的信赖之情。战国以后,"诚"和"信"的含义开始合一。在《说文解字》中,"信"与"诚"互相定义。"诚,信也,从言成声。""信,诚也,从人言。"[①] 这表明,许慎认

---

① (东汉)许慎撰,(清)段玉裁注:《说文解字注》三篇上,上海古籍出版社1988年版,第92页。

为二者的内涵极其接近,可互用。

虽然《中庸》《孟子》等先秦典籍多论及"信"与"诚",但都没有具体阐述它们的确切含义,这就使译者在选择"信"和"诚"的英文对等词时面临较大的困难。

从词源上看,"信"由"人"和"言"两部分构成,因而不少译者将之译为"living up to one's word",即"遵守诺言"。但"信""不仅是指动机纯正意义上的可信赖,而且表示实际地具有一种力量,坚持实行和实现所许诺的事情"。① 可见,"信"强调与人交往时,能够取得他人的信赖,并具备实践这一信赖的能力。在"信于友有道"中,"信"就取此种含义。因而三位译者选择用"trust(得到他人信任)"来翻译"信"是准确的。

鲁芳在整个儒家的哲学体系下探求"诚"的内涵,将之概括为"真实无妄"和"诚实无欺"。"所谓'真实无妄',意指'诚'就是客观存在的实理,它不仅是天之道,而且还存在于人性之中,所以人应该保持自身的本性,是其本来所是,真诚于善,而无任何私心杂念。"② 笔者认为,"真实无妄"可以很好地对应先秦时期"诚"的含义。理雅各将"诚"翻译为"sincerity"。安延明以中国古代经典为例证资源,指出"诚"囊括了英文"sincerity"的全部意义,因而理雅各首次将"诚"译为"sincerity"。直到今天,该译名仍旧广泛流行于英语世界。③ 但笔者认为,"sincerity"的基本含义是情感或行为真实无欺,多用于形容人与人之间的关系,表明对别人诚实无欺的态度,可以很好地对应先秦时期"信"的含义。赖发洛和刘殿爵将"诚"翻译为"be/being true(真实的)"。"be/being true"的

---

① [美]安乐哲:《自我的圆成:中西互镜下的古典儒学与道家》,彭国翔编译,河北人民出版社2006年版,第133页。

② 鲁芳:《儒家"诚"范畴的发展》,《湖南师范大学社会科学学报》2007年第6期。

③ 安延明:《西方文化中的"Sincerity"与儒学中的"诚"》,《世界哲学》2005年第3期。

基本含义是符合某事或某物的本来面目，强调个体本身的至诚无伪，可以很好地再现先秦时期"诚"的内涵。

《中庸》云："诚者不勉而中，不思而得，从容中道，圣人也。诚之者，择善而固执之者也。"朱熹注曰："诚之者，未能真实无妄，而欲其真实无妄之谓，人事之当然也。"① 也就是说，"诚"是圣人天生自然的品格，他们可以不学而能，自然而诚，而一般人容易受私欲所碍，因而必须"择善而固执之"。孟子继承并发展了《中庸》中"诚"的含义，认为"思诚"是人之道。理雅各将"思诚"翻译为To think how to be sincere，"思考如何能做到诚"，赖发洛翻译为to seek to be true，"争取做到诚"。显然二人都认为普通人容易受外物所蔽，失去其本性固有之"诚"，因而应时时追求"诚"，寻找保有"诚"的方法。两位译者对"思诚"的解释和《中庸》对"诚"的界定一脉相承。刘殿爵将"思诚"翻译为"reflect upon this"，缩小了"思诚"的内涵。

7.21　孟子曰："有不虞之誉，有求全之毁。"

理译：Mencius said, 'There are cases of praise which could not be expected, and of reproach when the parties have been seeking to be perfect.'

赖译：Mencius said, Men are praised for want of forethought; they are attacked for seeking perfection.

刘译：Mencius said, 'There is unexpected praise; equally, there is perfectionist criticism.'

本章虽只有短短一句话，但概括了孟子的荣辱观。孟子认为荣辱是"求在外者也"（《孟子·尽心上》），不像自己本身所固有的仁、义、礼、智诸端那样，只要去追求就一定能够得到。因而要保

---

① （南宋）朱熹：《四书章句集注·中庸章句》，中华书局1983年版，第31页。

持平常心，不要为了那些我们不能掌控的东西大喜大悲。

"不虞之誉"，赵岐注曰："虞，度也。言人之行，有不度其将有名誉而得者，若尾生本与妇人期于梁下，不度水之卒至，遂至没溺，而获守信之誉。"① 可见，"不虞之誉"是不可预知的荣誉。理雅各和刘殿爵将之译为"难以预知的赞扬"，是准确的。赖发洛的译文是"人们因为缺乏远见而受到表扬"。他的译文显然错误传达了孟子之意。

理雅各将"求全之毁"译为"在寻求完美时受到的指责"。赖发洛的译文是"因为寻求完美而受到抨击"。这两种理解，貌似而神远。理雅各的译文并不否认追求完美，而是认为在追求它时，可能会因为行为不当而招致批判。赖发洛的译文则反对追求完美，这与儒家重修德、法圣人的思想不一致。刘殿爵将之译为"有求全责备者的批评"，但没有给出这样翻译的依据。马有、敏春芳也认为"求全之毁"指"毁之由于求全责备者"。他们解释说，"按句法，'不虞'为'誉'之定语；'求全'为'毁'之定语。……'求全之毁'，毁之由于求全责备者。'求'与'责'皆今语'要求'之意。曰求全，曰求备，曰责备，皆动词受语结构"。② 虽然从语法上看，将"求全之毁"理解为"毁之由于求全责备者"可以接受，但有增字解释之嫌。从篇章宗旨和孟子的整个思想体系出发，"誉"和"毁"都是"求在外者"，具备"莫之致而至"（不虞之誉）和"是求无益于得也"（求全之毁）的特征，因而理雅各的译文更准确。

7.22 孟子曰："人之易其言也，无责耳矣。"

理译：Mencius said, 'Men's being ready with their tongues arises simply from their not having been reproved.'

赖译：Mencius said, The men that talk lightly are those not in

---

① （清）焦循：《孟子正义》卷十五，中华书局1987年版，第526—527页。
② 马有、敏春芳：《孟子解读献疑》，《甘肃社会科学》2007年第2期。

charge.

刘译：Mencius said, 'He who opens his mouth lightly does so simply because he has no responsibilities of office.'

学者对此章的解释不尽相同，但总的来说，都认为孟子在警戒人们要慎言。赵岐给出了两种可能解释："人之轻易其言，不得失言之咎责也。一说人之轻易不肯谏正君者，以其不在言责之位者也。"① 理雅各将之译为"人之所以轻易说话，只是因为他们还没有因此受到过责备"。显然，他认同第一种理解。刘殿爵支持第二种解释，将之译为"一个人如果轻易发言，这只是因为他没有在言责之位"。赖发洛提出了一种新的理解。他将之译为"说话轻率的人，是那些不需要负责任的人"。赖发洛的译文更关注什么样的人会轻易说话。笔者认为，刘殿爵的译文更符合原文之意。孟子这句话是对孔子"不在其位，不谋其政"（《论语·泰伯》）的进一步阐释，可和"我无官守，我无言责也，则吾进退，岂不绰绰然有余裕哉？"（《孟子·滕文公下》）对照理解。

7.23 孟子曰："人之患在好为人师。"

理译：Mencius said, 'The evil of men is that they like to be teachers of others.'

赖译：Mencius said, The bane of man is his love of teaching others.

刘译：Mencius said, 'The trouble with people is that they are too eager to assume the role of teacher.'

孟子推崇孔子，并自命为孔子道统的继承者。孔子是中国历史上第一位伟大的教育家，首倡"有教无类"，打破了"学在官府"的垄断。孟子自己在四十岁之前也已经开始办学教书，为什么还宣称"人之患在好为人师"？细细品味，可以发现，孟子反对的"好

---

① （清）焦循：《孟子正义》卷十五，中华书局 1987 年版，第 527—528 页。

为人师"者是那些骄傲自满,处处喜欢以老师的姿态彰显自己比别人高明的人。

理雅各用"evil"翻译"患",认为"人之患"即"人的罪恶",不妥。他的译文显然受基督教人生来就有罪的影响。赖发洛用"bane"翻译"患"。"bane"的含义是死亡、破坏或毁灭的根源,在程度上和破坏性上远远大于"患"。刘殿爵的"trouble(毛病)",能够准确体现"患"的含义。

理雅各和赖发洛都将"好为人师"翻译为"喜欢当别人的老师"。译文虽体现了原文的字面意思,但不能再现原文的言外之意。孟子并不反对为人传道、授业、解惑的老师,而是厌恶那些喜欢卖弄自己的学问、不懂装懂、误人子弟的人。他知道术业有专攻,一个人不可能精通所有的一切,甚至像孔子那样的圣人都主张"三人行,必有我师焉"(《论语·述而》),更何况普通人呢。因而刘殿爵的"总是喜欢当别人的老师"更能体现"好为人师"的含义。

7.26 孟子曰:"不孝有三,无后为大。舜不告而娶,为无后也,君子以为犹告也。"

理译:1. Mencius said, 'There are three things which are unfilial, and to have no posterity is the greatest of them.

2. 'Shun married without informing his parents because of this, — *lest he should have* no posterity. Superior men consider that his doing so was the same as if he had informed them.'

赖译:Mencius said, Three things are not pious: the greatest is to have no offspring. Because he had no offspring, Shun took a wife without telling his father.

Gentlemen hold that this was as good as telling him.

刘译:Mencius said, 'There are three ways of being a bad son. The most serious is to have no heir. Shun married without telling his father for fear of not having an heir. To the gentleman, this was as good as having told his father.'

通过举舜"不告而娶"的例子，孟子论述了"权"与"经"的关系，即"天下之道，有正有权。正者万世之常，权者一时之用。常道人皆可守，权非体道者不能用也。盖权出于不得已者也，若父非瞽瞍，子非大舜，而欲不告而娶，则天下之罪人也"。① 可见，"权"是在"经"不能发生作用时的变通性方法，运用"权"是为了更好地遵循"经"。

"不孝有三"，赵岐注曰："于礼有不孝者三事，谓阿意曲从，陷亲不义，一不孝也。家贫亲老，不为禄仕，二不孝也。不娶无子，绝先祖祀，三不孝也。三者之中，无后为大。"② 理雅各、赖发洛和刘殿爵也都认为，"不孝有三"指的是"三种不孝的事情"。但在古代，"三"多为概数，泛指许多种。例如，在"季文子三思而后行"（《论语·公冶长》）中，"三"就表示多次。从孔子对孝的多种论述看，在古代，不孝的行为也是多种多样的。孟子在《离娄下》也曾列举了世俗认为不孝的五种行为。可见，"不孝有三"并非确指不孝的行为有三种。

孟子认为，舜不禀告父母就娶亲的原因是"为无后也"。据《孟子》记载，舜的父亲瞽叟爱他的后妻，常欲杀舜，不同意舜娶妻生子。由于不娶妻就会没有子嗣，这是对父母最大的不孝，因而舜采取变通策略，"不告而娶"。理雅各和刘殿爵将"为无后也"翻译为"因为担心会没有后代"是准确的。但赖发洛直译为"因为没有后代"不妥。不娶妻，当然不会有后代。这不能作为舜违背礼制，"不告而娶"的理由。

---

① （南宋）朱熹：《四书章句集注·孟子集注》卷七，中华书局1983年版，第287页。

② （清）焦循：《孟子正义》卷十五，中华书局1987年版，第532页。

卷八　离娄章句下

8.3　孟子告齐宣王曰："君之视臣如手足，则臣视君如腹心；君之视臣如犬马，则臣视君如国人；君之视臣如土芥，则臣视君如寇仇。"王曰："礼，为旧君有服，何如斯可为服矣？"曰："谏行言听，膏泽下于民，有故而去；则君使人导之出疆，又先于其所往；去三年不反，然后收其田里。此之谓三有礼焉。如此，则为之服矣。今也为臣，谏则不行，言则不听；膏泽不下于民；有故而去，则君搏执之，又极之于其所往；去之日，遂收其田里。此之谓寇仇。寇仇，何服之有？"

在君臣关系上，孔子提倡"君使臣以礼，臣事君以忠"（《论语·八佾》），孟子主张"欲为君，尽君道；欲为臣，尽臣道"（《孟子·离娄上》）。可见，早期儒家并不强调君对臣单方面的支配和臣对君绝对的服从，而是认为他们各有自己的职责和对等的义务。

在翻译"君之视臣如手足，则臣视君如腹心"时，赖发洛的译文是：If a lord looks on his lieges as his hands and feet, the liege looks on his lord as his heart and belly。刘殿爵的译文是：If a prince treats his subjects as his hands and feet, they will treat him as their belly and heart。两位译者皆认为此处是一个假设复句，"之"的含义是"若，如果"，因而选择用"If"表假设，用"as"表"比喻"。但杨伯峻认为，"之，此处用以表示该句为主从复合句之从句。又王引之《经传释词》云：'之，犹"若"也。'恐非"。理雅各的译文也持这种观点，将原文译为：When the prince regards his ministers as his hands and feet, his ministers regard their prince as their belly and heart。即由关联词"When"引导的因果复句。尽管译文对"之"的含义在认识上存在分歧，但都能再现孟子的君臣观。

"国人",朱熹注曰:"犹言路人,言无怨无德也。"① 理雅各用"another man(别人)"翻译"国人"。"别人"有别于"自己"。"别人"对"我"无德,"我"也不需要对"别人"感恩。"别人"的疾苦与"我"无关,"我"不对"别人"承担任何责任和义务。可见,用"别人"翻译"国人"基本上能体现其含义。赖发洛按字面意思将"国人"译为"countryman(国民)"。译文不能体现出"国人"所蕴含的冷漠之意。刘殿爵根据上下文,将"国人"翻译为"a stranger(陌生人)"。国君如果像对待动物一样对待臣属,那么他们就会把他当作陌生人,不会关注他的利益。因而刘殿爵的"陌生人"也能体现此处"国人"的内涵。与理雅各的"another man"相比,刘殿爵的"a stranger(陌生人)"更便于读者理解。

《丧服传》曰:"为旧君者孰谓也?仕焉而已者也。"② 可见,"为旧君有服"是对离职官员为曾经服侍过的君主服孝的规定。理雅各的译文是:a minister wears mourning when he has left the service of a prince(离职后的大臣为其服侍过的君主服孝)。他的译文既符合原文的意思,又准确传递了《丧服传》的规定。赖发洛的译文是:a liege to wear mourning for his old lord,"大臣应为以前的君主服丧"。"为旧君有服"是对离职官员的规定,不包括那些在朝廷任职者,因而他的译文不准确。刘殿爵的译文是:wearing mourning for a prince one has once served,"为曾经服侍过的君主服孝服"。他的译文没有表明服孝的人是离职者还是在位者,因而也不准确。

"膏泽"的本义是滋润土壤的雨水,常用来比喻恩惠。理雅各将之译为"blessings"。虽然他看到此处应取"膏泽"的比喻义,但"blessing"具有较强的宗教意味,给中国文化增添了本身没有的耶稣基督意象。赖发洛按字面意思,逐字翻译"膏""泽"为"fatness

---

① (南宋)朱熹:《四书章句集注·孟子集注》卷八,中华书局1983年版,第290页。

② (东汉)郑玄注:《仪礼》卷第十一《丧服》,中华书局1985年版,第166页。

(肥沃)"和"plenty（丰富）"。译者不考虑文意是否通顺，仅仅关注译文与原文在字意上的对应。刘殿爵选择用"benefit（恩惠）"翻译"膏泽"，将原文之意清楚、准确地传递给了读者。

"先于其所往"的字面意思是"先派人去他要去的地方"。但如此翻译，会使译文含义模糊，造成读者在理解上的困难。派人先去那里干什么？为什么那样做就是有礼，就会受到臣属的感激，为之服孝？朱熹的注解有助于解除读者的疑惑："先于其所往，称道其贤，欲其收用之也。"[①] 理雅各受朱熹的影响，将之译为 He also anticipates with recommendatory intimations his arrival in the country to which he is proceeding，"提前去他要去的地方推荐他"。他的译文既便于读者理解，又增强了原文的逻辑性和说服力。赖发洛将之直译为 sends others ahead of him to the land to which he is going，"提前派人去他要去的地方"。正如前文所说，这样翻译不便于读者理解。刘殿爵的译文是：the a messenger is sent ahead to prepare the way，"提前派使者为他安排好"。他的译文也做了适当添加，能体现原文的暗含之意。

"田里"，理雅各将之译为 fields and residence，赖发洛译为 fields and house，二人都认为是"土地和房屋"，但刘殿爵认为仅仅指 land（土地）。在古代，"田里"既可以指百姓的田地和庐舍，也可以指卿大夫的封地和住宅。但不论取哪种含义，"田里"都包含土地和房屋两部分内容，因而取"田禄里居"[②] 之义更妥当。

8.6 孟子曰："非礼之礼，非义之义，大人弗为。"

理译：Mencius said, 'Acts of propriety which are not *really* proper, and acts of righteousness which are not *really* righteous, the great man does

---

[①] （南宋）朱熹：《四书章句集注·孟子集注》卷八，中华书局1983年版，第290页。

[②] （南宋）朱熹：《四书章句集注·孟子集注》卷八，中华书局1983年版，第290页。

not do.'

赖译：Mencius said, The great man shuns forms that are not good form, rights that are not right.

刘译：Mencius said, 'A great man will not observe a rite that is contrary to the sprit of the rites, nor will he perform a duty that goes against the spirit of dutifulness.'

孟子强调行礼守义要谨慎，不要做一些模棱两可，似是而非的事情。"非礼之礼，非义之义"指那些貌似符合礼、义，而实际上与礼义的精神实质相差甚远的行为。理雅各将之译为"遵礼的行为并不真正符合礼，守义的行为并不是真正的义"。译文表明欲行礼、义者没有领会到它们的实质，做了一些似礼非礼，似义非义的荒唐行为。他的译文能准确表达原文之意。赖发洛将之译为"不是礼的礼，不是义的义"。译文如梦人呓语，反复啰嗦却没有实质意义。刘殿爵的译文是"与礼的精神相违的礼，与义的实质相反的义"。他的译文能够深刻揭示"非礼之礼，非义之义"的内涵。

8.8 孟子曰："人有不为也，而后可以有为。"

理译：Mencius said, 'Men must be decided on what they will NOT do, and then they are able to act with vigour in what they ought to do.'

赖译：Mencius said, Before a man can do things there must be things he will not do.

刘译：Mencius said, 'Only when a man will not do some things is he capable of doing great things.'

"有不为"和"可以有为"讲的是取舍之道。焦循认为，取舍的标准是"义可为乃为之，义所不可为则不为"，[1] 即符合礼义原则的就去做，不符合礼义原则的就不做。而另一种观点认为，人的精

---

[1] （清）焦循：《孟子正义》卷十六，中华书局1987年版，第553页。

力是有限的，如果事事都做，则事事难成。因而人们在做事之前，应当首先做一些取舍。朱熹引程子曰："有不为，知所择也。惟能有不为，是以可以有为。无所不为者，安能有所为邪？"① 从孟子的整个思想体系看，这两种理解都可以接受。

理雅各的译文是"人们必须决定自己不想做什么，然后才能集中精力做好他们应做的事情"。他强调人的精力有限，应当对所做之事有所选择，才能把自己应作之事做好。赖发洛的译文是"在一个人做事情之前，他必须决定他不愿意做的事情"。原文蕴含的丰富哲理，经他翻译后变得索然无味。刘殿爵的译文是"只有当一个人决定放弃一些事情，他才有能力做更大的事情"。他的译文将"有为"和"不为"的辩证关系清楚地展现在了读者面前。三种译本虽然强调的侧重点略有不同，但基本上都能体现原文的意思。

8.9 孟子曰："言人之不善，当如后患何？"

理译：Mencius said, 'What future misery have they and ought they to endure, who talk of what is not good in others!'

赖译：Mencius said, What mischiefs await the man that speaks of the bad in others!

刘译：Mencius said, 'Think of the consequences before you speak of the shortcomings of others.'

对这句话的理解，当前比较流行的有两种：一种观点认为，喜欢说别人坏话，当自己遇到忧患时怎么办？这种认识发挥了孔子的"己所不欲勿施于人"（《论语·卫灵公》）的思想。另一种观点认为，宣扬别人的不好，因此招来后患怎么办？这两种理解虽然强调的侧重点不同，但都主张人一定要慎言。

---

① （南宋）朱熹：《四书章句集注·孟子集注》卷八，中华书局 1983 年版，第 291 页。

理雅各将之译为:"说别人坏话的人,将来应该会承受什么样的灾难啊!"赖发洛的译文是:"说别人坏话的人,会招致什么样的祸害啊!"刘殿爵译为:"在你说别人的缺点之前,考虑一下后果吧。"三位译者都认为不能说别人的坏话,否者将会给自己招致祸害。

宋代大儒家陆象山提出了另外一种理解,可以给我们些许启示。他认为,"今人多失其旨。盖孟子道性善,故言人无有不善。今若言人之不善,彼将甘为不善,而以不善向汝,汝将何以待之?故曰:'当如后患何?'"① 他将本句和孟子的性善论联系起来理解,给原文增添了一些新的内涵。经无达诂,对《孟子》的理解只要言之有理,持之有据,都是可以接受的。

8.10　孟子曰:"仲尼不为已甚者。"

理译: Mencius said, 'Chung-nî did not do extraordinary things.'

赖译: Mencius said, Chung-ni never went too far.

刘译: Mencius said, 'Confucius was a man who never went beyond reasonable limits.'

理雅各和赖发洛都将"仲尼"音译为"Chung-ni",但对西方读者来说,他们更熟悉"Confucius(孔子)",因而刘殿爵选择用它翻译。笔者认为,把"仲尼"译成"孔子",不会影响对文意的理解,而且可以减轻西方读者的陌生感,是一个不错的选择。

理雅各将"已甚者"翻译为"非凡的事",这和"已甚"的含义不符合。"非凡的事"是指超出一般或平常的事。孔子首创私学,打破学在官府,可以被称作"非凡的事",但不能认为是"已甚"的事。赖发洛的"太过火"以及刘殿爵的"超越了合理的界限",都能准确体现"已甚"的意思。

---

① （南宋）陆九渊著,钟哲点校:《陆九渊集》卷三十四《语录上》,中华书局1980年版,第410页。

8.11 孟子曰:"大人者,言不必信,行不必果,惟义所在。"

理译:Mencius said, 'The great man does not think beforehand of his words that they may be sincere, nor of his actions that they may be resolute; —he simply *speaks and does* what is right.'

赖译:Mencius said, The great man does not insist on making good words, or on carrying out all that he takes up. He only does so when it is right.

刘译:Mencius said, 'A great man need not keep his word nor does he necessarily see his action through to the end. He aims only at what is right.'

翻译本句的关键,是全面理解儒家对"信"的态度。首先,应当看到儒家是重视"信"的。据《论语·述而》记载,"子以四教:文,行,忠,信"。孟子也认为,"仁义忠信,乐善不倦,此天爵也"(《孟子·告子上》)。同时,更要认识到,儒家并未将"信"看作是一切行为的准则。孔子说:"言必信,行必果,硁硁然小人哉!"(《论语·子路》)孟子继承了孔子的看法,认为"大人者,言不必信,行不必果,惟义所在"。可见,"言信,行果"是一般要求,但如果和"义"发生矛盾,就应当采取权变策略,舍弃信、果,把是否符合仁义作为一切行为的准则。"凡事合义,才是君子。义是本心所自发的天理,而天理不离人情。人情之所安,就是天理之所在。如孤守一德,罔顾人情,就是不义。"①

和"君子"一样,"大人"也是儒家塑造的理想人格的代表,其首要特征是具备高尚的德行。三位译者都将之译为"great man"。作为形容词的"great",内涵非常丰富,既表示地位上的高贵与显

---

① 刘锦贤:《修身——孟子的生命哲学》,海南出版社 2008 年版,第 42 页。

著，也表示个性或品质上的优秀，用它来翻译"大人"，基本上能体现出其特征，尽管并不十分准确。

译者对"大人者，言不必信，行不必果，惟义所在"的理解不同。理雅各将之译为"大人不提前考虑他的语言应当真诚，行为应当果断——他只说、只做符合义的事情"。他认为大人的言行都依义而行，因而在现实生活中肯定能做到言信、行果，根本不用预先考虑自己应当如何做。根据理雅各的译文，孟子是在赞扬大人品德的高尚。但从原文看，孟子是在阐述"信""果"和"义"的关系，是在申明自己的价值判断标准，因而他的理解对原文有所背离。赖发洛将之译为"大人不一定要实践诺言，也不一定要把他从事的事情贯彻到底。只有在符合义的时候，他才这样做"。刘殿爵的译文是："大人不需要守信，也没必要将自己的行为贯彻到底，他只依义而行。"显然，他们认为，"义"是一切行为的准则，有时候为了符合义，可以放弃"信"和"果"。二人的理解和儒家关于"信""义"的价值判断一致，因而更符合原文的意思。

8.12 孟子曰："大人者，不失其赤子之心者也。"

理译：Mencius said, 'The great man is he who does not lose his child's-heart.'

赖译：Mencius said, The great man is he that does not lose the child heart.

刘译：Mencius said, 'A great man is one who retains the heart of a new-born babe.'

孟子主张人性本善，认为人生下来就具备仁、义、礼、智四端。人之所以不能成为"大人"，是因为不懂的保有和扩充四端，丧失了人初生之时的自然本性。因而孟子强调，要成为品德高尚的人，就要始终保持婴儿般纯一无伪之心，并懂得如何"求其放心"。

根据焦循的《孟子正义》，"大人"和"赤子之心"有两种解释：一说,"大人"谓"君","赤子之心"谓"民心"。国君视民,当如赤子,不失其民心;一说,"赤子",婴儿。少小之心,专一未变化,人能不失其赤子时心,则为贞正大人也。① 笔者认为,这句话独立成章,没有上下文可以参考证明此处的"大人"特指"君主",因而也没有理由认为"赤子之心"为"民心"。

从孟子的整个思想体系看,此处的"赤子之心",是孟子在《尽心上》提到的"人之所不学而能"的"良能"和"所不虑而知的"的"良知",即自然而然、纯真无伪、不需经过后天的学习和修养的自然本性。它和《老子》文本中的"婴儿"形象具有一致性。根据曾振宇的研究,《老子》文本中的"婴儿"实际上分为两种类型:"一是先天性的'自然婴儿',不待修炼自然与道之'常德'合一;二是经过后天'绝圣弃智'、'绝仁弃义'、'绝巧弃利'等等'损之又损'修养,臻于'复归于婴儿'之'人文婴儿'。"②"自然婴儿"和"人文婴儿"虽有区别,但二者有一个共同的特征,就是不存在,或者是绝弃了后天沾染、学习或修养的东西,是人之本然状态,是人的生命的理想境界。从这点上说,老子的"婴儿"形象和孟子的"赤子之心"是一致的。

虽然三位译者都认为,此处的"赤子之心"为"少小之心",但译文存在些许差别。从翻译方法上看,理雅各和赖发洛采取直译法,能与原文在句型结构上保持一致,而刘殿爵选择意译法,更关注文意的表达。译者对"赤子之心"的翻译不同。理雅各和赖发洛将之译为"child heart(孩童之心)"。"child"也可以指"孩子气的、幼稚的人",通常会给读者留下天真幼稚,不谙世事的印象。这和新出生婴儿存一无伪的本然之心存在一定的距离。刘殿爵的"the heart of a new-born babe(新出生的婴儿之心)",在传意上更准确。

---

① (清)焦循:《孟子正义》卷十六,中华书局1987年版,第556页。
② 参阅曾振宇《原样理解:〈老子〉之"道"哲学义涵新释》,《文史哲》2011年第2期。

8.13 孟子曰："养生者不足以当大事，惟送死可以当大事。"

理译：Mencius said, 'The nourishment of *parents when* living is not sufficient to be accounted the great thing. It is only in the performing their obsequies when dead that we have what can be considered the great thing.'

赖译：Mencius said, To feed the living is no great matter, but to send to death may be a great matter.

刘译：Mencius said, 'Keeping one's parents when they are alive is not worth being described as a major importance; it is treating them decently when they die that is worth such a description.'

儒家重视丧葬之礼，是因为它是儿女最后一次为父母尽孝的机会。父母去世后，子女再想侍奉左右，报答养育之恩，已经不可能。他们只有在父母的丧葬之礼上尽心尽责，才能使心得到少许宽慰。但是我们必须认识到，孟子不是认为奉养父母不重要，而是说与最后一次尽孝的机会相比，它不是最重要的。

理雅各将本句译为："父母活着的时候，养活他们不算是大事。只有在他们去世后举办的葬礼，可以被称作是一件大事。"赖发洛译为："奉养活着的人不是一件大事，但是发送死者或许可以被认为是件大事。"刘殿爵译为："在父母活着的时候，侍奉他们不算是最重要的事情。只有在他们去世后依礼发送他们，才能被称为最重要的事情。"从文意上看，本句话是针对父母而言，读者若直接阅读原文，可以轻易体会出来，但在翻译成英语时应作必要的补充，才能将原文所蕴含之意表达出来。理雅各和刘殿爵在这点上做得比较好，而赖发洛严格按照原文字词翻译，没有做任何添加，不能准确传递此句话的适用范围。不仅如此，理雅各和赖发洛对"养生"和"送死"之间关系的理解不准确。理雅各拘泥于字面意思，认为"养生"不能算是大事，只有"送死"才是大事。显然，他认为"养生"不重要。赖发洛不仅肯定"养生"不重要，还用推测的语气指出，或许"送死"可以算件大事。言外之意,"送死"是否重要还不一定。刘殿爵认为"养生"不是最重要的,"送死"才是最重要的。他没有否定"养生"的重要性,同时肯定了"送死"在儒家"孝"观念中的地位。可见,刘殿爵对此句话的理解更准确,更符合孟子对"孝"的界定。

8.14 孟子曰:"君子深造之以道,欲其自得之也。自得之,则居之安;居之安,则资之深;资之深,则取之左右逢其原,故君子欲其自得之也。"

理译:Mencius said, 'The superior man makes his advances *in what he is learning* with deep earnestness and by the proper course, wishing to get hold of it as in himself. Having got hold of it in himself, he abides in it calmly and firmly. Abiding in it calmly and firmly, he reposes a deep reliance on it. Reposing a deep reliance on it, he seizes it on the left and right, meeting everywhere with it as a fountain *from which things flow*. It is on this account that the superior man wishes to get hold of what he is learning as in himself. '

赖译:Mencius said, By going deep into the Way, a gentleman wishes to make it his own. When he has made it his own, he dwells in it in peace. Dwelling in it in peace, his trust in it deepens; and as his trust deepens he comes upon its rudiments right and left, in whatever he takes up. This is why a gentleman wishes to make the Way his own.

刘译:Mencius said, ' A gentleman steeps himself in the Way because he wishes to find it in himself. When he finds it in himself, he will be at ease in it; when he is at ease in it, he can draw deeply upon it; when he can draw deeply upon it, he finds its source wherever he turns. That is why a gentleman wishes to find the Way in himself.

本章句与句之间的逻辑性非常强，内容环环相扣，理解在一个环节上出了问题，会直接影响对整个篇章内容的认识。

在翻译"君子深造之以道，欲其自得之"时，译者对"道"的不同理解直接影响了他们对本句话乃至本章宗旨的认识。理雅各将"道"译为"the proper course（一种正确的深造方法）"。这一翻译和朱熹的"道，则其进为之方也"[①]一致，得到了当今多数学者的认同。赖发洛和刘殿爵都将"道"翻译为"Way"。与理雅各不同的是，他们认为"道"是"深造"的对象，而非"深造的"方法。

对"道"的不同认识，直接影响了译者对"君子深造之以道，欲其自得之也"的理解。理雅各将本句译为"君子通过正确的方法，满怀激情地推进学习上的进步，是为了能够掌握学习的内容，就像他本来就拥有那些内容一样"。赖发洛的译文是"君子深入研习道，是为了自己能拥有它"。刘殿爵译为"君子沉溺于道，是希望能在自己身上发现它的影子"。可见，理译本强调正确的方法在学习上的重要性，而赖译本和刘译本则强调学习"道"的重要意义。从表面上看，赖发洛和刘殿爵的理解相差不远，但仔细分析可以看出，赖译本认为"道"是"我"之外的东西，通过努力研习可以占有它，而刘殿爵则认为，"道"与"我"有相通之处，并不完全独立于"我"，通过深入研习，可以在"我"身上发现它。

理雅各将"自得之，则居之安"译为"掌握了知识后，他会坚定地遵守它而不动摇"。赖发洛译为"拥有了道，他会安静地沉浸其中"。刘殿爵的译文是"他在自己身上发现了深入研习的'道'后，呆着里面会很安心"。三位译者从不同的角度译介了这句话，究竟哪种理解更准确，目前还无法做出判断。但是笔者认为，杨伯峻将

[①]（南宋）朱熹：《四书章句集注·孟子集注》卷八，中华书局1983年版，第292页。

"自得之"理解为"自觉地有所得"① 在逻辑关系上更准确。

学者们对"居之安,则资之深"中"资"的含义,大体有两种理解:一种观点认为,"资"的含义是积蓄。段玉裁《说文解字注》说:"资者,积也。旱则资舟,水则资车,夏则资皮,冬则资绨绤,皆居积之谓。"② 另一种观点以朱熹为代表,他指出:"资,犹籍也。"③ 理雅各将本句译为"牢固地遵守所学的知识,就会非常依赖它"。赖发洛的译文是"安静地沉浸其中,他对'道'的依赖会不断增加"。刘殿爵将之译为"当他沉浸在'道'中,感到非常安心时,就能完全利用它"。显然,三位译者都认可朱熹的注解,将"资"理解为"依赖,凭借"。但笔者认为,从逻辑上讲,将"资之深"理解为"积蓄得很深",更能呼应下文的"取之左右逢其原"。在"资之深,则取之左右逢其原"中,"则"字应是"承接连词,表因果之关系。'则'字以上之文为原因,以下之文为结果"④,即"资之深"是"取之左右逢其原"的原因。如果将"资"理解为"依赖,凭借",那么这句话的含义将是"因为非常依赖它,所以会取之不尽"。显然,这样理解不如"因为积蓄得很深,所以就会取之不尽"更符合逻辑。不仅如此,今天有个成语叫"居安资深",也有利于我们理解"居之安,则资之深"的含意。"居安资深"通常用来形容掌握学问牢固且根底深厚,因而将之理解为"牢固地掌握它而不动摇,就能积蓄很深"⑤ 更准确。

8.19　孟子曰:"人之所以异于禽兽者几希,庶民去之,君

---

① 杨伯峻:《孟子译注》,中华书局1960年版,第189页。
② (东汉)许慎撰,(清)段玉裁注:《说文解字注》六篇下,上海古籍出版社1988年版,第279页。
③ (南宋)朱熹:《四书章句集注·孟子集注》卷八,中华书局1983年版,第292页。
④ 杨树达:《词诠》,中华书局1978年版,第274页。
⑤ 杨伯峻:《孟子译注》,中华书局1960年版,第189页。

第四章 《孟子》英译本比较（上）　175

子存之。舜明于庶物，察于人伦，由仁义行，非行仁义也。"

理译：(1) Mencius said, 'That whereby man differs from the lower animals is but small. The mass of people cast it away, while superior men preserve it.

(2) 'Shun clearly understood the multitude of things, and closely observed the relations of humanity. He walked along the path of benevolence and righteousness; he did not *need to* pursue benevolence and righteousness.'

赖译：Mencius said, The difference between man and a bird or breast is slight. The common people shed it, the gentleman keeps it.

Shun had insight into common things, he studied the ties between men. He walked in love and right. Love and right were not duties to be done.

刘译：Mencius said, 'Slight is the difference between man and the brutes. The common man loses this distinguishing feature, while the gentleman retains it. Shun understood the way of things and had a keen insight into human relationships. He followed the path of morality. He did not just put morality into practice.'

孟子从人禽之辨出发谈论人性，认为人先天具备的仁、义、礼、智"四端"，是人与动物的"几希"区别。君子懂得将"四端"扩而充之，故可以别与禽兽，具备仁、义、礼、智"四德"。但普通人不知道"求则得之，舍则失之"的道理，容易为外物所蔽，使"四端"逐渐泯灭，最终沦落到和禽兽没有什么区别。

在"庶民去之，君子存之"中，"庶民"指普通大众，而"君子"则是道德高尚的人。理雅各将"去"翻译为"cast it away（丢弃)",赖发洛译为"shed(摆脱)"。此处的"去"并非有意识地丢弃,而是因为不懂的存养,使本身固有的四端为外物所蒙蔽。显然,二人的译文不能体现"去"在本章中的特殊含义。刘殿爵的"lose"有"迷失"之意,基本上能体现"去"的内涵。"存"即保存和发展人生来就具备的"四端"。理雅各将之译为"preserve","preserve"的含义是为了避免灭绝、损坏而进行的保护,侧重确保事物保持原有的状态不变化。但此处的"存"并非静止不变,而是强调扩充、发展。赖发洛的"keep"是翻译"保存"的最常用词,指长时间牢固地保有。它不能涵盖"存"所蕴含的两层含义:第一,为了避免外界破坏而采取保护;第二,在保护的基础上积极扩充、发展。刘殿爵选择用"retain"翻译"存"。"retain"侧重为避免可能失去而采取保护措施,能体现"存"的主要内涵,但不全面。

"由仁义行"和"行仁义"所表达的意思相距甚远。朱熹对此作了精辟论述:"由仁义行,非行仁义,则仁义已根于心,而所行皆从此出。非以仁义为美,而后勉强行之,所谓安而行之也。此则圣人之事,不待存之,而无不存矣。"[①] 他认为,"由仁义行"是根据内心所固有的仁义标准自觉地做仁义之事,"行仁义"则是将仁义作为外在规范,根据其要求来约束自己的行为。理雅各将"由仁义行,非行仁义也"译为"他沿着仁义之道而行,根本不需要专门去追寻仁义"。赖发洛的译文是"他依仁义而行,而不是把仁义当做应该履行的义务"。二人的译文基本上能体现"由仁义行"和"行仁义"的区别。刘殿爵的译文是"他遵循仁义之道,而非仅仅践行仁义"。他的理解虽能在词义上对应原文,但不便于读者体会"由仁义行"和"行仁义"的实质区别。

8.22 孟子曰:"君子之泽五世而斩,小人之泽五世而斩。

---

① (南宋)朱熹:《四书章句集注·孟子集注》卷八,中华书局 1983 年版,第 294 页。

予未得为孔子徒也，予私淑诸人也。"

理译：(1) Mencius said, 'The influence of a sovereign sage terminates in the fifth generation. The influence of a mere sage does the same.

(2) 'Although I could not be a disciple of Confucius himself, I have endeavoured to cultivate my virtue by means of others *who were*.'

赖译：Mencius said, In five generations a gentleman's influence ends; in five generations the small man's influence ends. To be a disciple of Confucius was denied me. I improved myself privately through others.

刘译：Mencius said, 'The influence of both the gentleman and the small man ceases to be felt after five generations. I have not had the good fortune to have been a disciple of Confucius. I have learned indirectly from him through others.'

"君子"与"小人"是儒家常用的一组对应概念。对于此处的"君子"和"小人"，赵岐曾以"大德大凶"[①]解之。笔者认为，这样解释太过随意。正如焦循所说，"近时通解以君子为圣贤在位者，小人为圣贤不在位者"[②]。从文意看，这种理解更确切。三位译者对"君子"和"小人"的翻译也不尽相同。理雅各认为"君子"指"圣君"，而"小人"为"普通的圣人"。赖发洛和刘殿爵分别以"gentleman"和"small man"翻译"君子"和"小人"。"Gentleman"通常用来指出身高贵的统治者，用他翻译"君子"尚可勉强接受，但用"small"翻译"小人"则不妥。"small"有不重要、微不足道、(出身)卑微等语义。笔者认为，孟子不会认为"胸无大

[①] （清）焦循：《孟子正义》卷十六，中华书局1987年版，第577页。
[②] （清）焦循：《孟子正义》卷十六，中华书局1987年版，第577页。

志、目光短浅"的人的影响力也会延续五代。

"私淑"的含义有两种：第一种观点以朱熹为代表，认为"私，犹窃也。淑，善也"，① 即私下用其善；第二种观点认为，"淑"应"借为'叔'，《说文》：'叔，取也'"，② 即把"私淑"解释为私下拾取，进而引申为私下学习。从上文"予未得为孔子徒也"看，孟子并为直接受业于孔子，因而将本章的"私淑"理解为"私下学习"更确切。理雅各将"予私淑诸人也"翻译为"通过他们的善行，我努力培养我的德性"。赖发洛的译文是"通过他们，我私下提升自己"。二人的译文和朱熹的注解相似，正如前文所示，与文意不符。而刘殿爵取第二种观点，将之译为"我从他人身上间接地向他学习"。他的译文将"私淑"的引申义和文化内涵准确体现了出来。

8.25 孟子曰："西子蒙不洁，则人皆掩鼻而过之；虽有恶人，斋戒沐浴，则可以祀上帝。"

理译：(1) Mencius said, 'If the lady Hsî had been covered with a filthy *head-dress*, all people would have stopped their noses in passing her.

(2) 'Though a man may be wicked, yet if he adjust his thoughts, fast, and bathe, he may sacrifice to God.'

赖译：Mencius said, If the headcloth of the Lady of the West were unclean, everyone would stop his nose when passing her. Even a bad man may worship the Lord Above if he has washed and bathed, is sober and abstinent.

刘译：Mencius said, 'If the beauty Hsi Shih is covered with filth, then people will hold their noses when they pass her. But should an ugly

---

① （南宋）朱熹：《四书章句集注·孟子集注》卷八，中华书局 1983 年版，第 295 页。

② 杨伯峻：《孟子译注》，中华书局 1960 年版，第 193 页。

man fast and cleanse himself, he would be fit to offer sacrifices to God.'

儒家重修身，强调后天的努力。孟子通过举西子蒙不洁和恶人祀上帝的例子，旨在说明虽然人天生的容貌有美丑之分，但后天的努力更重要。如果不懂得洁身自好，好的容貌、自身先天的优势就会消失。相反，如果一个人能注重后天的努力，潜心修德，就可以改变先天不足，成为大有作为的人。

"西子"是春秋时期越国的美女西施，后来成为美女的代名词。理雅各将之译为"lady Hsî"，他的译文更符合英文的表达习惯。赖发洛将之直译为"Lady of the West（西方的美女）"。笔者认为，这种翻译方法不适合翻译人名，尤其像"西子"这样能够引起一定文化联想的词。刘殿爵的译文是"the beauty Hsi Shih（美人西施）"。他用音译翻译人名，用"beauty"体现"西子"所引起的文化联想，能够完整再现"西子"的含义。

理雅各和赖发洛将"蒙不洁"译为"戴不干净的头巾"。显然，他们的译文受赵岐的"以不洁汗巾而蒙其头面"[①]的影响。刘殿爵将之译为"沾染了污秽物"。他的译文和朱熹的"蒙，犹冒也。不洁，污秽之物也"[②]一致。从下文的"齐戒沐浴"可以判断，刘殿爵的译文更符合文意。

理雅各和赖发洛将"恶人"译为"坏人"，刘殿爵译为"丑陋的人"。在本章，孟子把"西子"和"恶人"相对举而言，"西子"是美貌的代表，与之对应的"恶人"应指丑陋的人，这样才能达到对比的效果。不仅如此，从文意上看，如果一个邪恶、凶残的人在斋戒沐浴之后，就可以参加祭祀上帝的神圣活动，那么儒家就没有必要强调修德、苦苦追求修身了。相比之下，刘殿爵的译文更准确。

中国古代的"上帝"和西方的"God"的含义不同。19世纪中

---

① （清）焦循：《孟子正义》卷十七，中华书局1987年版，第583页。
② （南宋）朱熹：《四书章句集注·孟子集注》卷八，中华书局1983年版，第297页。

叶西方传教士在翻译《圣经》时,对于应当把"God"翻译成"上帝"还是"神",发生过激烈的"译名之争"。在这场持续了五年的争论中,以理雅各为代表"上帝"派从语言学、逻辑学和比较宗教的角度,对用"上帝"翻译"God"的可行性进行了论证,使"上帝"派的支持者声势大振,但他们最终没能说服以文惠廉为代表的"神"派支持者。"译名之争"警示我们,由于中西文化存在巨大差异,在对中国古代的"上帝"进行英译时,必须小心谨慎。"从先秦文献的记载看,古人所谓的上帝主要是与国家的统治者发生密切的关系,上帝的威力是对国君个人及其统治活动进行监督和影响……对于一般民众的行为并不直接干预。"[①] 而西方的"God"是单一的至上神,具有唯一合法性、排他性和绝对的权威性。它是万能的造物主,无所不在、无所不能、无所不知、无所不有。显然,"God"和中国古代的"上帝"在内涵上存在巨大的差异。理雅各和刘殿爵选择用它翻译不妥。赖发洛用"Lord"翻译中国古代的"上帝",也会引起不当的文化联想。

8.26 孟子曰:"天下之言性也,则故而已矣。故者以利为本。所恶于智者,为其凿也。如智者若禹之行水也,则无恶于智矣。禹之行水也,行其所无事也。如智者亦行其所无事,则智亦大矣。天之高也,星辰之远也,苟求其故,千岁之日至,可坐而致也。"

本章是《孟子》一书中最难理解的篇章之一。古今学者在注疏此章时各持己见,至今难有定论。

理雅各将"天下之言性也,则故而已矣"翻译为 All who speak about the natures of things, have in fact only their phenomena to reason from,"所有谈论性的人,实际上只是通过现象来推理"。显然,他

[①] 张景贤:《论中国古代上帝观之特点》,《历史教学》1992 年第 2 期。

受培根影响，将"故"理解为"通过现象推理"。赖译本将"故"理解为"习惯"，把"天下之言性也，则故而已矣"翻译为 That which everyone below heaven calls nature is nothing but habit，"天下所有的人所谓的性，实际上指的是习惯"。他的理解与徐复观和梁涛对"故"的认识不谋而合。刘殿爵将"故"理解为"先前的学说"，译为 In talking about human nature people in the world merely follow former theories，"在讨论人性的时候，世人仅仅遵循先前的学说"。笔者认为，理雅各的翻译，有利用培根思想西化《孟子》内容之嫌，而赖发洛和刘殿爵的翻译，割裂了原文的一体性，不能很好呼应下文。笔者通过梳理儒家人性论的发展脉络，结合当时流行的人性观，并从孟子的性善论出发，认为"天下之言性也，则故而已矣"是孟子对当时流行的人性论片面性的指责。其中，"故"是修饰"性"的，指"与生俱来的自然本性"。① 如此理解，可以更好地呼应下文的"故者以利为本"和"苟求其故"。

虽然孟子指责当时流行的人性观过于片面，仅仅看到了人与生俱来的自然本性，但仍客观地指出了它的优点，即"故者以利为本"。这也是孟子的人性观从前代继承下来的优点。梁涛曾指出，对这句话向来有两种不同的理解："一种是理解为孟子的正面言论，释'利'为有利，赵岐、朱熹、焦循等持这种看法；一种与此相反，是理解为孟子反对的言论，释'利'为自利，利害，陆九渊、黄彰健等持这种看法。"② 他支持第一种观点，认为"如果将'利'释为自私自利，'故者以利为本'一句便与下文无法发生联系，势必将文章完整的一章内容，分割为互不关联的三个部分，这是取'自私自利'说者始终无法回避的困境所在"。③ 笔者认同他对"利"的理解，但不赞成他将"天下之言性也，则故而已矣"看成当时人们的人性观，把"故者

---

① 详见本书第七章《〈孟子〉等古代典籍外译的误区分析》。
② 梁涛：《郭店竹简与思孟学派》，中国人民大学出版社2008年版，第372页。
③ 梁涛：《郭店竹简与思孟学派》，中国人民大学出版社2008年版，第372页。

以利为本"当作孟子的人性观。从字面意思和前后语境看,将"故者以利为本"解释为"积习的塑造、培养要顺从人的本性也即是仁义之性为根本"① 略显随意。笔者认为,"故者以利为本"实质上是对"天下之言性也,则故而已矣"的进一步解释说明。梁涛也认为,"下文的'禹之行水也,行其所无事也'、'苟求其故',讲的都是顺应事物的本性、规律的问题"。② 这也从侧面印证了笔者将"故"理解为"与生俱来的自然本性",可以使篇章宗旨保持前后高度一致。

理雅各将"故者以利为本"译为 the value of a phenomenon is in its being natural,"现象的意义在于顺从自然"。赖发洛译为"habit has its roots in gain,习惯以有利为其根本(原则)"。虽然二人也将"利"解为"顺"或"有利",但对译文篇章宗旨的把握不准确。刘译本独树一帜,将此句译为 They do so because these theories can be explained with ease,即"人们之所以要遵循先前的学说,是因为这些学说解释起来比较容易"。笔者认为,刘译本的这一创新性翻译和下文要论证的"顺应事物的自然本性和规律非常重要",似乎没有什么联系,故这一创新的依据不足。

理雅各将"苟求其故"翻译为 If we have investigated their phenomena,"如果我们研究了它们(星辰)运行的现象"。赖发洛译为 by going into their habits"通过探究它们(星辰)的习性"。刘殿爵译为 if one seeks out former instances,"如果一个人查到了先前的实例"。笔者认为,这三种译本都不准确。此处的"故"与"则故而已矣""故者以利为本"中"故"含义一致,指星辰的自然本性和固有的运行规律。

---

① 参阅梁涛《郭店竹简与思孟学派》,中国人民大学出版社 2008 年版,第 372 页。

② 梁涛:《郭店竹简与思孟学派》,中国人民大学出版社 2008 年版,第 372 页。

第 五 章

《孟子》英译本比较（下）

卷九　万章章句上

9.4　……故说《诗》者，不以文害辞，不以辞害志。以意逆志，是为得之。……

孟子的学生咸丘蒙在理解《诗》的内容上存在困惑，因而向孟子发问。孟子针对他在解诗中存在的误区，提出了"不以文害辞，不以辞害志。以意逆志，是为得之"的解诗法则。这种文学批评方法受到学者的普遍关注和广泛研究。理雅各在翻译儒家经典时，就把孟子的这句话作为解经的不二法门，印在了《中国经典》的各卷扉页上。

翻译"不以文害辞，不以辞害志"的关键是对"志"的理解。"《虞书》曰：'诗言志，歌永言，声依永，律和声'，郑玄注云：'诗所以言人之志意也'。"[①]《毛诗序》的解释是："诗者，志之所

[①]（汉）毛亨传，（汉）郑玄笺，（唐）孔颖达等正义：《毛诗正义·诗谱序》，（清）阮元校刻《十三经注疏》本，中华书局1980年版，第262页。

之也，在心为志，发言为诗。"① 可见，"志"乃是作者在作品中表达出来的思想感情。理雅各的译文是 Therefore, those who explain the odes, may not insist on one term so as to do violence to a sentence, nor on a sentence so as to do violence to the general scope, 即"不可坚执一词而误解句意，也不可固执一句而误解原意"。赖发洛的译文是 Thus, in explaining poetry we must not wrench a sentence for a word, or wrench the meaning for a sentence, "我们不能因为一个字词歪曲句意，也不能因为句子歪曲（作品的）含意"。刘殿爵将之理解为 Hence in explaining an ode, one should not allow the words to obscure the sentence, nor the sentence to obscure the intended meaning, "不能让字词混淆句意，也不能让句子混淆已有之意"。三位译者都能准确译出原文的意思。

对"以意逆志，是为得之"的理解，古今注家向来众说纷纭，莫衷一是。他们的分歧集中在对"意"和"逆"的理解上。学者们对"意"的理解，大体有两种：一种认为"意"为作者之意；一种认为"意"指"读者之意"。前者以清代吴淇为代表。他认为："诗有内有外。显于外者曰文曰辞，蕴于内者曰志曰意……志古人之志而意古人之意，故选诗中每每以古意命题是也。……不知志者古人之心事，以意为舆，载志而游，或有方，或无方，意之所到，即志之所在，故以古人之意求古人之志，乃就诗论诗，尤之以人治人也。"② 后者以朱熹为代表，他指出："言说诗之法，不可以一字而害一句之义，不可以一句而害设辞之志，当以己意迎取作者之志，乃可得之。"③ 笔者认为，孟子此处的"意"当指"读者之意"。这

---

① （汉）毛亨传，（汉）郑玄笺，（唐）孔颖达等正义：《毛诗正义》卷第一之一《关雎》，（清）阮元校刻《十三经注疏》本，中华书局1980年版，第269页。

② （清）吴淇：《六朝诗选定论缘起》，郭绍虞主编：《中国历代文论选》，第1册，上海古籍出版社1979年版，第36—37页。

③ （南宋）朱熹：《四书章句集注·孟子集注》卷九，中华书局1983年版，第306页。

可以在孟子对《诗经》内容的引用中找到依据。孟子在论述自己的观点时，常常引用《诗经》的内容作为支撑。他引用的那些诗句，在论证的具体环境中都被赋予了一些新的含义，这也从侧面表明，孟子支持读者在解诗、引诗时进行创造性的发挥。其次，看学者们对"逆"的理解。朱熹对"逆"的注解是："逆，迎也。"① 但"逆"还有揣测、考察之义。《周礼》郑玄注云："逆，犹钩考也。"② "迎"有被动地去迎接之义，而"钩考"则强调根据自己的经验和知识去主动感知、推测作者之"志"。

三位译者都能准确地将"意"翻译为"读者之意"，但对"逆"的理解不同。理雅各将"以意逆志"译为 They must try with their thoughts to meet that scope, and then we shall apprehend it，"他们必须试着让自己的想法迎合原意"。他的理解同朱熹类似，虽然看到了尊重作者创作意图的重要性，但是把读者置于被动接受原意的境地。赖发洛的译文是 If our thoughts go to meet the meaning we shall find it，"如果我们的想法和原意相符"。他的译文仅强调相符这一结果，未表明相符的方式是被动接受还是主动探求。刘殿爵将本句译为 The right way is to meet the intention of the poet with sympathetic understanding，"正确的方法是，通过心理同构的理解方式，实现自己与作者意图的融合"。他的译文既能强调对作者创作意图的尊重，又体现了读者的主动性，因而更准确全面。

9.8 万章问曰："或谓孔子于卫主痈疽，于齐主侍人瘠环，有诸乎？"孟子曰："否，不然也；好事者为之也。于卫主颜雠由。弥子之妻与子路之妻，兄弟也。弥子谓子路曰：'孔子主我，卫卿可得也。'子路以告。孔子曰：'有命。'孔子进以礼，

---

① （南宋）朱熹：《四书章句集注·孟子集注》卷九，中华书局1983年版，第306页。

② （清）孙诒让：《周礼正义》卷二十一《乡师》，中华书局1987年版，第3册，第820页。

退以义，得之不得曰'有命'。而主痈疽与侍人瘠环，是无义无命也。孔子不悦于鲁卫，遭宋桓司马将要而杀之，微服而过宋。是时孔子当厄，主司城贞子，为陈侯周臣。吾闻观近臣，以其所为主；观远臣，以其所主。若孔子主痈疽与侍人瘠环，何以为孔子？"

针对世人对孔子主痈疽、主瘠环的谣传，孟子一一进行了反驳，并通过强有力的证据指出，孔子之所以能够成为万世之师，就在于他面对富贵诱惑和生死考验时能够洁身自好，从容淡定，时刻不忘使自己的言行符合礼义，顺应天命。

"痈疽"，朱熹注曰："疡医也"，① 杨伯峻则认为："以痈疽为主人也……《史记·孔子世家》作雍渠。韩非子作雍鉏，《说苑至公篇》作雍睢。翟灏《考异》云：'均以声同通借耳'。"② 可见，对"痈疽"有两种理解，一是治疗痈疽的医生，二是人名。理雅各将之译为 ulcer-doctor，赖发洛译为 boil leech；二人皆持第一种观点，认为"痈疽"指职业，而刘殿爵将之译为人名 Yung Chü。虽然这两种理解皆言之有理，但笔者更认可将之译为人名。从下文的"否，不然也；好事者为之也"可知，孟子认为"主痈疽"是对孔子的污蔑，与事实不符。如果认为孔子住在"治疗痈疽的医生"家里有损孔子的圣名，"是无义无命"的话，孟子的评人标准就过于狭隘，有歧视社会分工之嫌。但事实上，孟子是强调社会分工的必然性和重要性。

理雅各将"好事者"译为 men fond of strange things "喜欢生事的人"，赖发洛译为 Story lovers "爱好故事的人"。刘殿爵的译文是 people with nothing better to do "无所事事的人"。爱好故事并不可怕，可

---

① （南宋）朱熹：《四书章句集注·孟子集注》卷九，中华书局1983年版，第311页。

② 杨伯峻：《孟子译注》，中华书局1960年版，第228页。

怕的是编造故事颠倒黑白，混淆视听，诽谤他人。因而，理雅各和刘殿爵的译文更能体现"好事者"终日无所事事，以造谣生事为己任的特征。

理雅各受基督教预定论的影响，将"命"翻译为"ordered"。预定论认为上帝是万物的主宰，不仅安排大自然的运行，还支配人类社会发展的历史。世俗社会的人能否获得官职，也都是上帝事先预定、安排好的。赖发洛选择用"Bidding"翻译"命"，取二者在字面义上的对应。刘殿爵将"命"翻译为"Decree（神的谕旨）"。同理译本一样，这种翻译也具有较强的耶稣基督意味，容易引起不必要的联想。三位译者的翻译，都不能体现"命""莫之致而至"（《孟子·万章上》）和"求在外者"（《孟子·尽心上》）的特征。

"近臣"和"远臣"相对举而言。朱熹注曰："近臣，在朝之臣。远臣，远方来仕者。"① 他认为，"近臣"是本国在朝为官者，"远臣"指外来谋求官职的人。理雅各将"近臣"翻译为"ministers about court（在朝的大臣）"，能准确体现其含义，但将"远臣"翻译为"stranger officers 陌生的官员"不妥。此处的"臣"未必特指为官者，也可包括那些周游诸侯国，寻求得到任用的普通人。赖发洛分别将"近臣"和"远臣"直译为 a minister who is near，"近处的大臣"和 a minister from afar，"远处的大臣"。他只关注词义的对应，不考虑是否方便读者理解文意。刘殿爵将"近臣"译为 courtiers who are natives of the state，"本国的朝臣"，将"远臣"翻译为 those who have come to court from abroad，"远道而来寻求入仕的人"。当地在朝为官者，不仅有实力为外来求仕者提供住宿和饮食，而且可以向君主推荐他们的贤能。外来求仕者，初入一国也必定要寻求可以居住的地方和可以引荐他为官的人。可见，刘殿爵的译文能更清楚地传达原文之意。

---

① （南宋）朱熹：《四书章句集注·孟子集注》卷九，中华书局 1983 年版，第 312 页。

卷十　万章章句下

10.9　齐宣王问卿。孟子曰："王何卿之问也？"王曰："卿不同乎？"曰："不同；有贵戚之卿，有异姓之卿。"王曰："请问贵戚之卿。"曰："君有大过则谏；反复之而不听，则易位。"王勃然变乎色。曰："王勿异也。王问臣，臣不敢不以正对。"王色定，然后请问异姓之卿。曰："君有过则谏，反复之而不听，则去。"

孟子将卿分为贵戚之卿和异姓之卿两类。二者虽同为臣属，但职责和权力不尽相同。贵戚之卿以宗庙为重，在君主犯有足以亡国的大错时反复劝诫，如果君主拒绝接受，则易君之位，重新拥立家族中的贤能者担任。异姓之卿虽也承担谏君的职责，却没有废立君主的权力。如果他们反复劝诫君主，却得不到积极的回应，就应辞去官职以保全自己的人格和节操。

孟子仅仅指出"贵戚之卿"和"异姓之卿"在职权上的差异，但没有明确二者区分的依据。赵岐认为："贵戚之卿谓内外亲族也，异姓之卿谓有德命为三卿也。"焦循进一步解释说："贵戚之卿，以亲而任，故云内外亲族也。异姓之卿，以贤而任，故云有德命为三卿也。"[1] 二人对"异姓之卿"的解释是准确的，但扩大了"贵戚之卿"的范围。杨伯峻对此作过明确分析："以汉代而言，外戚当权，可以说是'贵戚之卿'，霍光且废昌邑王而改立宣帝，但不能以之解释《孟子》。《孟子》此文以'贵戚之卿'与'异姓之卿'对文，则'贵戚'为同姓可知。核之儒家所传宗法制

---

[1]　（清）焦循：《孟子正义》卷二十一，中华书局1987年版，第728页。

度，亦当如此解释，'外戚'不在'贵戚之卿'数内也。"① 可见，二者的主要区别在于："贵戚之卿"具有与生俱来的贵族身份，是天子或诸侯的同姓之卿，他们凭借与君主相同的姓氏和血缘家族关系获得官位，是君主亲戚的象征。而"异姓之卿"和君主不同姓，不隶属于皇室家族，仅仅凭借个人的才能获得的官位，是君主尊贤的产物。

理雅各将"贵戚之卿"翻译为 ministers who are noble and relatives of the prince，"和君主有亲戚关系的贵族大臣"，赖发洛译为 honoured kinsmen，"高贵的亲属"。他们的译文扩大了"贵戚之卿"的范围。刘殿爵将之译为 ministers of royal blood，"拥有皇室血统的大臣"。他的译文准确体现了"贵戚之卿"的特征。理雅各将"异姓之卿"翻译为 who are of a different surname，"具有不同姓氏的大臣"，赖发洛译为 councillors of another name，"其他族姓的大臣"，刘殿爵译为 those of families other than the royal house，"非皇室家族的大臣"。三种译本都能准确体现"异姓之卿"的特点。

"反复之而不听，则易位"是贵戚之卿的职责。三位译者基本上都能翻译出原文的字面意思，但也存在些许差异。理雅各的译文是：if he do not listen to them after they have done so again and again, they ought to dethrone him，翻译改变了原文的语序，并且用"ought to"句型表明"易位"是贵戚之卿的义务和责任。尽管赖发洛和刘殿爵都保留了原文的句式特点，但二人的译文也有各自鲜明的特色：赖译本 If they do it again and again and he does not listen, the throne is changed 过于拘泥于原文的字面意思，故略显僵硬，而刘译本善用美国俚语，将之翻译为 if repeated remonstrations fell on deaf ears, they would leave him。这一翻译使译文更显生动，朗朗上口。

翻译"王勃然变乎色"时，应突出两点：一是变色的突然，二

---

① 杨伯峻：《孟子译注》，中华书局 1960 年版，第 252 页。

是变色的原因是"怒而惊"。理雅各将之译为 The king on this looked moved, and changed countenance,"王听到这里，显得有些激动，并且变了脸色"。译文漏译了"勃然"，也没有表达清楚因何而变色。赖发洛的译文是 The King's colour changed in a flash,"王的脸色突然变了"。他准确译出了原文的字面意思，但没有表达出原文的言外之意。刘殿爵的译文是 The King blenched at this,"王因恐惧而吓得脸色发白"。他的译文将原文的字面意思和言外之意都清楚地表达了出来，但漏译了"勃然"。

理雅各将"王勿异也"翻译为 Let not your Majesty be offended,"王不要感到愤怒和不高兴"。赖发洛的译文是 The King must not take it amiss,"王决不能认为这（个回答）是错误的"。刘殿爵将之译为 Your Majesty should not be surprised by my answer,"王不应对我的回答感到惊讶"。从上文"王勃然变乎色"看，孟子的回答不仅让齐宣王感到惊讶，更让他感到愤怒和恐惧，因而理雅各的译文更准确。

要准确翻译"臣不敢不以正"，首先要弄清楚"正"的含义。杨伯峻指出，"《论语·述而篇》'正唯弟子不能学也。'郑玄《注》云：'鲁读"正"为"诚"。此处亦当读为'诚'。"① 理雅各 I dare not answer but according to truth 和赖发洛 his liege did not dare give an untrue answer 都突出了此处"正"所具备的"实话，真实"的含义，而刘殿爵的 I dared not give you anything but the proper answer "正确的、正当的"则形神兼备地体现了原文之意。

孟子认为，如果异姓之卿反复劝诫君主，却得不到积极回应，他们就应该辞去官职。理雅各将"则去"译为 they ought to leave the State "他们应该离开这个国家"不准确。赖发洛将之直译为 they leave "他们离开"过于模糊。相比之下，刘殿爵的译文"hey would leave him (the prince) 离开君主"，辞官回家更符合儒家倡导的为官之道。

---

① 杨伯峻：《孟子译注》，中华书局1960年版，第252页。

卷十一　告子章句上

11.4 告子曰："食色，性也。仁，内也，非外也；义，外也，非内也。"孟子曰："何以谓仁内义外也？"曰："彼长而我长之，非有长于我也；犹彼白而我白之，从其白于外也，故谓之外也。"曰："异于白马之白也，无以异于白人之白也；不识长马之长也，无以异于长人之长与？且谓长者义乎？长之者义乎？"曰："吾弟则爱之，秦人之弟则不爱也，是以我为悦者也，故谓之内。长楚人之长，亦长吾之长，是以长为悦者也，故谓之外也。"曰："耆秦人之炙，无以异于耆吾炙；夫物则亦有然者也，然则耆炙亦有外与？"

在此章，孟子和告子就人性问题展开论战。二人的争辩主要围绕告子的"仁内义外"说展开。

理雅各将"色"译为"colours（颜色）"，并在注释中指出"食色也可以理解为沉迷情欲，但是他根据熙周的注解，选择喜欢好的颜色这一翻译"。① 不过，在后面"色与礼孰重"（《孟子·告子下》）中，他又将"色"翻译成了"sex（性欲）"。赖发洛将"色"译为"women（女人）"，刘殿爵译为"sex（性欲）"。在中国古代文化中，"食"和"色"通常连用，指人得以生存和繁衍的本能欲望，是生命得以存在的本质要求，如《礼记·礼运篇》"饮食男女，人之大欲存焉"。② 因而，"色"以"女色、性欲"的翻译为佳。

告子的"食色，性也"与孟子"性善"论中"性"的含义不

---

① James Legge, *The Works of Mencius*, New York：Dover Pub., Inc, 1970, p. 397.
② （汉）郑玄注，（唐）孔颖达等正义：《礼记正义》卷二十二《礼运》，（清）阮元校刻《十三经注疏》本，中华书局 1980 年版，第 1422 页。

同。张岱年曾一针见血地指出，告子"认为人要生存、繁殖这就是人性。将人看成是'自然人'，把一切生物的共性当作了人性"。①杨伯峻也认为："求食和生育不但是人的本能，也是一切动物的本能。……不过人是高等动物，经过原始社会以后，逐渐把食和色美化了。"② 可见，告子的"性"并非特指"人性"，而是人和动物共有的自然本能。而孟子在讨论人性时，是从人和动物的区别说起，将"人视为'社会的人'"。③ 因而此处的"性"并非特指"人性"，三位译者将之译为"nature"是准确的。

在翻译"异于白马之白也，无以异于白人之白也"时，理雅各提出删掉第一个"异于"，将之译为 Mencius said, "There is no difference between our pronouncing a white horse to be white and our pronouncing a white man to be white"，"我们说一匹白马是白的，与说一个人是白的，在白上没有什么不同"。赖发洛亦持此种观点，将之译为 There is no difference between recognising whiteness in a white horse and recognising whiteness in a white man，"把一匹马之白看作白，与把一个人之白看作白，没有什么不同"。刘殿爵建议把原文修改为"异于白。白马之白无以异于白人之白也"，并将之译为"Treating as white" is the same whether one is treating a horse as white or a man as white. "义的情形不同于白的情形。不管是白马还是白人，白都是一样的。"④ 很明显，刘殿爵的这一修改是根据下文"不识长马之长也，无以异于长人之长与"做出的。修改后的原文不仅句意通顺，而且逻辑性更强，因而笔者更支持刘殿爵的创新性见解。

理雅各在翻译"且谓长者义乎？长之者义乎？"时，改变了原文结构。And what is it which is called righteousness? —the fact of a man's

---

① 张岱年主编：《中国唯物论史》，河南人民出版社1994年版，第111页。
② 杨伯峻：《孟子导读》，中国国际广播出版社2008年版，第9页。
③ 张岱年主编：《中国唯物论史》，河南人民出版社1994年版，第111页。
④ ［美］倪德卫：《儒家之道：中国哲学之探讨》，周炽成译，江苏人民出版社2006年版，第207页。

being old? Or the fact of our giving honour to his age? 他首先提出"什么可以称作义",接着例举两个并列的情况让读者选择:"是在于一个人年纪大,还是在于我们因为他年纪大而尊敬他?"他以疑问句突出强调"义",可以引起读者的关注和思考。赖发洛按原文的句型结构,将之译为 Besides, is it age that we call right, or the recognition of age that we call right? "我们是称年老义,还是称承认年老义?"他的译文过于僵硬,不便于读者理解。刘殿爵的译文是 Furthermore, is it the one who is old that is dutiful, or is it the one who treats him as elder that is dutiful? "你说是年长的人义,还是以人为长者的人义呢?"虽然他也选择了直译,但在传意上更清楚。

要准确理解告子的"仁内义外"的思想,就要对"吾弟则爱之,秦人之弟则不爱也,是以我为悦者也,故谓之内。长楚人之长,亦长吾之长,是以长为悦者也,故谓之外也"有全面的认识。学者们在翻译或者注释本段时,对"悦"的含义和用法始终存在困惑和分歧。

理雅各将之译为 There is my younger brother; —I love him. But the younger brother of a man of Ch'in I do not love: that is, the feeling is determined by myself, and therefore I say that benevolence is internal。"我爱我的弟弟,但是我不爱秦人的弟弟,也就是说,这种感觉由我自己决定,因此我说仁是内在的。从另一方面讲,我尊敬楚国的老人,我也尊敬自己家的老人,也就是说,这种感觉是由老人决定的,因此我说义是外在的。"理雅各坚信自己准确地翻译出了原文的含义。但他同时承认,自己没有弄明白"悦"的用法和含义。虽然他试图引用《日讲四书义解》对"悦"的解释,即"吾弟则爱之,秦人之弟则不爱也,表明爱取决于我。悦乎我心,则爱之,不悦乎我心,则不爱。但是尊敬是由年龄决定的。凡遇长皆在所悦,不必产生于我们的心"来消除自己的困惑,但没有成功,[①] 故他选择不译

---

① James Legge, *The Works of Mencius*, New York: Dover Pub., Inc, 1970, pp. 398-399.

"悦"。尽管理雅各对"悦"始终存在困惑，但他能准确理解告子本段话的内涵，并能将它清楚地传递给读者，因而可以说他的翻译是成功的。

赖发洛的译文是 I love my young brother, I do not love the Ch'in man's young brother, so it is I that am pleased, and I say that love is inward, "我爱我的弟弟，不爱秦人的弟弟，所以这是符合我的心意，因此我说仁是内在的。我承认楚国的长者年老，也承认我自己的老人年长，所以是年长令人高兴，因而我说义是外在的"。赖发洛按字面意思翻译"悦"固然无可厚非，但是笔者认为，在翻译那些承载着哲学思想的语句时，如果完全照字面直译，不加必要的解释说明，会造成译文前后逻辑混乱，令读者不知所云。

刘殿爵的译文是 My brother I love, but the brother of a man from Ch'in I do not love. This means that the explanation lies in me. Hence I call it internal, "我爱我的弟弟，但不爱秦人的弟弟。这是就我的关系而说的，因此我认为它是内在的。把楚国的老人当作长者，与把我自己家里的老人当作长者没有什么不同，这是就他们年长的关系而说的，所以我认为它是外在的"。刘殿爵在译文中没有给出把"悦"理解为"说"的依据，但是倪德卫指出："刘殿爵和葛瑞汉建议把'悦'字当做'说'字（我认为，他们心里想的是后期墨家作为一种论辩之术的'说'）"。① 后期墨家强调"以说出故"，即通过"说"的方式以明确"立辞"的根据和理由。如果倪德卫的推测是正确的，刘殿爵的"这表明说在他们的年长"就可以理解为"这表明他们的年长是（我尊敬他们的）根据和理由"。尽管理雅各和刘殿爵对"悦"的处理不同，但都能清楚表达出告子的"仁内义外"的思想，因而都可以被称作忠于原文。

---

① ［美］倪德卫：《儒家之道：中国哲学之探讨》，周炽成译，江苏人民出版社2006年版，第200页。

11.6　公都子曰："告子曰：'性无善无不善也。'……"孟子曰："乃若其情，则可以为善矣，乃所谓善也。若夫为不善，非才之罪也。恻隐之心，人皆有之；羞恶之心，人皆有之；恭敬之心，人皆有之；是非之心，人皆有之。恻隐之心，仁也；羞恶之心，义也；恭敬之心，礼也；是非之心，智也。仁义礼智，非由外铄我也，我固有之也，弗思耳矣。故曰，'求则得之，舍则失之。'或相倍蓰而无算者，不能尽其才者也。"

在前面几章，孟子重点反驳了告子关于人性的认识，在和告子的论辩中处于消极防御阶段。在本章，孟子从正面论证了他的人性观。他从人与禽兽的区别谈人性，认为人生来就具有"恻隐之心""羞恶之心""恭敬之心"和"是非之心"，因而人性本善。

"乃若其情，则可以为善矣，乃所谓善也。若夫为不善，非才之罪也"是孟子对当时比较流行的三种人性观点的反驳。

理雅各和赖发洛都把"情"理解为"feelings（情感）"，而刘殿爵则理解为"what is genuinely（实情、实际情况）"。这两种不同的翻译，分别代表了古今注家所持的两种立场。一种观点"从东汉赵岐至南宋朱熹再到明清之际的王夫之，他们大致是站在同一立场，即将孟子的'情'与'性'相对举而言，视'乃若其情'之'情'为表征心理情感的范畴"。[1] 例如，赵岐解"情"为情感之情，"若，顺也。性与情，相为表里，性善胜情，情则从之。《孝经》曰：'此哀戚之情。'情从性也，能顺此情，使之善者，真所谓善也。若随人而强作善者，非善者之善也。若为不善者，非所受天才之罪，物动之故也"。[2] 朱熹解"情"为"性之动也。人之情，本但可以为善而

---

[1] 郭振香：《多种诠释视域下的"乃若其情"》，《学术月刊》2009年第3期。
[2] （清）焦循：《孟子正义》卷二十二，中华书局1987年版，第752页。

不可以为恶，则性之本善可知矣"。① 另一种观点解"情"为"实"。戴震的《孟子字义疏证》云："情犹素也，实也。"② 冯友兰在早期著作《中国哲学史》里，将"情"翻译为"事之实也。《大学》'无情者'，郑注云：'情犹实也'是也"。③ 牟宗三也认为，"'乃若其情'之情非性情对言之情。情，实也，犹言实情（real case）"。④

笔者认为，应当将"情"放在"乃若其情，则可以为善矣"中，判定哪种理解更符合原文之意。首先，要弄明白"其"的含义。理雅各和赖发洛将之译为"人性"，而刘殿爵认为"其"指"人"。从上下文语境看，公都子开篇列出了当时盛行的三种与"性"相关的观点："性无善无不善""性可以为善可以为不善"和"有性善有性不善"。"乃若其情"是孟子回答公都子的"今曰'性善'，然则彼皆非与"的提问，从文句关联来看，此处的"其"应指"性"。不仅如此，从孟子的整个思想体系看，即心言性是孟子人性的一大特征。从下文的"恻隐之心，人皆有之；羞恶之心，人皆有之；恭敬之心，人皆有之；是非之心，人皆有之"的内容来看，"乃若其情"的"其"就是指人性。

其次，看译者对"乃若其情，则可以为善矣"的理解。理雅各将本句译为：From the feelings proper to it, it is constituted for the practice of what is good. This is what I mean in saying that the nature is good。"从它（人性）本身所固有的情感来看，性是可以作善事的。"这一理解同赵岐的"性与情相为表里，性善胜情，情则从之"相类，反映了自孟子以来儒家关于"性情"关系的基本表述，即"性本情末、性主情从"。但若将"情"理解为"由性发出的情感"，"乃若其情"的落脚点和强调的重点就变成了"情"。"情"就成了孟子人

---

① （南宋）朱熹：《四书章句集注·孟子集注》卷十一，中华书局1983年版，第328页。
② （清）戴震：《孟子字义疏证·卷下·才》，中华书局1961年版，第41页。
③ 冯友兰：《中国哲学史》，中华书局1961年版，第155页。
④ 牟宗三：《心体与性体》，上海古籍出版社1999年版，下册，第377页。

性善的依据，这和本章通篇强调性，就心言性的宗旨不符。赖发洛的译文是 If it is guided by its feelings our nature will do good，"如果遵循情感的引导，性可以表现为具体的善行"。他的理解和理雅各正好相反。在理雅各那里，情从性，而赖发洛则认为性从情。他的理解和儒家传统的性情论不符。刘殿爵将"乃若其情，则可以为善矣"，翻译为 As far as what is genuinely in him is concerned, a man is capable of becoming good,'"从人的实际情况看，人是可以行善的"。正如前文所说，将"其"理解为"人"不妥，但将"情"翻译为"实"是准确的。笔者认为，对这句话最妥当的理解是"从人性的实情看，它可以表现为具体的善行"。

"才"字在《孟子》中最主要的含义是人的初生之质。杨伯峻指出："《说文》'才，草木之初也。'草木之初曰才，人初生之性亦可曰才。"[①] "才"还可以指才能，如朱熹注曰："才犹材质，人之能也。"[②] 在极少数情况下，"才"特指有才能的人。此处的"才"应指人的初生之质，与前句的"其情"为"性之实情"相呼应。理雅各将之译为"natural powers（天生的才能）"，不如刘殿爵的"native endowment（天生之质）"准确。赖发洛认为"才"通"材"，将之译为"stuff（木料、原料）"。此外，"stuff"还有材质、本能之意，可以很好地对应"非才之罪"中"才"的引申义。

在反驳当时影响较大的三种人性观的基础上，孟子提出了自己对人性的认识：人皆有"恻隐之心""羞恶之心""恭敬之心"和"是非之心"。三位译者对四心和仁义礼智的关系的理解不尽相同。从理雅各的译文看，他把"四心"理解为孟子所言"情"之内容，将之译为"feeling of"，即"……的情感"。他认为"情"中蕴含着"仁""义""礼"和"智"的起源，不妥。在赖发洛那里，"恻隐

[①] 杨伯峻：《孟子译注》，中华书局1960年版，第260页。
[②] （南宋）朱熹：《四书章句集注·孟子集注》卷十一，中华书局1983年版，第328页。

之心""羞恶之心""恭敬之心"和"是非之心"分别等同于"仁""义""礼"和"智"。A merciful, tender heart is love; a heart for shame and hatred is right; a heart for respect and honour is courtesy; a heart for right and wrong is wisdom。刘殿爵则认为,"四心"分别与"仁""义""礼"和"智"相关,是人性的一部分。The heart of compassion pertains to benevolence, the heart of shame to dutifulness, the heart of respect to the observance of the rites, and the heart of right and wrong to wisdom。可见,刘殿爵的译文更能准确体现孟子的人性观。

译者对"我固有之也,弗思耳矣"的翻译存在分歧。理雅各译为：Benevolence, righteousness, propriety, and knowledge are not infused into us from without. We are certainly furnished with them. *And a different view* is simply owing to want of reflection。"我们理所当然地具备仁、义、礼和智,那些认为我们没有的观点,是没有经过思虑的结果。"赖发洛译为：Love, right, courtesy and wisdom are not burnt into us from without: we always had them. But we give them no thought。"我们始终拥有仁义礼智,但是我们没有思考过他们。"根据孟子对人性的论证,人在出生之时,先天地具备着"仁义礼智"的端倪。人想拥有这些美好品德,需要后天"扩而充之"。理雅各的"理所当然地具备"和赖发洛的"始终拥有"过于绝对,没有看到性善是一个动态的发展过程,忽视了外界环境对性的后天影响。刘殿爵将之译为：Benevolence, dutifulness, observance of the rites, and wisdom are not welded on to me from the outside; they are in me originally. Only this has never dawned on me。"我们在最初之时,都具备仁义礼智,但是从来都没有注意过它们。"虽然人生下来就具备"仁、义、礼、智",但它们都是以"端"的形式存在,很少被人们注意,因而"求则得之,舍则失之"。可见,刘殿爵的译文能够准确体现孟子性善论的实质。

卷十二　告子章句下

12.12　孟子曰:"君子不亮,恶乎执?"

理译: Mencius said, 'If a scholar have not faith, how shall he take a firm hold *of things*?'

赖译: Mencius said, Without faith where can a gentleman take hold?

刘译: Meneius said, 'Other than by adherence to his word, in what respect can a gentleman be guilty of inflexibility?

本章虽仅仅一句话,但注家的解释却存在差异,甚至有的理解针锋相对。当前比较流行的一种观点认为,孟子在本章旨在强调保持诚信的重要性,认为如果没有诚信,就没有什么德操可以执守。例如,赵岐解此章为:"亮,信也。《易》曰:'君子履信思顺'。若为君子之道,舍信将安执之。"① 朱熹注曰:"亮,信也,与谅同。恶乎执,言凡事苟且,无所执持也。"② 今人杨伯峻亦解此章为"君子不讲诚信,如何能有操守?"③ 李葆华从孟子的整个思想体系出发,提出了一个完全与之相反的理解。他指出,"'信'这种道德标准,要比仁义礼智低一个层次,人性的构成有仁义礼智而无信。孟子说:'大人者,言不必信,行不必果,惟义所在。'(《孟子·离娄下》)"因而他认为,"君子不亮,恶乎执"中的"恶"字,应解作"厌恶"的"恶",而非疑问代词。此句后的问号也就应改为句号。此章意谓"君子之所以不太强调和讲究信,是因为厌恶对信的理解

---

① (清)焦循:《孟子正义》卷二十五,中华书局1987年版,第860页。
② (南宋)朱熹:《四书章句集注·孟子集注》卷十二,中华书局1983年版,第346页。
③ 杨伯峻:《孟子译注》,中华书局1960年版,第295页。

与实践的固执和偏执"。① 笔者认为，他对"君子不亮"的理解有增字解释之嫌。"不"是对"亮"的完全否定，指"不强调和讲究信"而非"不太强调和讲究信"。但实际上，孟子是推崇"信"的，认为"信于友"是"获于上"的正确方法（《孟子·离娄上》）。他反对的仅仅是违背"义"的规定，固执守信，因而发出"言不必信，行不必果，惟义所在"的感叹。

虽然理雅各和赖发洛也认为"君子不亮，恶乎执?"是在强调"亮"的重要性，但他们对"亮"的翻译容易引起读者的误解。二人都将"亮"译为"faith"。"faith"的常用义是"信仰"，容易让读者认为孟子在强调"信仰"在保持人的道德操守上的重要性。刘殿爵将"亮"翻译为"adherence to his word（信守诺言）"是准确的。不过他认为"执"并非"把持"而是"固执"。他将"君子不亮，恶乎执"翻译为"除了坚持守信外，君子在哪些方面还会因为固执而受到指责?"显然，他在翻译此句时受到了孔子的"言必信，行必果，硁硁然小人哉"（《论语·子路》）和孟子的"言不必信，行不必果，惟义所在"（《孟子·离娄下》）的影响，认为"固执守信"会给君子招来非议。笔者认为，他这一创新性翻译符合儒家的诚信观，是可以接受的。

卷十三　尽心章句上

13.1　孟子曰："尽其心者，知其性也。知其性，则知天矣。存其心，养其性，所以事天也。夭寿不贰，修身以俟之，所以立命也。"

---

① 李葆华：《〈孟子〉阅读札记》，《清华大学学报》（哲学社会科学版）2006 年第 6 期。

理译：(1) Mencius said, 'He who has exhausted all his mental constitution knows his nature. Knowing his nature, he knows Heaven.

(2) 'To preserve one's mental constitution, and nourish one's nature, is the way to serve Heaven.

(3) 'When neither a premature death nor long life causes a man any double-mindedness, but he waits in the cultivation of his personal character for whatever issue; — this is the way in which he establishes his *Heaven*-ordained being.'

赖译：Mencius said, He that goes to the bottom of his heart knows his own nature: and knowing his own nature he knows Heaven. By keeping his heart and feeding his nature he serves Heaven. Long life or early death are one to him. By mending his life whilst he waits he carries out the Bidding.

刘译：Mencins said, 'For a man to give full realization to his heart is for him to understand his own nature, and a man who knows his own nature will know Heaven. By retaining his heart and nurturing his nature he is serving Heaven. Whether he is going to die young or to live to a ripe old age makes no difference to his steadfastness of purpose. It is through awaiting whatever is to befall him with a perfected character that he stands firm on his proper destiny.'

孟子在本章不仅提出了较为完整的"天人合一"观，还提出了著名的尽心知性论，为后世学者修身、立命指明了方向和道路。他将"心""性"和"命"集中论述，指明了三者之间的关系。孟子要求人们要竭尽全力地发展和完善自己固有的善良本心，因为只有这样才能体现和实践善良的人性，从而洞察天命。他认为保存善良的本心，修养人的本性是对待天命的最好方法。

首先看三位译者对"心"的翻译。理雅各将"心"翻译为"mental constitution",赖发洛和刘殿爵译为"heart"。"心"在汉语中通常指人的心脏,但古代中国人所谓的"心"不仅仅指心脏这一器官,它还具有思考的功能。孟子的"心之官则思"(《孟子·告子上》)就是很好的证据。这表明心具备思考的功能,包含思想意识乃至精神。此外,心还具备道德功能,由恻隐之心、羞恶之心、辞让之心和是非之心构成。因而将《孟子》中的"心"简单地翻译为"heart"不确切。"heart"主要指形体的"心"这一内脏器官,与精神毫无关系。相比较而言,理雅各对"心"的翻译更确切,尽管与孟子对"心"的定义仍存在较大差距。

孟子认为,只要能"尽其心",就可以"知其性"。要准确翻译这句话首先要弄清楚"心"和"性"的关系。从孟子的整个思想体系看,孟子是就心言性,因而心决定性,性是心的表现。人性的善就是通过恻隐、羞恶、辞让和是非四心得以证明。心和性具有内在统一性,只要能完全认识心,就可以知晓人的本性。理雅各将之翻译为"竭尽本心的人知道自己的本性",赖发洛的译文是"深入探究自己本心的人知道自己的本性"。二人都是按照原文字面意思翻译,不如刘殿爵的"如果一个人完全认识了自己的内心,就等于他已经了解了自己的本性"更能体现孟子的心、性一体观。

"知其性,则知天矣"是孟子的"天人合一"观的集中体现。孟子认为只要能了解和发展本心,就能认识自己的本性,认识了自己的本性,就懂得了天命。显然,他认为天和人在本质上具有一致性,人可以通过自己的努力和修养认识自己的本性,进而明白天命所在。三位译者都准确翻译出了"知其性,则知天矣"的含义。

由于"心""性""天"是统一的,所以孟子将"存心""养性"作为"事天"的方法。理雅各将"存其心,养其性,所以事天也"翻译为"保存人的本心,发展人的本性,是对待天的方法"。赖发洛和刘殿爵的译文是"保存本心,发展本性,就是在侍奉天命"。三位译者都能准确翻译出孟子的意思。

理雅各将"夭寿不贰"翻译为"不论是短命还是长寿都不会让人心绪不定"。赖发洛的译文是"长寿或短命对他来说都是一样的"。刘殿爵将之译为"不论长寿还是短命都没有什么区别，他会专一不变地坚守自己信奉的原则"。这三种译文都能体现原文的意思，但刘殿爵的译文更清楚，更能揭示原文丰富的思想文化内涵。

对"修身以俟之"的理解有两种：一种是"他一边修养身心，一边等待天命的降临"，理雅各和赖发洛就持这一观点。另一种理解以刘殿爵为代表，认为"将品德修养好，等待天命"。这两种理解都可以接受，但后者更能强调"修身"在"立命"上的重要性。

13.2 孟子曰："莫非命也，顺受其正；是故知命者不立乎岩墙之下。尽其道而死者，正命也；桎梏死者，非正命也。"

理译：(1) Mencius said, 'There is an appointment for everything. A man should receive submissively what may be correctly ascribed thereto.

(2) 'Therefore, he who has the true idea of what is *Heaven's* appointment will not stand beneath a precipitous wall.

(3) 'Death sustained in the discharge of one's duties may correctly be ascribed to the appointment of Heaven.

(4) 'Death under handcuffs and fetters cannot correctly be so ascribed.'

赖译：Mencius said, Nothing happens unbidden. We must obey and accept our true Bidding. Thus, he that knows the Bidding does not stand beneath a tottering wall. To end our way and then die is our true Bidding. To die shackled and fettered is not our true Bidding.

刘译：Mencius said, 'Though nothing happens that is not due to destiny, one accepts willingly only what is one's proper destiny. That is why he who understands destiny does not stand under a wall on the verge of collapse. He who dies after having done his best in following the Way dies according to his proper destiny. It is never anyone's proper destiny to die in fetters.'

"命"是孟子哲学的一个重要概念,张岱年在《中国哲学史大纲》中对它作了如下定义:"大致说来,可以说命乃指人力所无可奈何者。我们做一件事情,这件事情之成功或失败,即此事的最后结果如何,并非作此事之个人之力量所能决定,但也不是以外任何个人或任何其它一件事情所能决定,而乃是环境一切因素之积聚的总和力量所使然。如成,既非完全由于我一个人的力量;如败,亦非因为我用力不到,只是我一个因素,不足以抗广远的众多因素之总力而已。作事者是个人,最后决定者却非任何个人。这是一件事实。儒家所谓命,可以说即由此种事实而导出的。这个最后的决定者,无以名之,名之曰命。"[1] 他的定义将"命"的内涵准确清楚地表达了出来。理雅各将"命"翻译为"Heaven's appointment(上帝指定的)"。他的译文把"操纵事物命运的前定者视为某种有形象有情感的神灵",[2] 不符合孟子对"命"的定义。赖发洛从"命"的本义出发将之对译为"Bidding(命令)"。他通过字母大写以突出其含义的特殊性。刘殿爵将"命"翻译为"destiny(命运)","destiny"所表达的意象是不以人的意志为转移的必然趋势,和"命"的含义最为接近。

理雅各和赖发洛将"莫非命也,顺受其正"翻译为"所有事情的发生都是由命运决定的。人们要顺从地接受正命"。显然,他们认为"莫非命也"和"顺受其正"是因果关系,正是因为所有的事情都由命决定的,不以人的意志为转移,所以人要顺从地接受正命。

---

[1] 张岱年:《中国哲学大纲》,江苏教育出版社2005年版,第365页。
[2] 孟祥才、胡新生:《齐鲁思想文化史:从地域文化到主流文化》,山东大学出版社2002年版,第140页。

但刘殿爵认为这两个句子之间是转折关系，即"尽管所有的事情都是由命运决定的，但是人们只愿意接受正命"。对那些非正命的事情，人们会千方百计地避免。联系下文，刘殿爵的理解更确切。

理雅各将"尽其道而死者，正命也"翻译为"完成自己的义务后死去的人可以被恰当地认为是接受了上帝的旨义"。正如前文所说，他的译文增加了原文没有的耶稣基督意象。孟子在本章旨在强调人要凭借自己的主观努力，"顺受其正"，避免桎梏死等非正命，而非赞扬上帝的公正。赖发洛译为"结束了道而死是我们真正的命"。译文虽能表现原文的字面意思，但不能揭露孟子的思想内涵。刘殿爵的译文是"尽力行道而死的人所受的就是正命"。他的译文表明虽然人不能改变命，但可以通过自己的努力"顺受其正"。可见刘殿爵的翻译更能体现孟子的天命观。

13.3 孟子曰："求则得之，舍则失之，是求有益于得也，求在我者也。求之有道，得之有命，是求无益于得也，求在外者也。"

理译：(1) Mencius said, 'When we get by our seeking and lose by our neglecting; – in that case seeking is of use to getting, and the things sought for are those which are in ourselves.

(2) 'When the seeking is according to the proper course, and the getting is *only* as appointed; —in that case the seeking is of no use to getting, and the things sought are without ourselves.'

赖译：Mencius said, If to seek is to get, and to let go is to lose: then to seek helps us to get, and the thing sought is within us.

If there is a way to seek it, but the getting depends on the Bidding: then to seek does not help us to get, and the thing sought is without.

刘译：Mencius said, 'Seek and you will get it; let go and you will lose it. If this is the case, then seeking is of use to getting and what is sought is within yourself. But if there is a proper way to seek it and whether you get it or not depends on destiny, then seeking is of no use to getting and what is sought lies outside yourself.'

孟子将人们所追求的东西分为两种：一种是"求在我者"，即仁义礼智这些人类生来就具备的善端，一种是"求在外者"，如功名利禄这些外在的东西。他认为那些"求在我者"可以通过个人的自我完善和发展得到，而"求在外者"受各种因素的制约，并不是通过个人的努力就可以追求得到。因而人们要对那些"求在外者"保持一种乐观的态度，努力充实和完善自己，追求那些"求在我者"，因为它们才是人们最值得保有的东西。

根据孟子的论述，"求在外者"有如下特征：首先，寻求的方法必须得当。对于所追求的东西，存在正确的、人们所普遍认可的追求方法。但这一方法却不能保证一定能得到要寻求的结果。其次，所寻求的东西能否得到是多种因素综合作用的结果，非人力所能干涉，孟子将之命名为"命"。最后，人们的努力追求对最终结果并不能起任何作用。这就是孟子所谓"求之有道，得之有命，是求无益于得也，求在外者也"的基本含义。理雅各的译文是"当按照正确的方法追求时，能否得到却是预定的，在这种情况下，努力追求对于能否取得不起任何作用，所追求的东西外在于我们本身"。他的译文基本上能体现孟子的意思，但对"命"的翻译掺杂了过多的预定论思想。赖发洛的译文是"如果有追求的方法，但是能否得到由命决定，那么努力追求也不利于我们得到，我们追求的东西是外在的"。他的译文能反映原文的字面意思，但在传意上略显逊色。刘殿爵的译文是"如果有正确的追求方法，但能否得到却由命运决定，那么努力追求并无助于获得，而所追求的东西也是外在于你的东西"。他通过添加连接词，将各句之间的关系清楚地表达了出来，增强了原文的逻辑性。

13.4 孟子曰:"万物皆备于我矣。反身而诚,乐莫大焉。强恕而行,求仁莫近焉。"

理译:(1) Mencius said, 'All things are already complete in us.
(2) 'There is no greater delight than to be conscious of sincerity on self-examination.
(3) 'If one acts with a vigorous effort at the law of reciprocity, when he seeks for *the realization of* perfect virtue, nothing can be closer than his approximation to it.'

赖译: Mencius said, Ten thousand living things are all found within us!
There is no greater joy than to look into our life and find it true.
To have strong feelings for others and follow them is the nearest road to love.

刘译: Mencins said, 'All the ten thousand things are there in me. There is no greater joy for me than to find, on self-examination, that I am true to myself. Try your best to treat others as you would wish to be treated yourself, and you will find that this is the shortest way to benevolence.'

"万物皆备于我"章曾一度被认为是主观唯心主义的典型证据,被列为和陆九渊的"宇宙即吾心,吾心即宇宙"以及王阳明的"心外无物"近似的世界观,为孟子引来许多非议。但越来越多的学者开始质疑将本句话理解为"万事万物都存在于我(或我心)之中",并试图从孟子的整个哲学思想体系以及上下文的连贯性上为自己的质疑寻求依据。

在分析当代学者的质疑之前,先梳理一下先前学者对"万物皆备于我"的理解。东汉赵岐注曰:"物,事也。我,身也。"① 显然,他认为万事万物皆备于我身之中。朱熹认为:"此言理之本然也。大则君臣父子,小则事物细微,其当然之理,无一不具于性分之内也。"② 他主张"万物之理皆备于我"。陆象山则把"万物皆备于我"解释为万物皆备于"吾之本心"。③ 他认为客观世界的一切事物都存在于人的内心中。他们的注解和发挥在一定程度上误导了后代学者对"万物皆备于我"的理解。如徐梵澄就指出:"'万物皆备于我矣'之说,是纯粹唯心论,即万事备具于吾心。"④ 任继愈也主张"万物皆备于我是个主观唯心主义命题,反身而诚和强恕而行是主观唯心主义解决物我关系的原则"。⑤

同时,也有越来越多的学者开始认识到圣人贤者的注疏具有历史性和不足之处。张岱年就曾指出:"以为孟子主张万物都存于我之中,事实上这也未免失之臆断。"⑥ 若将"万物皆备于我"理解为"万物皆备于我心","这个'心'是论者强加于孟子的。这称之为'增字解经',乖离了孟子原意"。⑦ "至于朱熹所说的'万物之理皆备于我'也稍有不确切之处。万物之理只有一个。……那么就不能说'皆备于我'。因为那个惟一的'理'是谈不上'皆'的,'皆'在至少有两个或两个以上时才有意义。因此,如果把'万物'解释为'万物之理',那么说'皆备于我'就已经在事实上暗示了'理'的多元性和相对性。这与朱熹所谓的本体论意义上的'理'相矛盾,

---

① (清)焦循:《孟子正义》卷二十,中华书局1987年版,第882页。
② (南宋)朱熹:《四书章句集注·孟子集注》卷十三,中华书局1983年版,第350页。
③ (南宋)陆九渊著,钟哲点校:《陆九渊集》卷一《书》,中华书局1980年版,第5页。
④ 徐梵澄:《陆王学述:一系精神哲学》,上海远东出版社1994年版,第96页。
⑤ 任继愈主编:《中国哲学发展史》,人民出版社1983年版,第318页。
⑥ 张岱年:《中国哲学发微》,山西人民出版社1981年版,第230页。
⑦ 张岱年主编:《中国唯物论史》,河南人民出版社1994年版,第112页。

而且也不符合孟子'万物皆备于我'的本义。"①

　　笔者认为，应在上、下文和孟子的整个思想体系下探求"万物皆备于我"的本义究竟是什么。下文的"反身而诚，乐莫大焉。强恕而行，求仁莫近焉"实际上说的是两种修身养性的方法，即通过"反身"达到"诚"的境界，从而享受最大的快乐；通过"强恕而行"来发展扩充人生而具备的"善端"，成为"仁人"。这段话是一个整体，谈的应是同一个主题，因而"万物皆备于我"并不是在回答物质与精神何为第一性的问题，而是在彰显通过"反身而诚"和"强恕而行"的修身方法，人们所能达到的"物我合一"的最高的精神境界。

　　理雅各将"万物皆备于我"翻译为"所有的事情都已经完备于我之中"。赖发洛的译文是"一万种生物都可以从我们身上找到"。他在注释中还援引托马斯·布朗的《一个医生的宗教信仰》来帮助读者理解这句话。他指出，孟子的这一思想和"我们跑到外面去寻找的奇异，其实我们身里都具有，整个非洲和它的怪物都可以从我们身上找到……"是一致的。刘殿爵的译文是"我身上有万事万物"。显然，三位译者都认为，孟子的这一论述是典型的唯心主义命题，主张万物都存于"我"之中。正如张岱年所说："在我国先秦哲学中，象英国巴克莱主教的'存在即被感知'的主观唯心论是不存在的。"② 他们的理解脱离了上下文和孟子的思想体系，不能准确再现原文的篇章宗旨。

　　孟子认为"强恕而行"是求"仁"的正确途径。"恕"也是儒家的重要哲学概念，孔子将其定义为"己所不欲，勿施于人"（《论语·卫灵公》），朱熹也认为，"恕，推己以及人也"。③ 可见，"恕"的基本含义是在要求别人做某事前，首先要想想自己是否愿意做。

---

① 何中华：《孟子"万物皆备于我"章臆解》，《孔子研究》2003年第5期。
② 张岱年主编：《中国唯物论史》，河南人民出版社1994年版，第112页。
③ （南宋）朱熹：《四书章句集注·孟子集注》卷十三，中华书局1983年版，第350页。

如果自己不想做，那么就不要强迫别人去做。理雅各将之译为 law of reciprocity，"互惠法则"，赖发洛译为 feelings for others，"体谅他人"。他们的译文虽与"恕"的某些含义有相通之处，但不能传达这一重要哲学概念的基本特征。刘殿爵的译文是 treat others as you would wish to be treated yourself，"想要别人如何待你，就如何对待别人"。他的译文能全面再现"恕"的含义。

13.6　孟子曰："人不可以无耻，无耻之耻，无耻矣。"

理译：Mencius said, 'A man may not be without shame. When one is ashamed of having been without shame, he will *afterwards* not have *occasion* to be ashamed.'

赖译：Mencius said, Man must not be without shame. To be ashamed of being without shame would be freedom from shame.

刘译：Mencius said, 'A man must not be without shame, for the shame of being without shame is shamelessness indeed.'

孟子在此处强调了羞耻心对于个人发展的重要性。正如朱熹所说："耻者，吾所固有羞恶之心也。存之则进于圣贤，失之则入于禽兽，故所系为甚大。"① 尽管学者们都看到了孟子对羞耻心的强调，但对本句话的理解却不尽相同。

东汉赵岐注曰："人能耻己之无所耻，是为改行从善之人，终身无复有耻辱之累也。"② 他认为，人有了对自身不善的羞耻心和憎恶感，才能做到见善则迁，远离耻辱之事。理雅各和赖发洛的译文也都支持这一观点，将之译为"人不可以没有羞耻心，以没有羞耻心为羞耻，以后便没有羞耻之事了"。刘殿爵的译文提出了一种新的理

---

① （南宋）朱熹：《四书章句集注·孟子集注》卷十三，中华书局1983年版，第351页。

② （清）焦循：《孟子正义》卷二十六，中华书局1987年版，第885页。

解，即"人不能没有羞耻，没有羞耻的那种羞耻，真是不知羞耻"。他认为最后一个"无耻"是"不知羞耻"而非"没有羞耻"。

孟子在本章旨在强调羞耻对人的重要性，因而开篇指出人不能没有羞耻之心，接着强调没有羞耻之心是非常可耻的，故刘殿爵的译文更符合原文的意思。根据理雅各和赖发洛的译文，孟子认为如果人把没有羞耻心当作羞耻，人就可以做到终身没有羞耻。他们强调的是"把没有羞耻心当作羞耻的重要性"，与孟子强调的"羞耻心的重要性"不一致。

13.7 孟子曰："耻之于人大矣，为机变之巧者，无所用耻焉。不耻不若人，何若人有？"

理译：(1) Mencius said, 'The sense of shame is to a man of great importance.
(2) 'Those who form contrivances and versatile schemes distinguished for their artfulness, do not allow their sense of shame to come into action.
(3) 'When one differs from other men in not having this sense of shame, what will he have in common with them?'

赖译：Mencius said, Shame is much in man. Cunning contrivers of change have no use for shame. Not being ashamed of being unlike others, what likeness to men have they?

刘译：Mencius said, 'Great is the use of shame to man. He who indulges in craftiness has no use for shame. If a man is not ashamed of being inferior to other men, how will he ever become their equal?'

在本章，孟子继续强调羞耻心的重要性。儒家非常重视羞耻感，认为它对于道德培养至关重要。人只有认识到自己的不足，并因此而感到耻辱，才能见贤思齐，主动改正错误，从而达到修养身心、完善自我的目的。

对"不耻不若人，何若人有"大体有三种理解：一种以赵岐为代表，认为"不耻不如古之圣人，何有如贤人之名也"。① 他认为一个人如果不以自己不如古代的圣人为耻辱，怎么能成为圣人呢。朱熹提出了另外两种理解，即"但无耻一事不如人，则事事不如人矣。或曰：'不耻其不如人，则何能有如人之事。'"② 其义亦通。这三种理解强调的侧重点略有不同，但都认为"若"的含义是"比得上"。

理雅各的译文是："当一个人因没有羞耻心而和别人不同时，他和别人还有什么共同点么？"他的译文突出强调羞耻心是人类的共性。赖发洛的译文是："不以和别人不同为羞耻，他们与人有什么相似处？"同理译本一样，他也认为此处的"若"和"布帛长短同，则贾相若"的"若"内涵一致，取"同，相当"之意。但他的译文更强调和别人保持一致的重要性，认为不和别人相同是一件耻辱的事。他的理解偏离了原文的宗旨。刘殿爵的译文是"如果一个人不以比不上别人为羞耻，他又怎么能赶上别人？"他认为此处的"若"为外动词，用于否定句和反问句，和"丧礼，与其哀不足而礼有余也，不若礼不足而哀有余也"的含义相类，取"及，比得上"之意。相比较而言，刘殿爵的译文更能突出原文的宗旨，与孟子的思想体系也更为接近。

13.15 孟子曰："人之所不学而能者，其良能也；所不虑而知者，其良知也。孩提之童，无不知爱其亲也，及其长也，无不

---

① （清）焦循：《孟子正义》卷二十六，中华书局1987年版，第887页。
② （南宋）朱熹：《四书章句集注·孟子集注》卷十三，中华书局1983年版，第351页。

知敬其兄也。亲亲，仁也；敬长，义也；无他，达之天下也。"

理译：(1) Mencius said, 'The ability possessed by men without having been acquired by learning is intuitive ability, and the knowledge possessed by them without the exercise of thought is their intuitive knowledge.

(2) 'Children carried in the arms all know to love their parents, and when they are grown a little, they all know to love their elder brothers.

(3) 'Filial affection for parents is the working of benevolence. Respect for elders is the working of righteousness. There is no other reason *for those feelings*; —they belong to all under heaven.'

赖译：Mencius said, The power man has without learning is his true power, the knowledge that he has without thinking is his true knowledge. No child that we carry in our arms does not know how to love his kinsmen, nor, as he grows bigger, how to respect his elders.

To feel kinship for kinsmen is love; to respect elders is right: to spread these feelings everywhere below heaven is everything.

刘译：Mencius said, 'What a man is able to do without having to learn it is what he can truly do; what he knows without having to reflect on it is what he truly knows. There are no young children who do not know loving their parents, and none of them when they grow up will not know respecting their elder brothers. Loving one's parents is benevolence; respecting one's elders is rightness. What is left to be done is simply the extension of these to the whole Empire.'

"良知""良能"是孟子人性本善思想的两个重要概念，是性善论和道德修养说的理论依据和逻辑出发点。

古代学者对"良"大体有两种理解：一种以赵岐为代表，认为"不学而能，性所自能。良，甚也"。① 赖发洛和刘殿爵的译文与之相类，认为"良能良知"就是"所最能，所最知"。赖发洛将之译为"true power（真正的能力）"和"true knowledge（真正的知识）"，刘殿爵译为"truly do（真正做到的）"和"truly knows（真正知道的）"。另一种以朱熹为代表，认为"良者，本然之善也。程子曰：'良知良能，皆无所由；乃出于天，不系于人'"。② 理雅各受朱熹影响，将"良知""良能"分别译为"intuitive ability（与生俱来的能力）"和"intuitive knowledge（与生俱来的知识）"。结合下文的"孩提之童，无不知爱其亲者，及其长也，无不知敬其兄也"可知，"良知良能"实际上指人与生俱来的"仁义礼智"四端，因而理雅各的译文更准确。

"无他，达之天下也"，赵岐注曰："人，仁义之心少而皆有之。欲为善者无他，达，通也。但通此亲亲敬长之心，推之天下人而已。"③ 赖发洛和刘殿爵的译文就持这种观点，将之译为"仅仅需要把它们（亲亲敬长之心）推广到天下就够了"。他们的译文可以很好地呼应"亲亲而仁民，仁民而爱物"（《孟子·尽心上》）。理雅各将之译为"这些情感（亲亲、敬长）的出现没有其他理由，天下所有的人都有"。他的译文旨在突出"良能""良知"是人生而具备的能力，是人类的共性。理雅各的译文符合孟子的性善论，赖发洛和刘殿爵的理解可以很好地呼应孟子的"推恩"思想，因而这两种理解都是可以接受的。

13.45　孟子曰："君子之于物也，爱之而弗仁；于民也，仁之而弗亲。亲亲而仁民，仁民而爱物。"

---

① （清）焦循：《孟子正义》卷二十六，中华书局 1987 年版，第 897 页。
② （南宋）朱熹：《四书章句集注·孟子集注》卷十三，中华书局 1983 年版，第 353 页。
③ （清）焦循：《孟子正义》卷二十六，中华书局 1987 年版，第 899 页。

理译: Mencius said, 'In regard to *inferior* creatures, the superior man is kind to them, but not loving. In regard to people generally, he is loving to them, but not affectionate. He is affectionate to his parents, and lovingly disposed to people *generally*. He is lovingly disposed to people *generally*, and kind to creatures.'

赖译: Mencius said, A gentleman likes living things, but he does not love them. He loves the people, but not as he loves his kinsmen. He is a kinsman to his kin, and loves the people. He loves the people and likes living things.

刘译: Mencius said, 'A gentleman is sparing with things but shows no benevolence towards them; he shows benevolence towards the people but is not attached to them. He is attached to his parents but is merely benevolent towards the people; he is benevolent towards the people but is merely sparing with things.'

孟子认为爱有差等，君子对万物、百姓和亲人的感情是不同的，曾逐渐递增的趋势。要准确翻译本章，首先要弄清"爱""仁"和"亲"的关系。首先看适用对象。孟子认为，"爱"适用于物，"仁"普施于民，而"亲"这一情感则产生于父母亲人之间。其次，看具体内涵。据统计，《孟子》一书中共出现"爱"字40次，有名词和动词两种用法。在39个动词用法中，宾语明确为"人"或可根据上下文判断为"人"的有32处。据分析，当"爱"和"人"连用时，指人与人之间深厚真挚的感情，是"仁"的主要内容。"爱"的宾语明确为"物"的有7处，除了本章的"君子之于物也，爱之而弗仁；仁民而爱物"外，还集中体现在"百姓皆以王为爱也""齐国虽褊小，吾何爱一牛？""王无异于百姓之以王为爱也""我非爱其财而易之以羊也,宜乎百姓之谓我爱"(《孟子·梁惠王上》)。很明显这7处"爱"的含义和与"人"连用的32处"爱"的含义不同。可见,当"爱"与物连用时,并非"仁"的主要内容,而是取爱惜、节俭、吝啬之意。朱熹将之解为"取之有时,用之有节"[①] 是准确的。他用言简意赅的语言道出了君子"爱"物的真谛,即爱惜,不浪费。理雅各将"爱"翻译为"kind to(仁慈)",赖发洛翻译为"likes(喜欢)"。这两个译文都不能体现"爱"在此处的确切含义。刘殿爵认为,君子对物的"爱"有爱惜和节俭两层含义,因而选择用"sparing"翻译。他的译文准确道出了君子"爱"物的内涵。

虽然"仁"和"亲"的含义非常相近,但也存在区别。"《说文·人部》云:'仁,亲也。'亲即是仁,而仁不尽于亲。仁之在族类者为亲,其普施于民者,通谓之仁而已。仁之言人也,称仁以别于物;亲之言亲也,称亲以别于疏。"[②] 可见,相对于"亲"而言,"仁"的适用范围更广,通常用来处理人与人之间的关系。当具体到血缘家族关系时,天生的亲近、依恋之情"亲"就开始起作用了。在翻译"仁"时,理雅各和赖发洛受孔子"仁者爱人"的影响,选择用"love(爱)"翻译。而刘殿爵坚持他对《孟子》中"仁"的一贯译法,将之译为"benevolence(仁爱)"。这两种译文都能体现此处"仁"的内涵。"亲"是对父母亲人天生的亲近和依恋。理雅各将之译为"affectionate",强调对父母发自内心的强烈的爱。刘殿爵认为"亲亲"就是"对父母的深深依恋",因而将之译为"attached"。二人的译文都能体现出"亲亲"的内涵。赖发洛认为"爱"和"亲"的区别是"爱一般人"和"爱亲人"的差异,但他并没有点明这一区别是什么,因而不便于读者理解"仁人"和"亲亲"的内涵。

理雅各、赖发洛和刘殿爵都认为"亲亲而仁民,仁民而爱物"是

[①] (南宋)朱熹:《四书章句集注·孟子集注》卷十三,中华书局1983年版,第363页。

[②] (清)焦循:《孟子正义》卷二十七,中华书局1987年版,第949页。

对前文的反复，意在强调爱有差等。但由赵甄陶主译的大中华文库版《孟子》将之翻译为"A gentleman is affectionate to his parents and relatives, so he is benevolent to the people. He is benevolent to the people, so he is careful with things"。① 显然，赵译本没有把这句话当作简单反复，坚持认为最后一句是对爱有等差思想的总结。只有亲亲，才能把此心推广到仁民，爱物。如此理解可以很好地呼应前文的"亲亲，仁也；敬长，义也；无他，达之天下也"（《孟子·尽心上》）。

卷十四　尽心章句下

14.3　孟子曰："尽信《书》，则不如无《书》。吾于《武成》，取二三策而已矣。仁人无敌于天下，以至仁伐至不仁，而何其血之流杵也。"

理译：(1) Mencius said, 'It would be better to be without the Book of History than to give entire credit to it.

(2) 'In the "Completion of the War", I select two or three passages only, which I believe.

(3) ' "The benevolent man has no enemy under heaven. When *the prince* the most benevolent was engaged against him who was the most the opposite, how could the blood *of the people* have flowed till it floated the pestles of the mortars?" '

赖译：Mencius said, It would be better to have no books than to believe everything in books. From The End of the War I only pick out two or

---

①　赵甄陶等英译，杨伯峻今译：《孟子》，湖南人民出版社1999年版，第315页。

three slips. A loving man has no one against him below heaven. When the man of most love smote him that was most wanting in love, how could "blood have floated the axles"?

刘译：Mencius said, 'If one believed everything in the *Book of History*, it would have been better for the Book not to have existed at all. In the *Wu ch'eng* chapter I accept only two or three strips. A benevolent man has no match in the Empire. How could it be that "the blood spilled was enough to carry staves along with it", when the most benevolent waged war against the most cruel?'

虽然孟子此处是针对《尚书》而发，却为后世学者的求学之路指明了正确的方向。首先，他要求学者要有怀疑精神，不要盲目迷信权威。其次，要有清醒的判断能力，能够对书籍中所传授的知识辩证分析。

"尽信《书》，则不如无《书》"的原意是"完全相信《尚书》，那还不如没有《尚书》"。孟子的感慨大概是针对阅读《尚书》时遇到的问题而发。他还以《尚书》中的《武成》篇为例，进一步说明不可以完全相信《尚书》的原因。这句话对后世学者产生了巨大影响，适用范围也逐渐扩大。今天人们更熟悉"尽信书，则不如无书"，即对待所有的书籍都要存有怀疑精神，要辩证地分析其所承载的知识，不可盲信、偏从。理雅各和刘殿爵的译文认为此句话是针对《尚书》而发，但赖发洛认为此处的"书"是针对所有的"书籍"而言。尽管赖发洛所传递的对待书籍的观点已经被当代学者所接受，但显然不是孟子的观点。

《武成》是《尚书》中的一篇，孟子举它是为了进一步说明为什么不能完全相信《尚书》的内容。理雅各和赖发洛仅按字面意思翻译了《武成》，但没有指明它和《尚书》的关系，不方便外国读者理解为什么孟子开篇说不能完全相信《尚书》，接着却给出了不能完全相信《武成》的理由。刘殿爵对《武成》的翻译更胜一筹。他将《武成》翻译为"《武成》这一章"。他的译文表明《武成》是《尚书》的一个章节，孟子以它为例来说明不能完全相信《尚书》的原因。

14.16　孟子曰："仁也者，人也。合而言之，道也。"

理译：Mencius said, 'Benevolence is the *distinguishing characteristic of* man. As embodied in man's conduct, it is called the path *of duty*.'

赖译：Mencius said, Love is man; the two together in one word are the Way.

刘译：Mencius said, ' "Benevolence" means "man". When these two are conjoined, the result is "the Way".'

本章的内涵向来被认为高深莫测，难以琢磨。三位译者的译文也各不相同。理雅各将"仁也者，人也"译为"仁这种德性是人的本质属性"。如果这样理解，应当指明此处的"人"不是一般的人，而是经过保有和发展仁义礼智"四端"而达到的人。正如余纪元所说，"这句话的真正含义在于，'仁'是使一个人真正成其为人的品质"。① 只有真正具备"仁"这一品质的人，才能成为真正意义上的人。赖发洛将之直译为"仁是人"。他的译文仅能体现原文的字面意思，不能体现其思想内涵。第三种观点以刘殿爵为代表，指出"'仁'的意思就是'人'"。在古代，"人"和"仁"不但读音相同，而且可以互训。他依靠自己丰富的训诂学知识，指出"仁"和"人"在词义和语音上的关系。相比较而言，刘殿爵的理解更符合孟子由浅入深、由表及里的说理方法。在本章的说理中，孟子先从"仁"和"人"在语音、语义上的相同说起，进而论证"合而言之，道也"这一深刻的道理。

---

① ［美］余纪元：《德性之镜：孔子与亚里士多德的伦理学》，中国人民大学出版社 2009 年版，第 55 页。

第 六 章

译本特色及成因

本书在第三章对理雅各、赖发洛和刘殿爵的《孟子》英译本的宏观内容和整体编排进行了全方位、多角度的介绍，在第四章和第五章又对三种译本的主要内容进行了系统的比较研究，本章将以前三章为基础，对译本的特点进行归纳总结，并探求造成译本不同特色的原因。

第一节 译本特色总结

一 理雅各的《孟子》英译本特色

与《孟子》的其他英译本相比，理雅各的译本具有两大特色：首先，译本处处彰显学术性，但忽视了普通读者的接受能力。其次，译作始终贯穿着浓厚的基督教精神，译者的传教士身份随处可见。

译本的学术性主要体现在编排体例、宏观内容和译本正文三大方面。译本在编排体例和宏观内容上的学术性，在前面的章节中已经详细论述，此处主要讨论译本正文的学术性，可概括为三点。

第一，力求忠实原作。理雅各的翻译对象《孟子》是儒家最著名的经典之一，集中体现了孟子的思想。经典的权威性决定了译者在翻译时必须把"忠实"放在首位。理雅各在翻译时，"一直关注对原文的忠实，而非行文的雅致"。① 他所谓的"忠实"是追求译文与原文"形神兼似"。

理雅各非常注重与原文的"形似"，有时为了保留原文的句式，宁可牺牲译文的流畅地道。例如，理雅各将"取食之重者与礼之轻者而比之，奚翅食重？取色之重者与礼之轻者而比之，奚翅色重？"（《孟子·告子下》）译为：

"If you take a case where the eating is of the utmost importance and the observing the rules of propriety is of little importance, and compare the things together, why stop with saying merely that the eating is more important? *So*, taking the case where the gratifying the appetite of sex is of the utmost importance and the observing the rules of propriety is of little importance, why stop with merely saying that the gratifying the appetite is the more important?"②

为了说理的需要，孟子选择用两个完全相同的句型和大量相同的词语反复强调，以突出任人"不揣其本，而齐其末"的荒谬。但英语不喜欢重复，更不提倡字词的反复使用。为了保持原文的句式风貌，理雅各打破了这一语言上的禁忌，忠实地按照原文的句式构成翻译。这必定会使译文不符合英语的表达习惯，并略显冗长僵硬。

除了"形似"，理雅各还非常关注译文与原文的"神似"，力求准确再现原文的思想内涵。理雅各翻译儒家经典是为了向那些即将来华、或已经来华的传教士介绍中国文化，尤其是儒家哲学，因为他坚信传教士只有了解中国古代圣贤们的思想，才能更好地了解中国和中国人，也才能更好地在中国人中传教。理雅各在《中国经典》第一卷前言中曾对此作过说明："对于传教士来说，除非他能够完全掌握中国经典，并且亲自了解那些中国圣贤们曾经涉足的思想领域，

---

① James Legge, *The Chinese Classics: with a Translation, Critical and Exegetical Notes, Prolegomena, and Copious Indexed* Vol. I, Taipei: SMC Publishing Inc., 2001, preface.

② James Legge, *The Works of Mencius*, New York: Dover Pub., Inc, 1970, p. 423.

否则他就不适合他所担当的传教工作,因为中国人的道德、社会和政治生活的基础都可以从中国经典和圣贤们的思想领域中找寻到。"① 为了让传教士们真正了解儒家经典和中国文化,他力求使译文能够忠实体现原作思想。但对于理雅各来说,要做到与原文的"神似"又谈何容易。他是英国人,汉语并非其母语,因而在理解《孟子》原文上面临较大困难。而且《孟子》等典籍是古代文化的负载者,涉及许多中国古代社会的习俗和政治、经济政策。有些习俗或政策因时代久远,早已废弃不用,不为后人所熟知,而仅仅靠典籍中只言片语的记录,难以对这些习俗、文化有一个全面、准确的认识。如果正确认识都很难做到,更别说准确翻译了。为了克服上述困难,理雅各主动从中国古代的考据训诂中寻求帮助。"他每治一经,必先广泛搜集历代评注,详加对比、分析,在此基础上做出自己的判断。"② 广泛收集、阅读前人的评注和他人的译著,有助于弥补译者对中国传统文化认识的局限性,帮助他们尽可能摆脱自身文化传统的制约,准确理解译介对象。但经无达诂,对于那些注家们众说纷纭、莫衷一是的经义,理雅各采取了更为科学的理解方法,即"先生独不惮其难,注全力于十三经,贯串考核,讨流溯源,别具见解,不随凡俗。其言经也,不主一家,不专一说,博采旁涉,务极其通,大抵取材于孔、郑而折中于程、朱,于汉、宋之学,两无偏袒"。③ 可见,广泛占有训诂资料,并能对这些资料进行科学、客观的考证是确保理译本忠实原文的前提。

为了做到与原文形神兼似,在翻译中国特有的文化词语时,理雅各对音译、意译这两种翻译方法不主一家,以能准确体现原文之

---

① James Legge, *The Chinese Classics: with a Translation, Critical and Exegetical Notes, Prolegomena, and Copious Indexed*, Vol. I, Taipei: SMC Publishing Inc., 2001, preface.

② 王辉:《理雅各英译儒经的特色与得失》,《深圳大学学报》2003 年第 4 期。

③ (清)王韬:《弢园文录外编》卷八《送西儒理雅各回国序》,中华书局 1959 年版,第 218 页。

意、不引起读者误解作为选择标准。在《孟子·万章章句下》第 2 章，孟子曾提到"公、侯、伯、子、男"五等爵位，但理雅各认为，孟子所谓的五等爵位和英国人熟悉的"the duke""the marquis""the earl""the viscount""the baron"有着明显不同，用它们翻译容易让读者误认为二者一致，因而在翻译时，他采取大写音译的形式，将之分别翻译为"The SON of HEAVEN""KUNG""HAU""PAI""TSZE""NAN"。他在注释中对"公、侯、伯、子、男"的含义做了进一步说明，以便于读者理解其确切含义。

第二，拥有最完备的注释，堪称《孟子》研究的百科全书。理雅各在翻译时，始终追求译文与原文的"形神兼似"，但在实际翻译过程中，很难做到二者兼顾。要做到与原文"形似"就要尽量体现原文的句式、句序、语气及修辞手法等，但这样翻译出来的译文往往只能体现原文的字面意义，不能体现内涵的、情感的、牵涉许多联想的意义。理雅各追求把《孟子》原文中包含的各类意义全部说清楚，因而他借助注释"补其不足，阐幽发微，引导读者由浅入深、由表及里，一窥儒学的真精神"。① 理雅各会在译本的每章下面都罗列大量的注释，向读者提供理解原文必需的文字训诂、背景知识、人物史实、制度器物等信息。注释所提供的信息不仅仅是对原文字词的简单解释，还包括从古代社会习俗和政治、经济政策方面对原文的补充，以及理雅各对孟子思想的一些体会和见解。

第三，试图利用古体英语的端庄与凝重再现中国古代典籍的风格。理雅各的《孟子》英译本由 19 世纪的英文书面语体写成，古朴典雅，给人以庄重、正式的感觉，洋溢着浓厚的学术气息。但对于当代的普通读者来说，译文未免会生疏、难懂。

虽然理雅各的《孟子》英译本处处凸显着学术性，但他的学术性是以牺牲普通读者的接受能力为代价的。辜鸿铭就一针见血地指出了理译本的这一大缺点："对于一个能够以哲学和文学的敏锐去研

---

① 王辉：《理雅各与〈中国经典〉》，《中国翻译》2003 年第 2 期。

究像理雅各博士所译的'中国经典'这样的巨帙的笃实学生来说，无疑会对那种道德文化，或者称之为中国人文明的东西有所洞察，透见其真相。但对于绝大多数英国读者而言，我们却不能不认为，理雅各博士在其译著中所展示的中国人之智识和道德的装备，正如同在普通英国人眼中中国人的穿着和外表一样，必定会使其产生稀奇古怪的感觉。"① 普通读者的稀奇古怪感大体来源于两个方面，一是译者过于追求译文与原文在句式、句型和句序上的一致。中西两种语言存在较大差异，如果力求做到"形似"，追求逐字对应的话，必将会导致译文呆板、晦涩，不符合英文的表达习惯。二是为了彰显异域文化风格，理雅各多采用异化、直译的翻译方法，这就容易造成欠额翻译，不便于读者理解译文所包含的丰富的思想文化内涵。为了确保译文的忠实度，他借助大量注释作补充说明，但绝大多数读者对那些冗长的注释不感兴趣。理雅各本人也意识到了这一点："或许百分之九十九的读者会不屑读那些长长的注释，但总会有一位读者认为它们其实一点也不长。"② 这"一位"丝毫不觉得长的读者往往是致力于研究中国传统文化的学者，这无形中将普通读者排除在目的读者之外。

理译本的第二大特色是始终贯穿着浓厚的基督教思想和精神。虽然理雅各的译本以忠实著称，但仍然鲜明地体现了译者作为传教士的身份特征。理雅各是虔诚的基督教传教士，他对世界万物的认识和理解都会自觉地以基督教教义为指导，因而他的《孟子》英译本也不可避免地打上了基督教精神的烙印。在序言中，他习惯用基督教教义评价孟子思想，对孟子求全责备。在译文中，他通过对中国特有文化词语的神学化翻译，将基督—耶稣意象强加到了中国传统文化。例如，理雅各把"孝"翻译为"filial piety"，把"天"翻

---

① （清）辜鸿铭：《辜鸿铭文集》，黄兴涛等译，海南出版社1996年版，第345—346页。

② Legge, Helen E.. *James Legge: Missionary and Scholar*, London: The Religious-Tract Society, 1905, p. 42.

译成"Heaven"。在英语世界,"piety"指虔诚的状态或性质,尤指宗教中人对上帝的爱和尊敬,有明显的基督教味道。在《孟子》一书中,"天"有三种含义:一是自然之天;二是义理之天;三是命运之天。理雅各认为,在儒家经典和中国人的语言里,"天"在比喻意义上被使用,正如西方人所谓的"崇高的、至高的存在",特指"上帝的旨意或统治"。① 理雅各从这一理解出发,将天和上帝联系起来,翻译为"Heaven"。"Heaven"通常指天国,天堂,即上帝、天使及那些得到拯救的灵魂的居所。此外,他还把"道""命""圣人"分别译为"the way","Fate"和"Saint"。通过对这些中国特有文化词语的神学化翻译,理雅各把灵魂、天国、圣徒等基督——耶稣意象强加给了中国传统文化。不仅如此,他还习惯用基督教教义来诠释《孟子》思想。例如《孟子·公孙丑上》:"《诗》云:'永言配命,自求多福。'"理雅各的译文是:

Be always studious to be in harmony with the ordinances *of God*, So you will certainly get for yourself much happiness. ②

这句话的意思是说,要长久地思念配合天命,自己寻求更多幸福。孟子引用此诗旨在强调,君主要推行仁政,就要未雨绸缪,在国家安定时修明政教,这样才能得到天命的垂青。孟子强调的是人的主观能动性,而理雅各的翻译则改变了孟子的原意,强调敬畏、顺服上帝的旨意,就会获得更多的幸福。

除了利用基督教教义直接诠释《孟子》思想外,理雅各还在注释中援引《圣经》,证明《孟子》的思想与基督教教义有相通之处。例如《孟子·梁惠王下》:"若夫成功,则天也。君如彼何哉?强为善而已矣。"理雅各将之译为:

As to the accomplishment of the great result, that is with Heaven. What is that Qi to you, O prince? Be strong to do good. That is all your

---

① 徐来:《英译〈庄子〉研究》,复旦大学出版社 2008 年版,第 67 页。
② James Legge, *The Works of Mencius*, New York: Dover Pub., Inc, 1970, p.199.

business.

他认为孟子的天命论思想和《圣经·诗篇》里的主张"trust in the Lord and do good; so shalt thou dwell in the land, and verily thou shalt be fed（你当倚靠耶和华而行善。住在地上，以他的信实为粮）"① 相似，因而在注释中引用了这段话以方便西方读者对照理解。

对于译文中所体现的基督教思想应该辩证看待。首先我们应当承认，理雅各的传教士身份决定了他的译文不可能完全摆脱宗教影响。译者具有历史性，任何译作都会或多或少地体现译者的思想感情和学术背景。作为传教士，理雅各习惯用基督教思想解读《孟子》也在所难免，应对他持宽容态度，肯定他在翻译时始终把忠实原文作为自己的首要目标。其次，从翻译动机上看，理雅各翻译儒家经典是为了更好地在中国传教，他自己也曾明确表示："我认为，系统、全面地翻译和注解儒家经典，必将会大大惠及以后的传教工作"。② 翻译动机决定了其译本容易基督教化孟子思想。最后，应当公正地评价译本的基督教化倾向，承认基督教化的译本更便于西方人接受和理解，更有利于在基督教世界传播。但更应看到，译本的基督教化容易让读者误解儒家经典，给中国古代典籍增添许多本身不具备的形而上学的东西。

二 赖发洛的《孟子》英译本特色

赖发洛始终把普通读者的接受能力放在首要考虑的位置，以激发他们的阅读兴趣和方便他们理解为己任，因而译本更显通俗性，广受普通读者欢迎。但也应看到，译本对通俗性的过度强调，大大削弱了《孟子》原文的哲学性和思想性。

---

① James Legge, *The Works of Mencius*, New York: Dover Pub., Inc, 1970, p. 175.
② Ride, Lindsay, "Biographical Note", in James Legge, *The Chinese Classics: with a Translation, Critical and Exegetical Notes, Prolegomena, and Copious Indexed*, Vol. I, Taipei: SMC Publishing Inc., 2001, p. 1.

从外观上看，赖发洛的《孟子》英译本的编排体例非常完备，体现了严肃学术作品的基本特征。但细读"目录"和"学术前言"，很容易发现译本内容的通俗性远远胜过编排体例的学术性。具体说来，虽然赖译本拥有最为详备的目录，但目录的拟定以激发读者的好奇心、吸引他们阅读为目的，随意性较大，多与揭示篇章宗旨无关。"学术前言"虽介绍了孟子的生平及其主要思想，但没有在深度和广度上展开，仅仅从普及的角度略有提及。尤其是在介绍孟子的生平时，他迷信教科书的权威，缺乏学者的考证精神，对存在歧义的史料不去辨伪存真。例如，在他根据教科书列出的孟子大事年表中，孟子是先去梁国，后去齐国，但是司马迁认为孟子是从齐国去梁国。对于这一分歧，他没有进行考证，仅仅指出："关于孟子确切的游历时间，目前没有定论。"①

  从译本的正文看，赖译本的通俗性首先体现在用简单、生动的词语逐字直译《孟子》上。虽然理雅各和赖发洛的译本都以直译为主，但前者喜用长句和书面体英文，给人冗长、乏味和僵硬的感觉，不能吸引普通读者的阅读兴趣。赖发洛则擅用短句，好用口语，使译文呈现出生动活泼的一面，更符合普通读者的阅读习惯。

  赖译本的通俗性还体现在对中国特有的文化词语的翻译上。由于中西文化存在巨大差异，中国传统文化中的一些专有概念在英语中没有现成的对应词。为了减少西方读者的文化陌生感，拉近他们与原著的距离，赖发洛总是试图在英语中寻找西方人熟悉的近似词语翻译中国特有的概念。例如，赖发洛习惯用西方人耳熟能详的单词"mile（英里）"翻译中国特有的长度单位"里"。这一翻译对文意的影响不大，尚可勉强接受。但他无视中西方教育机构的巨大差异，将"庠序学校"按字面意思翻译为英国人熟悉的"hostels, colleges, schools and academies"。如此翻译会降低译本对原文的忠实度。西化中国特有文化概念的翻译在赖发洛的译本中不乏其例。

---

① Leonard A Lyall, *Mencius*, London: Longmans, Green and Co, 1932, xviii.

重视普通读者的接受能力固然无可厚非，但过于强调通俗性会大大削弱《孟子》原文的哲学性和思想性。《孟子》一书包含着丰富的思想文化内容，涵盖了孟子的政治理想、哲学思想、伦理观念和教育理念等。赖发洛的英译本仅重视与原文在词义和句型结构上保持一致，对意义层面的忠实重视不够，在传播《孟子》思想和儒家文化上收效不大。

　　赖发洛在翻译《孟子》时，强调词语的字面意思最重要，应当在译文中表现出来，因而他仅探求原文字词的本义，并试图在英文中找到与之对应的单词。谢弗（Schafer）曾将这一翻译方法描述为："在一个不同的语言里尽可能准确地传达原文词义。"[①] 显然，这种翻译方法重视译文与原文保持语源学上的对应，容易忽略对原文思想的表达，有时甚至会导致译文逻辑混乱。由于中西方的语言存在巨大的差异，刻意寻求语源学上的对应仅在极少数情况下适用。例如，《孟子·公孙丑上》第 3 章有"以德行仁者王"。赖发洛将"行"翻译为"walk"。译文既能体现"行"的字面意思，又能反映"行"的引申义"践行"。但《孟子》中字词的含义是非常丰富复杂的。赖发洛对字词的其他意义漠不关心，不在乎字词随时间变化在音、形、义上的演变，也不理会词语在特定语境中的独特含义，这必然会造成错译、漏译和死译原文的信息。正如徐复观所指出的："目前许多治国学的人，一面承乾嘉学风之流弊，一面附会西方语言学的一知半解，常常把一个在思想史中保有丰富内容的名词，还原牵附为语源的原始性质。因为我国文字的特质，上述方法，便常得出更坏的结果。"[②] 例如，在《孟子·尽心章句下》第 37 章有"君子反经而已矣"。"经"在古汉语中的本义是织物的纵线，与"纬"相对，因而赖发洛选择将之译为"the warp"。根据《牛津高阶英汉

[①] Schafer, "Non-translation and Functional Translation-Two Sinological Maladies", *Far Eastern Quarterly*, Vol. 13, No. 3（May 1954），p. 251.

[②] 徐复观：《中国人性论史》，华东师范大学出版社 2005 年版，第 2—3 页。

双解词典》,"the warp:(in weaving) the threads on a loom over and under which other threads (the weft or woof) are passed to make cloth (纺织中的)经纱"。如果从字面意义的对应看,"the warp"可以准确翻译出"经"的本义。但根据上下文,"君子反经而已矣"是孟子纠正"似而非者"的办法,因而朱熹的注解,"经,常也,万世不易之常道也"① 更符合文意。而且"warp"在英语中的常用义是"乖戾,偏见",容易让读者误认为孟子"让人们返回偏见"。

《孟子》中的不少字词和语句在语义方面存在不确定性,这就需要译者根据上下文以及所译对象的整体理论体系,来判断它们的含义。如果仅仅关注原文与译文在单个字词上的对应和句子结构上的一致,就无法再现原文深刻的思想和哲学内涵。从严格意义上讲,赖发洛对"逐字翻译"原文字面意思的过分强调,实际上已经把"直译"引向极端,变成了歪曲原意的"死译""硬译"。

三 刘殿爵的《孟子》英译本特色

刘殿爵的《孟子》英译本是学术性和通俗性的完美结合。译本的学术性首先体现在"前言"和五个"附录"中。长达40页的前言全面、客观地概括了孟子思想,具有极高的学术价值。五个附录分别从不同的角度对孟子及《孟子》进行了全面论述,有助于读者了解译者的最新《孟子》研究成果。

从译本正文看,译本的学术性突出体现在译者不迷信权威,敢于提出自己的创新性见解。刘殿爵是著名的汉学家,强调阅读原始文献的重要性。他虽然熟悉训诂资料,但不迷信它们的权威,力求通过严密的推论,多方面考证经典的原义。刘殿爵还了解国外学者的《孟子》研究情况,能借鉴最新研究成果指导自己的翻译。这就使他的《孟子》译本较之前代多有创见。本书在第四章和第五章详

---

① (南宋)朱熹:《四书章句集注·孟子集注》卷十四,中华书局1983年版,第376页。

细例举了刘殿爵对《孟子》思想的十几处创新性理解，这些创新有他对古典文献考证所得，有参考借鉴外国学者的研究成果所获，为研究孟子思想指明了新的方向。遗憾的是，他在译文中没有标明自己的创新之处，也没有给出创新的依据。

译本的学术性还体现在译者具备将孟子的思想系统、完整地展现在读者面前的能力。刘殿爵始终把准确再现孟子思想和《孟子》文本的本来面目作为首要任务，在翻译那些含义不明确，存在歧义的语句时，善于将篇章宗旨和孟子思想体系结合起来理解。例如，在《孟子·万章下》第7章有"周道如底，其直如矢"一句，理雅各和赖发洛都按字面意思将"周道"直译为"The way to Châu"和"the Chou way"。如此翻译虽能体现原文的字面意思，但不能体现孟子引用《诗经》的目的。刘殿爵在翻译时，善于根据上下文，借助训诂资料，在孟子的整个思想体系下探求"周道"的含义。焦循指出："按《毛诗》本意，'周道'谓周家贡赋赏罚之道。……然则孟子引《诗》以'周道如底，其直如矢'，证义之为路，礼之为门，礼义即道也。"[①] 孟子本人也认为，"由义"是"行天下之大道"，因而刘殿爵将"周道"翻译为"highway（大道）"。可见，译者要将原文本中所包含的孟子思想完整展现出来，既要具备较强的史料驾驭能力，又要有熟练掌握和运用孟子思想的能力。

译本的学术性还体现在译者对中国特有的文化词语的翻译上。所谓"中国特有的文化词语"，顾名思义，是说这些词语所体现的含义是中国文化所特有的，在西方语言文化中找不到对应词。例如，中国古代的国名、地名、计量单位、国家机构、税收制度、文化习俗等，在英语中找不到合适的词翻译，但它们对了解中国古代社会和文化又至关重要，因而采用何种方法翻译一直困扰着译者。纵观不同的《孟子》英译本，可以将译者的翻译方法概括为音译和意译两种。刘殿爵对音译的看法是"非不得已时"的选择，但他采取音

[①] （清）焦循：《孟子正义》卷二十一，中华书局1987年版，第724页。

译的现象绝非"一两个字",而是随处可见。不过,刘殿爵在翻译时对传统的音译法做了优化和改进。例如,在翻译古代的赋税制度"贡""助""彻"时,他将之分别译为"the 'kung' method of taxation""the 'chu' method"和"the 'che' method"。为了便于读者理解,他在译文中用"method of taxation"对"贡""助""彻"作了进一步解释,指明它们都是赋税方法。不仅如此,他还在索引中对它们作了详细的介绍。传统音译法虽能突出原文含义的特殊性,但仅能传达近似读音,不能体现其特殊含义。为了克服音译弊端,刘殿爵在译文中先对特有的文化词语作简要解释说明,后在注释或索引中作详细介绍,这样既能保证译文的可读性和连贯性,又增强了译文的学术气息。

刘殿爵在彰显译本学术性的同时,也兼顾了普通读者的接受能力。他喜用单句翻译《孟子》,译文琅琅上口,符合英文表达习惯,对普通读者具有较强的吸引力。为了使译文"做到读起来是流畅的英文,而不失原文的意思",① 刘殿爵在翻译《孟子》时不拘泥于原文的句型结构,对直译和意译灵活使用,不主一家。如果严格按照原文句序、句式翻译能准确传达原文的意思,并且符合英文的表达习惯,他就选择直译。如果保持与原文结构一致会丧失译文的流畅性,他就会选择意译。例如,在《孟子·尽心章句上》第9章有"人知之,亦嚣嚣;人不知,亦嚣嚣"。这是孟子所推崇的士人在游说诸侯时应当具备的道德情操。为了突出"嚣嚣"的重要性,孟子选择用两个相同的句型重复强调。但英文不好重复,如果按照原文句型结构直译不符合外国读者的阅读习惯,因而刘殿爵选择将之译为"You should be content whether your worth is recognized by others or not"。译文虽改变了原文的句型结构,但不影响文意的表达和宗旨的突出。

当优美和准确之间发生矛盾时,刘殿爵选择优美让步于准确。

---

① 《编译参考》编辑部:《刘殿爵教授谈翻译问题》,《编译参考》1980年第1期。

例如在《孟子·告子章句上》第 20 章有"羿之教人射，必志于彀；学者亦必志于彀"。虽然本章也是两个"必志于彀"重复使用，但刘殿爵选择严格按照原文结构将之译为 In teaching others archery, Yi naturally aims at drawing the bow to the full, and the student naturally also aims at drawing the bow to the full, 即"（羿）决心要拉满弓，他的学生也决心要拉满弓"。他之所这样做，是因为"必志于彀"是本章所要表达的宗旨，若拒绝重复，会在语气和说理上都逊色于原文，因而刘殿爵选择牺牲对地道的英语的追求，来实现对原文的准确表达。但这种情况在刘殿爵的《孟子》译本中并不常见。从总体上讲，他的《孟子》英译本更符合英文的表达习惯，优美准确，便于读者理解。

第二节　造成译本不同特色的原因分析

从翻译活动本身来看，翻译可以被定义为从原本（Original Text）转换为译本（Translation Text）的理解和书写过程。[①] 根据这一定义，译者的典籍翻译活动可以划分为理解与书写两个不同的阶段。在这两个阶段中有多种因素直接影响译者的翻译活动，使译本呈现出不同的特点。从译者本身来看，翻译活动由人完成，译者的历史性，尤其译者生活的时代背景是造成译本多样化的深层次原因。

一　理解阶段影响译者翻译活动的因素

理解原文是翻译得以进行的前提，直接决定译本对原文本的忠实度。在理解阶段，语言因素是影响译者把握原文思想文化内涵的首要因素。要正确理解原文，首先要全面了解原文的字词之意。词

---

① 李河：《巴别塔的重建与解构：解释学视野中的翻译问题》，云南大学出版社 2005 年版，第 60 页。

语是语言中最小的表义单位，弄懂词义是正确理解句意、篇旨的前提和基础。但是今人在理解古代词语时，存在明显的困难。语言文字自产生到现代经历了很长的一段时间，词语的意思、字形和发音都发生了不少变化。译者只有尽可能全面地收集与所译对象相关的训诂资料，才能全面把握词语的各类含义及演变脉络。训诂资料大体包含两方面的内容：一是专门解释字义的专著；二是训诂学家给古代文献作的注疏。前者有助于译者系统掌握词语的本义及各类引申义，后者方便译者较快熟悉古代文化习俗、快速把握篇章宗旨。

全面收集资料是前提，准确取舍词义才是关键。译者对字词意义的取舍不同，会直接影响他们对原文中所蕴含的思想文化内涵的译介程度。理雅各对词义的理解是建立在对训诂资料的广泛占有和运用之上的。他在翻译时，总会尽可能全面地收集与所译对象相关的训诂资料和西方已有的译本，因而能较为全面地了解字词所蕴含的各类意义。但理雅各过分信赖朱熹的注释，不能熟练运用训诂方法对掌握的资料进行考证取舍。他对经学研究的新成果，尤其是清代考据学家的新发现也不甚关注，因而译文中也不乏错误传达原文思想文化内涵的理解。

在赖发洛的《孟子》英译本中出现的误译、误解多与他过于纠缠单个字词的表面意思，不注重根据上下文语境判断文意有关。正如朱熹所说：“凡读书，须看上下文意如何，不可泥著一字。”①《孟子》等中国古代典籍蕴含着丰富的思想文化信息，需要译者调动自己的传统文化素养和知识储备，根据上下文语境探求原文之意。但赖发洛偏向于选择字词的表面意义，使译文略显肤浅，难以再现原文所蕴含的哲学内涵。刘殿爵的译文能体现原文本的深层含义，再现孟子思想的深邃博大，就在于他能够广泛占有训诂资料，擅长运用训诂方法，在孟子的整个思想体系下寻求最佳词义、句意、甚至

---

① （南宋）朱熹：《朱子语录》卷十一，中华书局1994年版，第1册，第190页。

是章节之意。

二 书写阶段影响译者翻译活动的因素

在书写阶段，影响译者的翻译活动，使译本呈现不同特色的因素主要如下。

第一，译者对目标读者的定位，直接影响译本的编排体例和宏观内容。译者在进行翻译活动之前，首先要确定自己的目标读者，这是翻译活动顺利展开的前提。如果译者以那些对中国传统文化一无所知或略知皮毛的人为目标读者，通常会选择利于他们接受的翻译方法，力求使语言通俗易懂，使语法结构更符合译入语文化的习惯，彰显原语文化与译入语文化的相通之处。如果译者以那些致力于学习、研究中国传统文化的严肃读者为目标读者，通常会注重突出译本的学术性，试图再现原文本所承载的丰富的思想文化信息，并在前言或附录中概括前人对译本的研究成果以及译者自己的学术见解。现以本书所选的三种《孟子》英译本为例，看译者对目标读者的预测对译本特色的影响。理雅各的《孟子》英译本以来华的传教士为目标读者，因而更关注向他们介绍孟子的思想，以及《孟子》一书所涉及的中国古代社会的政治、经济、文化等各类信息，因而他的《孟子》英译本拥有内容最丰富、最全面的注释和长达123页的学术绪论。赖发洛曾表明他的译本"面向的对象是以英语为母语的普通读者"。① 因而他在翻译《孟子》时，更关注普通读者的接受能力，追求译文的通俗化，试图通过借用西方经典和英国读者熟悉的概念来翻译《孟子》，以拉近中英文化的距离，减少读者的陌生感。刘殿爵虽未直接表明他的目标读者，但从译本的编排体例和宏观内容看，译本面向的是研究和学习中国传统文化的严肃读者。序言和五个附录是译者研究《孟子》思想的成果总结，在学术界具有

---

① Leonard A Lyall, *The Sayings of Confucius*: *A New Translation of the Greater Part of the Confucius Analects*, London: John Murray, 1907, p. 20.

较大影响力。

第二，翻译动机影响译者对译文内容和思想的理解程度和层次，从宏观上决定着译本的深度和对原文的忠实度。纵观中国典籍西译史，译者的翻译动机大体有三：一是传教；二是研究中国传统和思想文化；三是向世界介绍中国。理雅各翻译中国经典的动机显然属于第一种，他自己也曾明确表示："我认为，系统、全面地翻译和注解儒家经典，必将会大大惠及以后的传教工作。"① 这一认识，使理雅各的《孟子》英译本呈现出一个显著特点：译本中贯穿着耶稣基督精神，容易基督教化孟子思想。赖发洛虽然没有明确表达他的翻译动机，但从他对目录标题的拟定看，他的翻译动机是方便西方民众了解中国。因而他的译本首先考虑的是普通读者的接受能力，更关注原文的字面意思，容易忽略原文所蕴含的思想文化和哲学内涵。刘殿爵的翻译动机是不满企鹅图书计划出版的中国典籍英译本，试图翻译出更符合典籍原意、更严谨、更具学术性的译本。为了便于读者对译著有一个全面客观的认识，他通常会提供原文本的详细背景资料和其他学者及译者的研究成果。这就使译本具有较高的学术价值和研究价值。

第三，译者对翻译方法和翻译策略的选择直接决定译本的特点。刘殿爵在翻译《孟子》时能灵活运用直译和意译两种翻译方法，因而他的译文既能准确表达原文之意，又符合英文表达习惯，语言流畅准确，便于读者阅读。理雅各和赖发洛选择直译原文，仅在极其个别的情况下选择意译。他们的译文在句序、句型和句式上能较好地对应原文，可以很好再现原文的行文特点。但二人在具体翻译策略的选择上存在差异，使译本能体现直译的一些基本特征，但又有各自不同的特点。例如，理雅各在追求与原文句式结构、字面意思

---

① Ride, Lindsay, "Biographical Note", in James Legge, *The Chinese Classics: with a Translation, Critical and Exegetical Notes, Prolegomena, and Copious Indexed*, Vol. I, Taipei: SMC Publishing Inc., 2001, p. 1.

对应的同时，会借助大量注释补充欠额翻译造成的意义缺失。但赖发洛追求注释简洁，拒绝在注释中解释说明原文字词的各类含义。总之，具体翻译策略的选择会直接影响译本的特点。

三　译者的历史性对翻译活动的影响

译者的历史性是造成译本多样化的深层次原因。译者作为翻译主体，他本身就是历史的。法国学者阿尔比（Amparo Hurtado Albir）指出："译者不仅要受到他所属的那个时代的语言的限制，更是为一系列的非语言理念、政治观点、审美趣味等因素所制约。"①

译者的历史性首先体现在译本的语言风格中。就个人而言，语言虽然具有暂时的稳定性，但总的来说，它是发展变化的，不同时代的译者所使用的语言总会有这样或那样的差异。理雅各的《孟子》英译本出现在1861年，译本用语明显体现了18、19世纪古旧体书面英语用语古奥生僻、句子盘曲复杂的特点。例如，《孟子·公孙丑下》第4章有"凶年饥岁，子之民，老羸转于沟壑，壮者散而之四方者，几千人矣"。理雅各将之译为："In bad calamitous years, and years of famine, the old and feeble of your people, who have been found lying in the ditches and water-channels, and the able-bodied, who have been scattered about to the four quarters, have amounted to several thousand"。不仅如此，在他的译本中，古体英语词也随处可见。他使用的古体英语多为复合副词，由地点副词加上一两个介词组成，如由"here""there"和"where"加介词组成的"hereby""thereto"和"wherein"等。赖发洛的《孟子》英译本出现在1932年，译本摆脱了古旧体书面英语的束缚，体现了20世纪现代英语擅用短句，风格简洁干脆的特点。尽管赖发洛的译本中也有不少古体英语词，例如"thee""canst"和"hast"等，但并非那个时代语言特征的反映，而是译者自己的翻译策略使然。赖发洛往往选择用古体英语翻译

---

① 许钧：《翻译论》，湖北教育出版社2003年版，第121页。

《孟子》中引用的古人话语和古书中的语句，以突出古诗、古语的时代性。刘殿爵的《孟子》英译本出现在 1970 年，是用规范的现代英语写成。现代英语的简约化、精确化趋势在他的译本中体现得最为明显。

译者对《孟子》中出现的人名、地名的翻译也体现了译者的时代特征。理雅各的译本出版时，用威妥玛式拼音翻译中国的地名、人名在中国和国际上都很流行，因而他的译文体现了威妥玛式拼音的一些基本特征，如保持接近英文的拼法，但是并不完全迁就英文的拼写习惯，并沿袭前人使用送气符号来表示声母的办法。但随着时间的推移，威妥玛式拼音的一些不足也逐渐显现出来。1867 年来华的翟理斯对这一拼音系统加以改良，并于 1892 年出版了《华英字典》。1906 年，"帝国邮电联席会议"决定，基本上以翟理斯所编的《华英字典》中的拉丁字母拼写法为依据，为了适合打电报的需要，不采用任何附加符号（例如送气符号等）。此种拼音被称为"邮政式拼音"，是 20 世纪上半叶西方国家拼写中国人名、地名时最常用的系统。赖发洛的《孟子》译本出版于 1932 年，他对人名、地名的翻译显然受了"邮政式拼音"的影响。刘殿爵出生在中国香港并长期在英国伦敦大学任教，他在翻译汉语地名和人名时也深受在西方广为流传的"邮政式拼音"的影响。中华人民共和国成立后，在大陆地区邮政式拼音逐渐被汉语拼音取代，我国政府还于 1978 年正式规定，用汉语拼音方案作为我国人名罗马字拼写法的统一规范。[①] 此后，我国人名、地名的外译逐步规范化，这在国内学者的典籍外译本和学术书籍中体现的尤为明显。例如，在大中华文库版《孟子》中，人名、地名全部使用标准的汉语拼音翻译。

从译文内容看，译者的历史性主要体现在译者是在他所处的时代背景，在他自己的经验和思想体系之中来理解《孟子》的，这就给译本打上了译者及其时代的烙印。例如，理雅各的《孟子》英译

[①] 范仲英：《谈谈中国姓名的英译问题》，《中国翻译》1990 年第 5 期。

本既体现了鸦片战争前西方国家对中国闭关自守的不满,又展现了鸦片战争后中国主权屡遭破坏,各国传教士凭借不平等条约的庇护,纷纷深入中国内地传教的时代特征。理雅各在学术绪论中对孟子的夷夏思想进行了批判,认为它是导致中国人以天朝上国自居、奉行闭关锁国政策的思想根源。理雅各还为西方国家侵略中国的行为辩护,强调"在过去的25年,基督教国家曾经要求被允许进入中国,并和中国平等交往。他们并没有想着要(武力)征服中国的土地,尽管他们已经打击、破坏了她的防务……"。① 他的译文还体现了当时中国的时代特征,即"中国天朝上国的优越论幻觉将要被打破",② "中国已经动荡不安,并且越来越弱,中国人需要得到指引,摆脱现在的困境"。③ 理译本不仅体现了译者生活的时代特征,还鲜明地体现了译者作为传教士的身份特征。他从基督教教义出发对孟子思想求全责备的批评,对中国特有文化词语的神学化翻译,都体现了译者的历史性。

赖发洛的《孟子》英译本则体现了鸦片战争后大量外国人来华任职,并在"东学西渐"中发挥积极作用的时代特征。赖发洛在翻译《孟子》时所引用的史料,多出自在华任职的外国洋员之手。如在厦门海关任职的德国人夏德编写的《中国古代历史》,以及宜昌领事欧森南的《中华帝国历史地图》等,都是赖发洛常用的资料。他的《孟子》英译本也反映了19世纪末20世纪初世界形势的新变化。1914年爆发的第一次世界大战是人类历史上规模最大、破坏性最强的战争,结束了资本主义发展的黄金时代,造就了一个满目疮痍、绝望悲观的西方世界。西方人开始反思西方文化,并试图从中国古代智慧中找到解决西方人精神危机的解药,中国文化热开始出现。"1919年,法国著名文学家罗曼·罗兰写信给印度诗人泰戈尔,信

---

① James Legge, *The Works of Mencius*, New York: Dover Pub., Inc, 1970, p. 76.
② James Legge, *The Works of Mencius*, New York: Dover Pub., Inc, 1970, p. 76.
③ James Legge, *The Works of Mencius*, New York: Dover Pub., Inc, 1970, p. 99.

中他心情沉重地指出，欧洲文化的弊病已经十分深重，如果不汲取东方文化的精髓，不将东西文化融于一炉，就不足以言自存。"① 他的信件体现了当时多数西方学者的观点。他们或者亲自来中国寻求医治西方文化弊端的药方，要么在西方学术界呼吁重视东方文化，尤其是中国文化。在华的大量外国洋员积极回应本国学术界的呼吁，凭借自身优势，向本国介绍中国传统文化。由于"西方社会在经济科技高度发展中形成的人与自然，个体与群体，科技与道德的矛盾是西方文明的主要弊端"，② 所以赖发洛在介绍孔孟时，不把重点放在二人的思想上，而是花费大量笔墨在他们的为人处世上，目的就是向西方介绍解决个体与群体冲突的良方。作为海关洋员，赖发洛把更多的精力放在本职工作上，对《孟子》一书缺乏审慎的考证，仅仅满足于借助已有的研究成果，简单向西方读者介绍孟子及其思想。

　　刘殿爵对再现文本原貌的重视体现了当代国际学术界对典籍外译本的新要求。中华人民共和国成立后，随着中国地位的提升，国外学者对中国传统文化的研究热情高涨，国外普通民众对中国文化的兴趣激增。学者们研究中国文化，民众了解中国传统的主要来源是典籍外译本，而已有的中国典籍英译本要么拥有太多的耶稣基督色彩，要么过于西化，使译本丧失了中国文化的特色。这就使那些既精通中国传统文化、又拥有较高英文水平的汉学家不满，他们试图将中国典籍如实、准确地介绍到国外。刘殿爵及其弟子安乐哲就是其中的佼佼者。刘殿爵对"好"的翻译作品的认识是："所谓'好'，平常的要求是理解能力高，表达能力强，但翻译的要求却还要高一点，不单要知道表面的意义，有时还要顾到言下之意。"③ 为了准确传达文本的"言下之意"，刘殿爵从原始资料出发，多方考

---

① 宋兴无：《当代西方文化概论》，吉林大学出版社2007年版，第129页。
② 吴锡标主编：《儒学研究》，杭州出版社2006年版，第996页。
③ 《编译参考》编辑部：《刘殿爵教授谈翻译问题》，《编译参考》1980年第1期。

证,试图将《孟子》中丰富的思想文化内涵和哲学观念准确地传递给读者。

可见,译本的多样化是客观存在的。由于受语言因素、理解的历史性、预期目标读者、翻译动机、翻译策略以及译者历史性的影响,不同的译者即使带着同样严谨的态度翻译同一文本,呈现在读者面前的译本特色也可能会"多姿多彩"。"这使我们不得不同意赫尔曼的话:有的时候,'翻译告诉我们更多的是译者的情况而不是译本的情况'。"①

---

① 徐来:《英译〈庄子〉研究》,复旦大学出版社2008年版,第131页。

第七章

《孟子》等古代典籍外译的误区分析

在对理雅各、赖发洛和刘殿爵的《孟子》英译本进行全方位、多角度的系统比较研究的基础上，参照当前比较流行的大中华文库版《孟子》以及大卫·亨顿（David Hinton）的《孟子》英译本，可以发现，当前典籍外译的误区大体有三：一是利用西方概念和经典教义反向格义《孟子》思想，模糊甚至抹杀中国文化的独特性；二是忽视语义的不确定性，错误传达原文之意；三是脱离原始文献，轻视句读分歧。原始文献是准确理解原文的第一手资料，句读分歧会影响译者对典籍的字词、甚至是篇章之意的解读。但译者在进行翻译实践时往往会忽略二者的重要性。

第一节　利用反向格义，西化《孟子》思想

格义是早期中外文化交流的一种手段，其突出特征是利用中国传统经典教义和词汇翻译、解释外来文化。格义的概念最初见于南朝梁《高僧传》，据记载："法雅，河间人……咸附谘禀，时依门徒，并世典有功，未善佛理。雅乃与康法朗等，以经中事数，拟配

外书,为生解之例,谓之格义。"① 到了近代,在中国哲学研究中出现了一种与传统的格义方向相反的新方法,刘笑敢将这种"自觉地以西方哲学的理论方法和思维框架来研究中国哲学的方法称为'反向格义',将自觉地用现成的西方哲学概念来对应、定义中国哲学观念、术语的方法称为狭义的反向格义"。② 根据他的定义,译者自觉地借用西方经典和概念翻译中国古代经典的方法也可以被称作狭义的反向格义。在中国典籍外译中运用反向格义,虽然方便外国读者理解中国古代哲学和文化,但他们理解到的往往是西化、非中国化的思想,最终将导致对中国传统文化的误解。现以英译《孟子》为例,笔者将分别从哲学概念和孟子思想的译介两个方面看反向格义对中国典籍外译造成的危害。

一 对《孟子》核心概念的翻译

儒家核心哲学概念的模糊性与西方近代哲学的"精密性"之间存在较大的差异,翻译时如果将它们简单地反向格义为西方概念,就会出现问题。王国维曾对此做过精辟入里的论述:"若译之为他国语,则他国语之与此语相当者,其意义不必若是之广;即令其意义等于此语,或广于此语,然其所得应用之处不必尽同。故不贯串不统一之病,自不能免。而欲求其贯串统一,势不能不用意义更广之语。然语意愈广者,其语愈虚,于是古人之说之特质,渐不可见,所存者其肤廓耳。"③ 显然,他认为译者在英译儒家核心哲学概念时,面临两大弊病:一是"求统一之弊";二是"增古书之意义"。这两种弊病在译者对"仁"和"义"的翻译中体现的尤为明显。

首先看译者对"仁"的翻译。"仁"是儒家的核心哲学概念,正如梁启超所说:"儒家言道言政,皆植本于'仁'。不先将仁字意

---

① (梁)释慧皎撰,汤用彤校注:《高僧传》卷四,中华书局1992年版,第152页。
② 刘笑敢:《反向格义与中国哲学方法论反思》,《哲学研究》2006年第4期。
③ 王国维:《静庵文集》,辽宁教育出版社1997年版,第150—151页。

义说明,则儒家思想未有理解也。"① 因而要传播儒家思想,展现《孟子》精髓,就必须重视对"仁"的翻译。当前比较流行的《孟子》英译本,通常将"仁"翻译为"humanity""benevolence""virtue"和"love"等。我们可以通过探讨"仁"的内涵,来判定这些翻译能否,以及在何种程度上体现了"仁"的含义。

孔子关于"仁"的最简单论述是"仁者,爱人"(《论语·颜渊》),但纵观整部《论语》,"仁"的内涵非常丰富,敬、诚、忠、恕、孝、爱、温、良、恭、俭、让等诸德也可以包含其中。显然,在孔子那里,"仁"有特殊德性之"仁"和全德之"仁"的区别。孟子继承了孔子对"仁"的认识,诚如余纪元所说:"一方面,'仁'作为四种成熟的德性之一,从'不忍人之心'这一端开出,且是对他人的关怀性情感。这对应于孔子的特殊德性之'仁',并应被译为'仁爱'。另一方面,孟子也声称:'仁也者,人也'(《孟子·尽心下》),第十六节……我认为,这句话的真正含义在于,'仁'是使一个人真正成其为人的品质。一个仁者是一个达成并表现出人之真性的人。有了这样的看法,'仁'在这里也就不能继续被认为只意指'仁爱'。它似乎更对应于孟子所论述的全德。"② 可见,在孟子那里,"仁"也有全德之仁与特殊德性之仁的差别。

西方现存的概念,如"humanity""benevolence"和"love"等都不能体现出"仁"的全部内涵。"humanity"的基本含义是"人类、人性和仁慈",更强调人之所以为人的本质特性,可以体现"仁"所蕴含的"人之全德"的含义,但不能表达具体语境下"仁"的特殊含义。安乐哲曾敏锐地指出:"Humanity 是一个普适概念(universal),与罗马的 humanitas 相关,意指唯一的、普遍的、本质性的对象。……如果将'仁'视为一个普适性(universal)概念的话,

---

① (清)梁启超:《先秦政治思想史》,中华书局1986年版,第67页。
② 余纪元:《德性之镜:孔子与亚里士多德的伦理学》,中国人民大学出版社2009年版,第55页。

就会破坏它的个别性。"① 根据《牛津高阶英汉双解词典》,"benevolence"的常用意义是"好心肠、善心、仁慈",侧重强调人的心理态度,大大缩减了"仁"的内涵。"Love"的基本含义是"爱",既可以指世俗世界里父母对子女的爱和男女情爱,也可以指基督教中上帝的博爱和慈爱,用它翻译容易将世俗化的"仁"和上帝的"博爱"联系在一起。

用"virtue"翻译"仁"则会模糊儒家思想的特质。"virtue"是西方哲学的重要概念,早在两千多年前,古希腊哲学家苏格拉底、柏拉图和亚里士多德就对其含义进行过讨论。李玉良和罗公利对他们的讨论进行了总结,并结合基督教教义中"virtue"的内涵以及罗马人心目中"virtue"所包含的元素,得出如下结论:"从西方自古以来的传统解释来看,virtue 指的是人的一切品格因素。因此,从广义上来说,它与汉语中的'品德'一词的内涵是相当的。从逻辑上说,'品德'与'仁'有包容和被包容的关系,'仁'是'品德',但'品德'却不是'仁'。而且,英文的 virtue 与儒家的'仁'在内涵上并不一致:基督教中的慈善,就不同于儒家的仁慈;罗马道德原则中的自尊、尊严与儒家的不卑不亢以及'薄己而厚人''鄙己而尊人'的主张是相抵触的"②。显然,用"virtue"翻译"仁"会破坏儒家思想的独特性,甚至会造成读者对儒家思想的错误理解和文化联想。

对"义"的翻译也是如此。"义"是儒家思想的核心概念,在《孟子》中出现了 108 次。它最基本的含义是做适宜的事情,但究竟什么样的事算作适宜,要依具体语境而定。纵观孟子全文可知,孟子认为适宜的事情可概括为符合正确的规律、符合礼仪、符合道德的事情。

---

① 胡治洪、丁四新:《辨异观同论中西——安乐哲教授访谈录》,《中国哲学史》2006 年第 4 期。

② 李玉良、罗公利:《儒家思想在西方的翻译与传播》,中国社会科学出版社 2009 年版,第 189 页。

译者在翻译"义"时通常将之译为"righteousness""right"和"duty"等。用"righteousness"翻译"义"不仅会大大缩减其内涵，还容易引起不必要的联想和误解。"righteousness"的基本含义是行为符合道德准则，能够体现"义"对道德的强调，但不能体现"义"对规律、礼仪的重视。在英语中，它还有"一本正经"的意思，容易让读者联系到虚伪做作，不真诚。不仅如此，"righteousness"是"《圣经》中的用语，其本义是'按照上帝的意志行动'（obey the will of God），常人一辈子也不会用这个词"。①

用"right"和"duty"翻译"义"则会给儒家哲学思想增添许多它本身所不具备的含义。虽然"right"有"正确、正当和正义"的含义，可以用来翻译"道德"意义上的"义"，但西方人熟悉的"right"是法律赋予他们做某事或对某物的"权利"。它表明"义"来源于法律，具有神圣不可侵犯性。"Duty"的基本含义是指"法律或道德上规定应承担的义务"，具有一定的强制性。这从"duty"的来源上可窥一斑。"西塞罗（Marcus Tullius Cicero）在'论义务'（On Duty）一文中说，duty源自四个方面：其一因为是人，所以有duty；其二因为在社会中担当不同的角色，所以有duty，比如在家庭中，在国家中，在工作中等；其三有人格，就有duty；其四一个人的自我道德预期，可以产生duties。"② 可见，"duty"更强调外在的、强制的义务，而非发自内心的喜好。显然"right"和"duty"都不符合《孟子》中"义"的内涵。在《孟子》那里，"义"具备作为价值判断标准的特质，是内在的，更关注道德心所规定的"应作之事"。而且，"义"是令"我"内心高兴的事情，是"理义之悦我心，犹刍豢之悦我口"。（《孟子·告子上》）

可见，如果把"仁""义"等核心概念和西方现存的概念简单

---

① 胡治洪、丁四新：《辨异观同论中西——安乐哲教授访谈录》，《中国哲学史》2006年第4期。
② 李玉良、罗公利：《儒家思想在西方的翻译与传播》，中国社会科学出版社2009年版，第200页。

对译，就会削弱它们内涵的丰富性和独特性，甚至造成错误的理解和文化联想。

二 对《孟子》思想的译介

中西方哲学和文化传统存在较大差异，用西方哲学和经典教义反向格义孟子思想，容易模糊甚至抹杀中国文化的独特性，给古代经典强加上不属于中国世界观的内容。

首先看译者对性善论的翻译。性善论是孟子思想的逻辑起点，理解它是准确译介孟子思想的关键。我们可以从《孟子》文本出发，捕捉性善论的确切含义。孟子所说的"性"有"物性"和"人性"两层含义。"口之于味也，目之于色也，耳之于声也，鼻之于臭也，四肢之于安佚也，性也。"(《孟子·尽心下》)说的是"物性"，和告子的"与生俱来的自然本性"的含义一致。但孟子在绝大多数时候谈的"性"是"人性"。孟子的"性善"实际上是"人性善"。它首先具有先天性。"恻隐之心，人皆有之；羞恶之心，人皆有之；恭敬之心，人皆有之；是非之心，人皆有之。恻隐之心，仁也；羞恶之心，义也；恭敬之心，礼也；是非之心，智也。仁义礼智，非由外铄我也，我固有之也，弗思耳矣。"(《孟子·告子上》)其次，应该看到，人先天具备的仅仅是善端，需要后天的扩充。因为"恻隐之心，仁之端也；羞恶之心，义之端也；辞让之心，礼之端也；是非之心，智之端也。"(《孟子·公孙丑上》)"端"是开端、发端之意，故还需要"扩而充之"。可见，孟子所谓的"人性善"是先天的"善端"和后天的"扩而充之"综合作用的结果，可以概括为"人皆有善性；人应当以此善性为性；人的价值、意义即在于其充分扩充、实现自己的性"。[①] 孟子的人性本善与基督教主张的原罪说针锋相对，遭到了西方译者，尤其是传教士的抨击。英国安立甘会传教士慕雅德（Arthur Evans Moule）认为："孟子应当受到谴责，因为

[①] 梁涛：《郭店竹简与思孟学派》，中国人民大学出版社2008年版，第362页。

他忽视了人性的普遍的邪恶趋向。"① 尽管理雅各也不认同孟子的性善论，但他采取了一种更为积极的态度。他选择用基督教教义反向格义孟子思想，以寻求儒家和基督教文化的结合点。他用人必须弃恶向善的思想反向格义孟子的性善论，将"人性之善也，犹水之就下也"（《孟子·告子上》）翻译为 The tendency of man's nature to good is like the tendency of water to flow downwards，"人性向善就像水向下流一样"。② 通过这一翻译，孟子的"人性本善"就变成了基督教的人必须弃恶向善。"但根据孟子对善的理解和定义，其学说显然应该是'性善论'，而不是'性向善'论，尽管其对'性善'有独特的理解。"③ 虽然经过反向格义后的人性论更便于西方读者接受，但失去了它原有的含义。

其次，看理雅各对《天下之言性》章的解读。本章是《孟子》一书中最难理解的篇章之一，解读的关键是对"天下之言性也，则故而已矣"（《孟子·离娄下》）的认知。

朱熹认为："故者，其已然之迹。"④ 焦循指出："故为以往之事。"⑤ 徐复观认为："'故'则正同于习惯的'习'。这是'则故而已矣'的'故'字的解释。"⑥ 梁涛进一步解释说："'天下之言性也，则故而已矣'是说，人们讨论的性不过是指积习、习惯而言。"⑦ 虽然中国学者对"故"的理解存在差别，但这些解读都没有偏离"中国传统哲学则善于用对事物的本然陈述、先人的经验陈述、

---

① 胡卫青：《中西人性论的冲突：近代来华传教士与孟子性善论》，《复旦学报》2000 年第 3 期。
② James Legge, *The Works of Mencius*, New York：Dover Pub. , Inc, 1970, p. 396.
③ 梁涛：《郭店竹简与思孟学派》，中国人民大学出版社 2008 年版，第 354 页。
④ （南宋）朱熹：《四书章句集注·孟子集注》卷八，中华书局 1983 年版，第 297 页。
⑤ （清）焦循：《孟子正义》卷十七，中华书局 1987 年版，第 585 页。
⑥ 徐复观：《中国人性论史》，华东师范大学出版社 2005 年版，第 103 页。
⑦ 梁涛：《郭店竹简与思孟学派》，中国人民大学出版社 2008 年版，第 372 页。

个人人生观感悟来阐说'道'义"的特点。①

理雅各则认为《天下之言性》章和培根的思想是一致的,旨在强调现象是获得知识的正确途径。培根以知识论为自己哲学的中心问题,认为要获得知识就要面对自然,以经验和观察为依据,重视现象在获得知识上的重要性。理雅各用培根的思想将"天下之言性也,则故而已矣"反向格义为"All who speak about the natures of things, have in fact only their phenomena to reason from, and the value of a phenomenon is in its being natural (所有谈论性的人实际上只是通过现象来推理,现象的价值就在于它是自然的)"。他本人也意识到这样理解与中国传统哲学的特点不一致,因为"与世界上的其他国家相比,中国似乎更容易忽略现象在获取知识中的作用"。②

虽然学者们对"故"的理解皆言之有据,但笔者更倾向在儒家人性论的发展脉络、孟子的思想体系和《孟子》文本中探求其确切含义。作为儒家的创始人,孔子并未从善、恶上谈性,仅仅表明自己对人性的认识是"性相近也,习相远也"(《论语·阳货》)。"性"和"习"相对举而言,表明孔子的"性"是生而具备,不需要后天学习的自然之性。《郭店楚墓竹简》出土后,其中的《性自命出》篇为我们了解处于孔孟之间的儒家对人性论的认识提供了宝贵资料。现从《性自命出》中摘录四条有代表性的命题加以讨论。命题一:"喜怒哀悲之气,性也。及其见于外,则物取之也。"③ 该命题给出了"性"的定义,即喜怒哀悲之气就是性。从下文的"及其见于外"可以断定,"喜怒哀悲之气"是人性内在的本质的东西。刘昕岚指出,此处的"气"非谓物质性之气(如《左传·昭公元年》医和所谓:"天有六气,降生五味,发为五色,征为五声,淫生六疾。六气曰阴、阳、风、雨、晦、明……"之气),而应泛指人之

---

① 韩喜凯:《名家评说孔子辨析》,齐鲁书社 2008 年版,第 350 页。
② James Legge, *The Works of Mencius*, New York: Dover Pub., Inc, 1970, p. 331.
③ 李零:《郭店楚简校读记》,北京大学出版社 2002 年版,第 105 页。

精神力、生命力。① 作为精神力和生命力的气没有善恶之分，因而《性自命出》的作者和孔子一样，也没有就善恶言性。命题二："性自命出，命自天降。道始于情，情生于性。"② 该命题主要论述了"性""命"和"天"的关系，和《中庸》的首句"天命之谓性"非常相似，可参照理解。从命题看，"性"源于"命"，而"命"是由天赋予的，因而"性"根源于"天"，具有先验性，是人生而具备的自然属性。命题三："好恶，性也。"③ 它和孟子的"口之于味也，有同耆焉；耳之于声也，有同听焉；目之于色也，有同美焉"（《孟子·告子上》）的论述极为相似，指源自人的自然倾向的好恶。但孟子并没有停留在从自然倾向上论性，而是以自然之性为引子，进一步论证了他的人性善思想，即"心之所同然者何也？谓理也，义也"。（《孟子·告子上》）命题四："四海之内，其性一也，其用心各异，教使然也。"④ 这些论述显然继承了孔子的"性相近也，习相远也"（《论语·阳货》）的思想。从上面的命题可以看出，《性自命出》的作者在人性问题上受孔子的影响较大，更注重人的自然之性。

在孟子生活的时代，学者们在讨论人性时也多指人的"自然之性"。孟子的"性善说"并不是当时人性思想的主流。根据《孟子·告子上》的记载，在孟子提出性善论时，当时的社会已经存在三种人性论：

公都子曰："告子曰：'性无善无不善也。'或曰：'性可以为善，可以为不善。'是故文武兴则民好善，幽厉兴则民好暴。'或曰：'有性善，有性不善。是故以尧为君而有象，以瞽瞍为父而有舜。'"

孟子和告子关于"性"进行过集中辩论。从四篇的辩论内容看，

---

① 刘昕岚：《郭店楚简〈性自命出〉篇笺释》，http：//www.jianbo.org/Zzwk/2003/wuhanhui/liuxinlan01-1.htm.，2003年5月31日。
② 李零：《郭店楚简校读记》，北京大学出版社2002年版，第105页。
③ 李零：《郭店楚简校读记》，北京大学出版社2002年版，第105页。
④ 李零：《郭店楚简校读记》，北京大学出版社2002年版，第105页。

告子在谈论"性"时,关注的是"性"的先天的、先验的内涵,即与生俱来的自然本性。如"生之谓性""食色,性也"。正如前文所说,孟子所说的"性"虽有"物性"和"人性"两层含义,但他在绝大多数时候谈的"性"是"人性",关注的是人性本善。因而"天下之言性也,则故而已矣"应当理解为孟子对当时流行的人性论片面性的指责。其中,"故"是修饰"性"的,指"与生俱来的自然本性"。如此理解,可以更好地呼应下文的"故者以利为本"和"苟求其故"。

最后看赖发洛对"无为其所不为,无欲其所不欲,如此而已矣"(《孟子·尽心上》)的译介。这句话虽然仅仅十几个字,但是理解起来却相当困难。对于本句话的含义,当前比较流行的认识有两种:一种观点认为,孟子在这里发挥了孔子"己所不欲、勿施于人"的思想,强调人要推己及人;另一种观点认为,孟子强调一个人要始终依据内心本有的善性来引导自己的行为,不想、不做违背善心的事情。笔者认为,第一种观点从学术渊源上谈起,看到了孟子对孔子思想的继承与发挥。第二种观点从孟子自身的哲学体系出发,认为所不为、所不欲皆出于心,而心之所以不愿,是因为先天具备的四心不允许。从儒家传统和孟子的哲学体系看,这两种认识都是可以接受的。而赖发洛却借用现代西方保守主义之父柏克的"让我们一致,让我们自己与别人一体化",将本句反向格义为"Do nothing they do not do, wish nothing they do not wish; that is all!"。[1] 他认为:"无为其所不为,无欲其所不欲,如此而已矣"的含义是"不做任何他们不做的事情,不希望(获得)任何他们不希望的东西,如此而已"。经过反向格义后的孟子思想更强调与别人保持一致的重要性,具有明显的保守主义倾向。

可见,利用反向格义翻译中国古代典籍,"可能深刻地揭示古人思想中潜在的意义,或者发现中国古代哲学与西方哲学可能相通的

---

[1] Leonard A Lyall, *Mencius*, London: Longmans, Green and Co, 1932, p. 208.

思想观点或概念，但是在很多情况下，西方的思想概念无法有效地、准确地对应中国古代的哲学语言或概念，如果这时一定要作简单的对应和判断，就有可能遇到凿枘方圆的困难"。①

第二节 忽视语义的不确定性，错误传达原文之意

从古汉语的特点看，造成译文偏离原文的原因大体有二：一是囿于字面意思，机械翻译；二是轻视训诂，错解词义。中国古代典籍的语义具有不确定性，"一个词不仅有直接的、表面的、字典上的意义，还有内涵的、情感的、牵涉许多联想的意义"。② 如果过于拘泥原文的字面意思，就会误解原文之意和先贤之旨。不仅如此，词语的含义是一个动态发展的过程。古代典籍从成书到现在经历了很长的时间，字词的含义和用法都发生了巨大变化，译者要准确传达原文之意，还要擅于借助训诂资料和训诂方法，以作者的思想体系和时代背景为依据，对字词的不同意义进行取舍。

一 囿于字面意思，机械翻译

望文生义是译者在翻译中国古代典籍时最容易陷入的误区之一。在汉语中，一词多义的现象非常普遍，但译者在翻译时往往关注原始意义，对词语的诸多引申义漠不关心，导致译文无法传达原文的深层含义。

例1："为长者折枝，语人曰：'我不能'。"（《孟子·梁惠王上》）

---

① 刘笑敢：《反向格义与中国哲学方法论反思》，《哲学研究》2006年第4期。
② 王佐良：《词义·文体·翻译》，陈宏薇主编《方法·技巧·批评——翻译教学与实践研究》，上海外语教育出版社2008年版，第133页。

当前流行的《孟子》英译本都按字面意思将"折枝"译为"break a twig（择取树枝）"。据焦循《孟子正义》记载，"折枝"古来有三种含义：其一，赵岐注曰："折枝，案摩折手节解罢枝也"；其二，《音义》引陆善经云："折草树枝"；其三，《文献通考》载陆筠解为"磬折腰肢"，盖犹今拜揖也。① 要避免望文生义，在孟子的思想体系和中国传统文化背景下判断"折枝"取哪种含义更佳。"为长者"出现在"折枝"前，是为了表明尊老之意。"折草树枝"不足以表达此意，故应排除在外。如果取"拜揖"之意，用在此处不妥。孟子在这里是为齐宣王解释"不为者与不能者的区别"。"为长者折枝"是"不为者"的代表，指那些容易做但不愿意做的事。在中国古代，年轻人对老人弯腰行礼是当然之事，应循之礼，不存在是否愿意做的问题。因而"折枝"取"替老人按摩关节"之意更佳。

例2："非其君，不事；非其友，不友。"（《孟子·公孙丑上》）

赖发洛按字面意思将之直译为"Po-yi served none but his own lord, he was friends with none but his own friends"。根据他的译文，伯夷只辅佐自己的君主，只和自己的朋友交好。他给我们塑造了一个自私、排他、目光短浅的伯夷形象。但事实上，孟子对伯夷还是较为推崇的，认为他是"圣之清者"，尊之为"百世之师"（《孟子·尽心下》），尽管伯夷"推恶恶之心，思与乡人立，其冠不正，望望然去之，若将浼焉"有过于清高之嫌。因而，应在孟子的整个思想体系下，将"非其君，不事；非其友，不友"翻译为，"伯夷是一个清高的人，不是他认可的君主，就不会去侍奉；不是他理想的朋友就不去结交"。

例3："百姓如丧考妣，三年。"（《孟子·万章上》）

理雅各、赖发洛、亨顿和刘殿爵等都把"百姓"译为"The people（普通民众）"。他们忽视了词语含义的历史演变性。徐复观

---

① （清）焦循：《孟子正义》卷三，中华书局1987年版，第85—86页。

曾对"百姓"一词的含义演变做过如下探讨。《尚书·尧典》:"平章百姓。"《传》曰:"百姓,百官也。"《诗·小雅·天保》:"群黎百姓,遍为尔德。"《传》曰:"百官族姓。"此为"百姓"一词之本义。古代之官,来自各氏族、诸侯,故称为百姓。及春秋中叶以降,始称人民为百姓。① 可见,"百姓"在古代指百官,直到春秋中后期才开始称人民。阎若璩在《四书释地又续》中指出:"《四书》中百姓凡二十五见,惟'百姓如丧考妣三年'指百官,盖有爵士者为天子服斩衰三年,礼也。"② 阎若璩根据礼的规定,断定此处的"百姓"指百官。笔者认为,下文的舜"帅天下诸侯以为尧三年丧"(《孟子·万章上》)也可以反证,"百姓如丧考妣,三年"指"诸侯百官就好像死了父母一样,服丧三年"。

总之,语义的不确定性是中国古代典籍的一大特点。译者要避免陷入机械翻译的误区,就要具备历史演变的观念,详细了解词义的演变历史。在对词语的各类意义有一个全面认识的基础上,从所译对象的整体理论框架和文化背景下确定语句的确切含义。

二 轻视训诂,错解词义

译者要准确地译介古代典籍,传播中国传统文化,还必须重视训诂资料和训诂方法在翻译中的作用。广泛收集、优化选择与所译典籍相关的训诂资料,是准确翻译的前提。熟练利用训诂方法解读这些资料是准确翻译的关键。根据王彦坤对训诂方法的归纳,本文强调的训诂方法主要指"凭借相关文献材料探求词义的方法,包括故训觅义、异文知义、集例见义三个小类"。③ 我们可以从下面几个例子审视因训诂资料缺乏、训诂方法缺失而造成的误译。

例1:"《礼》曰:'父召,无诺。'"(《孟子·公孙丑下》)

---

① 徐复观:《两汉思想史·第一卷》,华东师范大学出版社2001年版,第188页。
② (清)焦循:《孟子正义》卷十八,中华书局1987年版,第636页。
③ 王彦坤:《试谈训诂方法的发展》,《语文研究》2006年第4期。

赖发洛将"无诺"翻译为"do not answer（不要答应）"。这是不重视训诂资料，误译原文的一个典型案例。中国自古就是一个尊老、重礼的国家，《礼》是古代记载典礼仪节的书，不可能规定当父亲召唤的时候不要答应这一无礼的行为。查阅《礼记·曲礼》可以发现，"父召无诺，先生召无诺，唯而起"。东汉郑玄注曰："应辞'唯'恭于'诺'。"① 可见，应答之词"诺"有怠慢之意，"唯"比"诺"更显恭敬。因而"《礼》曰：'父召，无诺'"应理解为：根据《礼》的规定，当父亲召唤的时候，应毫不怠慢，"唯"一声就起身，不说"诺"。

例2："曾西蹙然曰：'吾先子之所畏也。'"（《孟子·公孙丑上》）

理雅各的《孟子》译本将"先子"翻译为"grandfather（祖父）"，赖发洛翻译为"late master（已故的老师）"。理雅各的译文显然受东汉赵岐和南宋朱熹的影响，认为"吾先子"指"我的祖父"。但此说很早便遭到人们质疑。宋代王应麟在《困学纪闻》卷八中指出："曾西，《注》以为曾子之孙，《集注》因之。《经典序录》：曾申，字子西，曾参之子。子夏以《诗》传曾申，左丘明作《传》以授曾申。楚斗宜申、公子申，皆字子西，则曾西之为曾申无疑。"② 显然，他认为曾西为曾子之子。根据任俊华和赵清文的研究，明代陈耀文的《经典稽疑》、胡爌的《拾遗录》、清代阎若璩的《古文尚书疏证》与《四书释地》、陆陇其的《四书讲义困勉录》、毛奇龄的《四书剩言》、朱彝尊的《经义考》与《孔子门人考》等著作均赞同此说。③ 今人杨伯峻也指出："这里的'先子'指其父亲

---

① （汉）郑玄注，（唐）孔颖达等正义：《礼记正义》卷第二《曲礼上》，（清）阮元校刻《十三经注疏》本，中华书局1980年版，第1240页。

② （宋）王应麟：《困学纪闻》卷八《孟子》，商务印书馆1935年版，中册，第704页。

③ 任俊华、赵清文：《大学·中庸·孟子正宗》，华夏出版社2008年版，第114页。

曾参（孔子弟子，与子路为同学，但年辈晚于子路）。"① 可见，"先子"是古代对"亡父"的称呼这一说法有更多的训诂资料作支撑，更为学者所接受。由于对经学研究的新成果，尤其是清代考据学家的新发现不甚关注，理雅各将"先子"误译为"祖父"，而赖发洛的错误在于不重视训诂资料，凭自己的感觉进行似是而非的翻译。

例3："王者之迹熄而《诗》亡。"（《孟子·离娄下》）

理雅各将"迹"翻译为"trace（痕迹，踪迹）"。他在注解中指出："周朝王权衰落开始于公元前769年，即周平王将国都从镐京迁往洛邑。从那以后，周王的权力有名无实。"② 显然，理雅各受朱熹的影响，将"迹"理解为"平王东迁，而政教号令不及于天下也"。③ 从文意看，孟子认为"王者之迹熄"和"《诗》亡"有密切联系，是导致"《诗》亡"的原因。"平王东迁"和"《诗》亡"并无密切关联，因而理译本的翻译有牵强附会之嫌。程树德在《说文稽古篇》中指出：《说文》："𨒪，古之遒人，以木铎记诗言。"按朱骏声云："《孟子》'王者之迹熄而《诗》亡'，迹即𨒪之误。"此论甚确。考《左传》引《夏书》曰："遒人以木铎徇于路"。杜注："遒人，行人之官也。木铎，木舌金铃。徇于路，求歌谣之言。"④ 可见，将'迹'理解为'𨒪'之误，既有丰富的训诂材料作支撑，又能体现古代圣王派使者去民间采集民谣，了解民情的传统。

据费乐仁教授统计，理雅各在五卷本的《中国经典》里列出的参考书目达250种，中文183种（包括《皇清经解》《十三经注疏》等皇皇巨著），字典工具书17种，英文译著22种，法文13种，拉

---

① 杨伯峻：《孟子译注》，中华书局1960年版，第59页。
② James Legge, *The Works of Mencius*, New York: Dover Pub., Inc, 1970, p. 327.
③ （南宋）朱熹：《四书章句集注·孟子集注》卷八，中华书局1983年版，第295页。
④ （清）程树德：《说文稽古篇》，商务印书馆1957年版，第30页。

丁文 7 种，俄文 1 种。① 这一统计表明理雅各也非常重视训诂资料的收集和占有。他的缺陷在于不熟悉中国传统训诂方法，不能对存在歧义的训诂资料进行判断和取舍。可见，在典籍外译中，将训诂资料和训诂方法结合起来使用，才能最大限度地避免对原文字词含义的误解。尤其是外国译者，他们的古汉语基础知识不牢，文化敏感度不高，容易忽视、甚至错解原文信息，更应主动借鉴和运用中国传统的训诂资料和训诂方法。

第三节　脱离原始文献，忽视句读分歧

古文在书写时没有现在流行的标点符号，读书人为了阅读的方便和正确传达文意，会在文章中自行加注记号，这必然会形成不同的句读。句读的分歧会影响译者对词义、句意，甚至是篇章之意的解读。但译者在翻译时，往往会以所谓的权威注释本或今译本为蓝本，忽略对原始文献的解读，不能发现隐藏在原始文献中的句读分歧。现以《孟子》中几处句读分歧为例，来论证阅读原始文献、重视句读分歧在典籍外译中的必要性。

一　《孟子》"冯妇"章的断句与义理诠释

之所以把"冯妇"章单独列出来，是因为本章的句读分歧历来备受学术界关注，仅断句方法就多达三种。对于本章所体现的义理，学者们更是仁者见仁，莫衷一是。《孟子·尽心下》"冯妇"章云："晋人有冯妇者善搏虎卒为善士则之野有众逐虎。"

当前广为流行的断句是"晋人有冯妇者，善搏虎，卒为善士。则之野，有众逐虎"。但宋人刘昌诗的《芦蒲笔记》和周密的《志

---

① Lauren, Pfister, "James Legge's Metrical Book of Poetry", *Bulletin of the School of Oriental and African Studies*, Vol. 60, No. 1 (1997), p. 65.

雅堂杂抄》提出应将"善"和"士"分开，以"卒为善，士则之"断句。刘昌诗指出："余味此段之言，恐合以'卒为善'为一句，'士则之'为一句，'野有众逐虎'为一句。盖有搏虎之勇而卒能为善，故士以为则；及其不知止，则士以为笑也。"① 周密进一步强调："一本以'善'字'之'字断句，前云'士则之'，后云'其为士者笑之'文义相属，与章旨亦合。"②

但秦桦林、凌瑜认为这两种读句"似均未妥"，应断为："卒为善士则。之野，有众逐虎。"他们从语法上指出："'则'当为动词，位于'卒为善士则'这一被动句中。"③ 汪长林赞成这一断句，认为传统的两种断句不仅从语法意义上看难以立足，而且在理解上也会造成孟子思想上的一种自我否定。他指出，冯妇的助人逐虎不仅是生存意义上的同类相助的本能要求，更是人的社会本性及其社会道德规范上的必然要求。反之，则是对人之所以为人的基本原则的丧失。因而，冯妇的行为在孟子看来无疑地当属"由仁义行"（《孟子·离娄下》）之列。④

笔者认为，应根据义理和前后语境判断哪种断句更符合原文之意。首先，必须清楚，孟子引出冯妇的故事，是为了说明他不会再去劝说齐王，否则，就会和冯妇一样。显然，他对冯妇的处世行为持否定态度。不管对冯妇条所包含的句子如何断句，义理如何阐发，都不能偏离这一基调。因而应当首先排除"卒为善士则。之野，有众逐虎"的读法。

本书所选取的理雅各、赖发洛、刘殿爵、亨顿以及赵甄陶等的《孟子》英译本皆持第一种断句方法，认为"善士"应连读，"则"

---

① （清）焦循：《孟子正义》卷二十八，中华书局1987年版，第988页。
② （清）焦循：《孟子正义》卷二十八，中华书局1987年版，第988页。
③ 秦桦林、凌瑜：《〈孟子·尽心下〉一则句读献疑》，《古汉语研究》2005年第2期，第31页。
④ 汪长林：《〈孟子〉"冯妇"章句读之再商榷》，《安庆师范学院学报》2002年第4期，第63页。

字连下。例如：

理译本：There was a man of that name in Tsin, famous for his skill in seizing tigers. Afterwards he became a scholar of reputation, and going once out to the wild country, he found the people all in pursuit of a tiger。

赖译本：Feng Fu was a man of Chin. He was a good tiger hunter, and became at last a good knight. He came one day to the wilds, where a crowd was chasing a tiger。

刘译本：There was a man in Chin by the name of Feng Fu. He was an expert at seizing tigers with his bare hands, but in the end he became a good Gentleman. It happened that he went to the outskirts of the city, and there was a crowd pursuing a tiger。

亨译本：Feng Fu was a man in Chin who was good at seizing tigers, but eventually became a good official. Many years later he went out into the country and found a crowd of people chasing a tiger。[1]

赵译本：He was very good at seizing tigers bare-handed. But finally he became a kind-hearted intellectual and would not kill living creatures any longer. Once he went to the country and saw a crowd hunting a tiger。[2]

虽然五个译本在遣词造句上存在差异，但体现了相同的义理，即孟子认为"善搏虎"的冯妇并非善士，而是好逞勇斗狠的残暴之人。虽然后来能弃恶从善，不再打虎，成为善士，但他好人前逞勇，不能坚守善道，最终落下了被士人耻笑的结局。

宋人刘昌诗和周密的"卒为善，士则之"的断句虽未受到学者们的普遍认同，但是从行文上看，这一读法使"士则之"和"为士者笑之"前后呼应，可以进一步增强说理的效果。从义理上看，这

---

[1] David Hinton, *Mencius*, Washington, D. C.：Counterpoint, 1998, p. 264.
[2] 赵甄陶等英译，杨伯峻今译：《孟子》，湖南人民出版社 1999 年版，第 327 页。

一断句既能准确再现篇章宗旨，又符合孟子的思想体系。"卒为善，士则之"表明，孟子并不认可冯妇"善搏虎"的行为，认为他不再打虎是件好事。孟子否认"善搏虎"，是因为他认为冯妇搏虎时，虽然很勇敢，但仅仅是好小勇的表现，不值得提倡和效仿。孟子曾将"勇"划分为"大勇"和"小勇"，宣扬以"安天下之民"为己任、拯救人民于水深火热之中的大勇，反对逞一人之威、恃强凌弱的小勇（详见《孟子·梁惠王下》）。而且，孟子曾经指出，当时社会上普遍认为，"好勇斗很，以危父母"（《孟子·离娄上》）是不孝的行为。冯妇在搏虎时虽不会"危父母"，但极有可能会"危其身"。这不仅违背了《孝经》所倡导的"身体发肤，受之父母，不敢毁伤"的原则，还极有可能使父母得不到应有的赡养，遭遇白发人送黑发人的惨剧。因此，当冯妇不再搏虎时，孟子认为是"卒为善"，是舍弃小勇，是好事。但冯妇不能认清形势，在遇到负隅顽抗、垂死挣扎、众人"莫之敢撄"的猛虎时，不知止，仅仅为了在人前出风头、赢得众人的赞许，便舍弃正道，"攘臂下车"，最终被士人讥笑。孟子举冯妇的例子旨在说明，人如果不能认清形势，进退合宜，就会贻笑大方。孟子以前劝说齐王打开棠地的仓库赈济百姓是因为对齐王抱有厚望，希望他能施行仁政，成为统一天下的真正王者，但后来发现齐王并非可以践行仁政的大有为之君，因而不会为了人们的赞许和优厚的物质条件，降低、甚至放弃自己的仁政思想继续留在齐国。

可见，对同一文本的不同断句有时会产生完全相反的义理表达。如果译者不注重阅读原始文献，仅以当前比较流行的《孟子》白话本或所谓的权威译本作为翻译底本，就难以发现典籍中存在的句读分歧，也无法做出正确的判断取舍，更不可能产生超越前人的译本。

二 断句分歧与篇章宗旨的表达

《孟子》中的些许断句分歧会直接影响读者对篇章宗旨，甚至是孟子思想的整体把握。

例1

对"充类至义之尽也"(《孟子·万章下》)有两种断句。一种认为是"充类至,义之尽也"。理雅各的译文是"pushing a point of resemblance to the utmost, and insisting on the most refined idea of righteousness",即"把类同之处推广到极致,并坚持对义作最完美的定义"。显然,他的译文就以这种句读为底本。赵岐和焦循也支持这样断句。赵岐注曰:"充,满。至,甚也。满其类大过至者,但义尽耳,未为盗也。诸侯本当税民之类者,今大尽耳,亦不可比于御。"① 焦循进一步解释说:"充类,谓已盈满其法式。乃与法式之外又多取之,则是充类而又大甚,是为充类至。充类至,则是为义之尽。义者,宜也。尽亦至也。诸侯本当税民之类者,当字解义字。取税于民,本为义类,但与所当取之法式为太甚,故为义之尽。赵氏以大释尽,明尽与至其义一也。"② 赵岐和焦循在解释"充类至义之尽也"时,把它和前文的"今之诸侯取之于民也,犹御也"联系起来,指出诸侯向百姓征税来维持国家的运转本来是适宜的行为,但赋税负担远远超过了百姓的承受能力,使征税成为不仁不义的行为。这一理解符合孟子的政治观。孟子在治理国家上一向主张"法先王",认为最符合中国国情的税收制度是尧舜时期奉行的十分之一税率。如果超过了这一税率就会给百姓带来巨大负担,是陷百姓于水深火热之中的夏桀暴政。赵岐和焦循的断句和理解可以呼应孟子的这一思想,但不符合本章的篇章宗旨。结合上下文可以看出,孟子反对万章的论断——"今之诸侯取之于民也,犹御也",并试图举例说明它的荒谬性。但"充类至,义之尽也"则表明孟子对万章的观点部分认可,即虽然"今之诸侯取之于民"的行为不能算强盗行为,但仍是不仁不义的。

另一种断句是"充类,至义之尽也"。如朱熹认为:"乃推其

---

① (清)焦循:《孟子正义》卷二十一,中华书局1987年版,第701页。
② (清)焦循:《孟子正义》卷二十一,中华书局1987年版,第702页。

类，至于义之至精至密之处而极言之耳。"① 杨伯峻支持这一看法，认为"'充类'即'充其类'（6.10），'至义'犹言'极其义'，其以'充类至'为一读者，误"。② 他把这句话理解为"这只是提高到原则性高度的话"。③ 根据他的断句，孟子认为，把取不是自己所有的东西称为强盗行为的论断是"充类"，是把类所具有的属性扩而充之，至于极而后已。这种"充类"的荒谬性显而易见，正如何应灿所说："孟子有两次直接提到'充类'问题。其一，孟子说：'夫谓非有而取之者盗也，充类至义之尽也。'（《万章下》）这是说，凡不是自己所有的而去取得它，这种行为就叫做强盗行为，这就是充类，即举相似而推广到全类。这种'充类'的荒谬性是显而易见的。照这样的逻辑，岂不是连婴儿吸吮母亲乳汁也成了强盗行为吗？其二，在和匡章辩论陈仲子是不是廉洁问题时，孟子说：陈仲子'以兄之禄为不义之禄而不食也，以兄之室为不义之室而不居也，避兄离母，处于於陵。'（《滕文公下》）这种行为并不能算廉洁，假若这也算廉洁的话，'充其类'，蚯蚓在地面上只吃干土，在地下便喝泉水，它无求于人，那才算真正的廉洁呢！"④ 显然，孟子认为"充类，至义之尽也"极其荒谬。而"今之诸侯取之于民也，犹御也""将比今之诸侯而诛之乎"和"夫谓非有而取之者盗也"都是充类，都是君子批判的处世态度。相比较而言，杨伯峻和朱熹的断句更符合篇章宗旨和孟子的说理逻辑。刘殿爵的译文以"充类，至义之尽也"断句，将之译为"pushing moral principles to the extreme（把道德原则推到了极限）"。他的翻译更符合篇章宗旨和原文之意。

例2

对"惟曰其助上帝宠之四方有罪无罪惟我在"（《孟子·梁惠王

---

① （南宋）朱熹：《四书章句集注·孟子集注》卷十，中华书局1983年版，第320页。

② 杨伯峻：《孟子译注》，中华书局1960年版，第242页。

③ 杨伯峻：《孟子译注》，中华书局1960年版，第241页。

④ 温公颐主编：《中国逻辑史教程》，上海人民出版社1988年版，第134页。

下》)有两种断句:一种以朱熹为代表,将之读为:"惟曰其助上帝,宠之四方。有罪无罪惟我在。"他认为:"宠之四方,宠异之于四方也。有罪者我得而诛之,无罪者我得而安之。"①理雅各将之译为,"with the purpose that they should be assisting to God, and therefore distinguished them throughout the four quarters of the land",赖发洛的译文是"merely that they might help the Lord Above and be honoured in the four region"。显然二人都支持这一断句,将之理解为"目的是让他们(君主和老师)作上帝的助手,从而在四方之地获得殊荣"。

第二种读法是"惟曰其助上帝宠之。四方有罪无罪惟我在"。杨伯峻支持这一断句,并将之解释为:"这些君主和师父的唯一责任,是帮助上帝来爱护人民。因此,四方之大,有罪者和无罪者都由我负责。"②刘殿爵支持这一读法,将之译为"That he might assist God in loving them. In the four quarters, neither the innocent nor the guilty escape my eyes",即"他(君师)可以协助上帝爱护人民。四方之大,有罪无罪都由我来断定"。

实际上,这两种不同的断句所强调的重点和表达的义理不同。根据第一种断句,在"宠之四方"中,"之"指的是"君"和"师",即"使君和师在四方之内获得尊崇"。而尊崇君、师是为了达到"有罪无罪惟我在,天下曷敢有越厥志"的目的。第二种断句认为"之"指人民,即"使人民得到宠爱"。这一断句更能突显孟子的民本思想。"天生民而树之君,以利之也。……命在养民。"(《左传·文公十三年》)天帝设立君主和师父的目的是利民、养民,因而统治者的唯一责任应是帮助上帝爱护人民。孟子认为"民为贵,社稷次之,君为轻"(《孟子·尽心下》),一再强调君主应施行仁政,保民而王。在治理国家上,民本思想贯穿在孟子政治理念的始

---

①(南宋)朱熹:《四书章句集注·孟子集注》卷二,中华书局1983年版,第216页。

②杨伯峻:《孟子译注》,中华书局1960年版,第32页。

终。如果仅从孟子的整个思想体系看，似乎第二种断句和理雅各的译文更能呼应孟子的民本思想。但结合上下文，孟子引用《诗经》和《书经》是为了规劝齐宣王好大勇，因为匹夫之勇仅能敌一人，而像文王、武王那样的大勇则能安天下之民。从文意看，本章是为了说明君王好大勇的重要性，因而刘殿爵的译文更符合孟子说理的需要，更能增强原文的逻辑性。

例3

对"山径之蹊间介然用之而成路"（《孟子·尽心下》）的断句概括起来大体有四种：第一种断句是赵岐的"山径之蹊间介然，用之而成路"。[①] 任俊华和赵清文支持这一读法，并主张将"介然"理解为"间隔、隔绝"，将本句翻译为"山坡上的小路与世隔绝，人如果经常走它就会变成大路"。[②]

毛毓松以第一种断句为基础，提出了第二种读法："山径之蹊间介，然用之而成路。"[③] 他指出："'间介'应是一个词……这个词由两个同义词组合而成，其词义当训为阻塞、隔绝。……从句法关系上看，'山径之蹊间介'自为一句，'用之而成路'亦自为一句，前后语意相反，故用'然'字连接。"[④]

虽然前两种断句对"然"字的归属不同，但都强调"山径之蹊"具备"与世隔绝"的特征。如此断句和理解，和下文的"今茅塞子之心矣"的逻辑关联不明显。

第三种断句是朱熹的"山径之蹊间，介然用之而成路"。他认

[①] （清）焦循：《孟子正义》卷二十，中华书局1987年版，第982页。
[②] 任俊华、赵清文：《大学·中庸·孟子正宗》，华夏出版社2008年版，第350页。
[③] 毛毓松：《〈孟子〉文中的一个句读问题》，《齐鲁学刊》1985年第2期，第52页。
[④] 毛毓松：《〈孟子〉文中的一个句读问题》，《齐鲁学刊》1985年第2期，第52页。

为:"介然,倏然之顷也。"① 他的断句旨在突出由"蹊"到"路"的转变非常快。理雅各的译文是"There are the footpaths along the hills; —if suddenly they be used, they become roads"。显然,他的翻译受朱熹的影响,强调养心,即"用"的急迫性。如果突然有人走,山间的小路可以很快变成路,同理,虽然只有很短的时间不养心,心也会被"茅塞之"。

第四种断句是杨伯峻的"山径之蹊,间介然用之而成路"。他指出:"《荀子·修身篇》云:'善在身,介然必以自好也。'此'间介然'当于荀子之'介然'同义,都是意志专一而不旁骛之貌。"因而他将这句话翻译为"山坡的小路只一点点宽,经常去走它便变成了一条路"。② 大中华文库版《孟子》英译本以杨伯峻的《孟子》今译本为底本,将之译为"The trail on the mountain slope is very narrow, and constant passage will make it a road"。这一断句更强调持之以恒养心的重要性。

可见,标点不同会导致对词义理解的差异,进而影响译者对篇章宗旨的把握。后两种断句虽强调的侧重点不同,但都能体现原文的宗旨。笔者更倾向于杨伯峻的断句和大中华文库版《孟子》的译文。下文的"今茅塞子之心矣"表明孟子举"山径之蹊"的目的是强调坚持不懈地修养心性的重要性。"山径之蹊"和"心"的相似之处在于,山间小路非常狭窄,如果没有人经常走动,就会被野草覆盖,而心所具备的仁、义、礼、智四端的萌芽也非常弱小,容易被外物所蒙蔽。"其日夜之所息,平旦之气,其好恶与人相近也者几希,则其旦昼之所为,有梏亡之矣。梏之反覆,则其夜气不足以存;夜气不足以存,则其违禽兽不远矣。""'操则存,舍则亡;出入无时,莫知其乡。'惟心之谓与?"(《孟子·告子上》)因而,必须重

---

① (南宋)朱熹:《四书章句集注·孟子集注》卷十四,中华书局1983年版,第368页。

② 杨伯峻:《孟子译注》,中华书局1960年版,第331页。

视不间断地扩充和发展人的本心。

三 断句分歧与感情色彩的传递

《孟子》中的一些断句分歧虽不会影响读者对篇章宗旨的整体感知,但在传达的感情色彩上存在较大差异。

对"百官族人可谓曰知"(《孟子·滕文公上》)有两种断句:一是杨伯峻的"百官族人可,谓曰知",即"官吏们同族们都很赞成,认为知礼"。① 刘殿爵将之译为"The officials and his kinsmen approved of his actions and thought him well-versed in the rites"。大中华文库版《孟子》译为"All his officials and kinsmen approved of it, saying that he knew what he should do"显然,这两个译本都认可这一断句。

第二种断句方法是陈器之的"百官族人,可谓曰知"。他主张应把"可"理解为"肯",即"大小官吏和同族的人,才肯说为知礼"。② 赖发洛在翻译时,显然是以这种方法断句,将之译为"His clansmen and the hundred officers could all say, He knows"。

在杨伯峻的断句中,"可"和"谓曰知"重复使用,突出了百官族人对滕文公的态度是"认可,赞成",认为他的行为符合礼仪。陈器之的断句表明,臣下仅仅肯承认滕文公"五月居庐,未有命戒"的行为知礼,但是否认可他的为人则不得而知。

从义理上看,这两种断句都能体现孟子对君主在道德教化中作用的强调。儒家向来重视统治者的感召力,早在孔子时就提出了"政者,正也。子帅以正,孰敢不正"(《论语·颜渊》)。孟子继承了孔子的认识,强调"上有好者,下必有甚焉者矣"(《孟子·滕文公上》)。"君仁,莫不仁;君义,莫不义;君正,莫不正。一正君而国定矣。"(《孟子·离娄上》)显然,孟子认为统治者要充分发挥榜样的作用,以身作则,才会上行下效,实现教化百姓、安定国

---

① 杨伯峻:《孟子译注》,中华书局1960年版,第115页。
② 陈器之:《孟子通译》,湖南大学出版社1989年版,第160页。

家的目的。两种断句的区别仅仅局限在句法和传递的感情色彩上。杨伯峻的断句所体现的百官族人对滕文公态度的转变较快,而陈器之的断句则表明,人们对滕文公态度的转变是渐进式的。

对"何哉君所为轻身以先于匹夫者以为贤乎"(《孟子·梁惠王下》)有两种断句:第一种是把"君所为轻身以先于匹夫者"与"何哉"连读,即"何哉,君所为轻身以先于匹夫者?以为贤乎?"这种读法受到杨伯峻等多数国内学者的支持。杨伯峻认为:"'君所为轻身以先于匹夫者'为主语,后置,'何'以疑问词作谓语,先置。古代疑问句和感叹句多用此种句型。"① 第二种以"君所为轻身以先于匹夫者"为"以为贤乎?"的主语,如陈器之的"何哉?君所为轻身以先于匹夫者,以为贤乎?"②

理雅各的译文同第一种断句,他翻译为"君主您为什么要降低身份,先去拜访一个普通人啊?我猜您认为他是一个德才兼备的人吧?"根据理雅各的译文,臧仓只是询问国君首先去会见孟子的原因,未等国君回答,紧接着又提出了自己的推测。而赖发洛和刘殿爵的译文同第二种断句。赖发洛翻译为"什么!君主,您降低身份首先去拜访一个普通人,难道是因为他很杰出么?"刘殿爵译为"我非常吃惊!难道您是因为他德才兼备,所以降低身份,首先去会见这样一个普通人么?"在赖发洛和刘殿爵的译文中,"何哉?"不是用来表疑问,而是用来表示说话者的惊异之情。根据他们的译文,臧仓的惊讶来自两个方面。首先,他对鲁平公去见孟子感到非常吃惊。当时的等级森严,礼仪繁杂,一般都是臣下去拜见君主,或接受君主召见,而君主首先去会见臣下的例子实属罕见。其次,他联系当时在各诸侯国君中盛行的礼贤之风,大胆推测鲁平公有可能是因为孟子的贤德才主动去会见他。虽然这两种断句都能传达出原文的意思,但是笔者认为,与理雅各的译文相比,赖发洛和刘殿爵的

---

① 杨伯峻:《孟子译注》,中华书局1960年版,第54页。
② 陈器之:《孟子通译》,湖南大学出版社1989年版,第77页。

译文将臧仓对孟子的轻视、诋毁之情体现的更淋漓尽致。

可见，对原文的不同读法会直接影响译者对词义、句意甚至篇章之意的把握。为了能够再现译本原貌，译者在翻译时参考已有的注释资料和当代学者的最新研究成果是必需的，但要认识到，这些资料往往带有研究者自身的价值取向，有时可能会偏离典籍的原貌。原始文献最能体现文本的本来面目，是最可信赖的第一手材料。译者应注重对原始文献的解读，根据上下文语境考证哪种读法更符合原文之意和篇章宗旨。

结　　语

至此，我们已经对理雅各、赖发洛和刘殿爵的《孟子》英译本在编排体例和译文内容两个方面进行了系统的比较研究，并以此为基础，总结了译本的特色，探究了造成译本多样化的原因，并找出了当前典籍英译中存在的误区。从中可以得出如下两方面的结论。

第一，译者的历史性决定了译本的多样化是客观存在、不可避免的。翻译活动是由人完成的，而人们往往是在他们生活的时代背景和原有的知识框架下安排译本内容，理解译文思想，这必然会给译本打上译者的烙印。正如英国学者西奥·赫尔曼所说，"一种考虑周到的理论就能够而且应该推断所有的译本中都存在有译者的声音，无论这种声音多么模糊或者被淹没"。①

译者的声音首先体现在对译本框架结构的安排上。译本要由哪几部分构成，每一部分包含什么内容都是译者精心考虑、仔细斟酌的结果。虽然理雅各、赖发洛和刘殿爵的《孟子》英译本都具备严肃的学术作品的基本特征，包含"目录""学术绪论""英译正文""页下注释"和"书后索引"五大部分，但他们突出强调的重点各不相同。为了帮助即将来华的传教士尽快了解中国传统，熟悉儒家文化，理雅各利用长达123页的学术绪论对孟子和《孟子》进行了全方位、系统化的介绍，力求把与孟子相关的所有内容全部囊括其

---

① ［英］西奥·赫尔曼：《翻译的再现》，谢天振主编《翻译的理论建构与文化透视》，上海外语教育出版社2000年版，第6页。

中。赖发洛的《孟子》英译本面向的是那些不能直接来华、对中国知之甚少的普通读者,他们阅读《孟子》英译本也仅仅是为了满足好奇心,不可能耐心地去逐页阅读译本正文。为了方便他们选择自己感兴趣的章节阅读,赖发洛制定了多达 8 页的目录,并为《孟子》一书中的 261 章全部拟定了题目。刘殿爵的《孟子》英译本不仅包含完备的书后索引,还有五个学术性较强的附录,涵盖了译者对《孟子》的最新研究成果,对那些想要深入研究孟子思想和辩论艺术的学者非常有用。

译者的声音集中体现在学术绪论中。翻译不等于创作,译者不能随意改变原著思想和作者意图,因而他们通常在学术绪论中表达对译介对象的认识和态度。例如,理雅各在学术绪论中就对孟子的"吾闻用夏变夷者,未闻变于夷者也"和"吾闻出于幽谷迁于乔木者,未闻下乔木而入于幽谷者"的思想进行了批判,认为"这一思想被中国的统治者和百姓所珍爱,造就了他们目空一切,自诩为天朝上国,视其他国家为蛮夷之邦,不愿意放弃他们优越于外国人的观念"。①

尽管非常弱小,译者的声音在译本正文中也有所体现。"儒家经典之所以能够穿越时空历万古而常新,主要原因乃是因为历代均有继起之解读者与它们展开对话。"② 由于受自身历史性的制约,不同时代、不同身份的译者在与《孟子》对话时,通常会从译介对象中发掘出一些新的思想,或者对文本的内容提出独到的理解。古训云:"学术乃天下公器,人皆不可得而私之。"明代王阳明在《传习录》中也强调:"夫道,天下之公道也;学,天下之公学也,非朱子可得而私也,非孔子可得而私也。天下之公也,公言之而已矣。故言之而是,虽异于己,乃益于己也;言之而非,虽同于己,适损于己也。"③ 虽然

---

① James Legge, *The Works of Mencius*, New York: Dover Pub., Inc, 1970, p. 76.
② 黄俊杰:《中国经典诠释传统 1 通论篇》,华东师范大学出版社 2008 年版,第 272 页。
③ (明)王守仁著,吴光等编校:《王阳明全集》卷二《传习录中·答罗整庵少宰书》,上海古籍出版社 1992 年版,第 78 页。

译者对《孟子》中的一些字词含义和所蕴含的义理存在不同的见解，但只要能言之有理，持之有据，都可以丰富我们对《孟子》思想的认识，并可以起到相得益彰、互为补益、启发来者的作用。但是也应认识到，"解释者的'历史性'是一把两刃之剑，它既可以有效地开发潜藏在经典中的、未经明言的（tacit）的意涵，但却也可能过度解释经典的内容"。①

概而论之，对《孟子》文本的解读需要百花齐放，对孟子思想的理解亦需百家争鸣，《孟子》英译本的"貌相"也应该"多姿多彩"。

第二，"原样理解"永远是跨文化研究孜孜以求的目标。承认译本的多样化并不意味着支持译者可以随意发挥、甚至歪曲原文之意。译本不管如何多变，必须以原文本作为蓝本和依据，力求再现原文本的思想文化内涵。但"原样理解"的难处，也不容小觑。六朝时期的鸠摩罗什曾感叹道："但改梵为秦，失其藻蔚，虽得大意，殊隔文体。有似嚼饭与人，非徒失味，乃令呕哕也。"② 鸠摩罗什的感叹使我们不得不正视当前典籍外译中存在的问题：其一，忽视中西文化的巨大差异，利用西方概念和经典教义简单反向格义中国传统文化。其二，忽视语义的不确定性，错误传达原文之意。其三，脱离原始文献，轻视句读分歧。

朱熹谈到的读书方法为我们走出典籍外译的误区，追求"原样理解"指明了方向。朱子云："大抵读书先且虚心考其文词指意所归，然后可以要其义理之所在。近见学者多是先立己见，不问经文向背之势，而横以义理加之。其说虽不悖理，然非经文本意也。"③

---

① 黄俊杰编：《中国经典诠释传统1：通论篇》，华东师范大学出版社2008年版，第266页。

② （梁）释慧皎撰，汤用彤校注：《高僧传》卷二，中华书局1992年版，第53页。

③ （南宋）朱熹：《朱熹集》卷六十四《答或人书》，四川教育出版社1996年版，第6册，第3387页。

因而在翻译《孟子》等中国古代典籍时，应注意以下几点：

首先，译者应避免望文生义，通过正确的方法"考其文词指意所归"。虽然词语的意义具有暂时稳定性，但从人类社会发展的漫长历史看，词义的演进又是一个动态发展的过程。如果译者仅关注词语的表面的、字典上的意义，而忽视其引申的、内含的意义，就无法传达原文的深层含义。这就需要译者尽可能全面地收集与所译对象相关的训诂资料，并擅长运用中国传统的训诂方法，解决因时间久远、地域差异给人们阅读古代文献带来的文字障碍。

其次，译者要在原文作者的思想体系和时代背景下探求"其义理之所在"。文本记载的是作者的心路历程，只有了解作者才能通晓文本大义。正如奎因在讨论"翻译不确定性"时所指出的，"个别语句本身不具有确定的意义，它必须从属于一个理论整体"。[1] 这个理论整体就是作者的一贯思想。以《孟子》为例，译者在翻译时，应具备整体观念和全局意识，将语句放在孟子的整个思想体系及生活的时代背景下去考究。

再次，译者应认识到反向格义的弊端，避免"不问经文向背之势，而横以义理加之"。虽然反向格义现今已成为中国哲学研究的主流方法，但它在典籍外译中的运用，容易导致西化、非中国化传统哲学，给中国古代典籍增添它本身不具备的形而上学的东西，因而译者应尽可能避免使用西方现成的概念和理论简单比附中国传统思想。

最后，译者要重视对原始文献的阅读，警惕因忽视句读分歧和迷信注释者的权威而造成的误译。在儒家思想发展的过程中，不同朝代的学者从不同角度对儒家经典进行了不同侧重的解释。译者在翻译时，必须参阅已有的注释资料，但要认识到，这些注解往往会掺杂着学者们自身的价值取向，有时会偏离儒家思想的本来面貌。

---

[1] 李河：《巴别塔的重建与解构：解释学视野中的翻译问题》，云南大学出版社2005年版，第83页。

如果脱离原始文献，以所谓的权威的注释本为蓝本，必然会造成对原文内容的偏离。可见，原始文献才是最可信赖的第一手材料。只有通过阅读原始文献，译者才可能发现典籍中存在的句读分歧，通过详尽考证找出符合原文之意的理解。

参考文献

一　中文文献

（一）古籍资料

班固撰，（唐）颜师古注：《汉书》，中华书局1999年版。

程树德：《说文稽古篇》，商务印书馆1930年版。

戴震：《孟子字义疏证》，中华书局1961年版。

董诰等编：《全唐文》，中华书局1983年版。

董仲舒：《董子文集》，中华书局1985年版。

段玉裁：《经韵楼集》，上海古籍出版社2007年版。

辜鸿铭：《辜鸿铭文集》，黄兴涛等译，海南出版社1996年版。

郭璞注，扬雄记：《方言》，中华书局1985年版。

韩婴撰，许维遹校释：《韩诗外传集释》，中华书局1980年版。

韩愈：《韩昌黎全集》，中国书店1991年版。

胡广等纂修：《四书大全》，山东友谊出版社1989年版。

纪昀总纂：《四库全书总目提要》，河北人民出版社2000年版。

贾谊：《贾谊集》，上海人民出版社1976年版。

焦循：《孟子正义》，中华书局1987年版。

康有为：《孟子微》，中华书局1987年版。

孔颖达疏：《十三经注疏·毛诗正义》，中华书局1980年版。

李焘：《续资治通鉴长编》，中华书局2004年版。

梁启超：《先秦政治思想史》，中华书局1986年版。

刘宝楠：《论语正义》，中华书局1990年版。

卢文弨：《钟山札记》，中华书局1985年版。

陆德明：《经典释文》，上海古籍出版社1985年版。

陆佃：《陶山集》，中华书局1985年版。

陆贾：《陆子》，中华书局1985年版。

陆九渊著，钟哲点校：《陆九渊集》，中华书局1980年版。

吕不韦：《吕氏春秋》，上海古籍出版社1989年版。

马端临：《文献通考》，中华书局1986年版。

欧阳修：《欧阳修全集》，中华书局2001年版。

欧阳修、宋祁：《新唐书》，中华书局1975年版。

皮日休：《皮子文薮》卷九，中华书局1959年版。

皮锡瑞：《经学通论》，中华书局1954年版。

钱大昕：《十驾斋养新录》，江苏古籍出版社2000年版。

阮元校刻：《十三经注疏》，中华书局1980年版。

商鞅：《商君书》，上海古籍出版社1989年版。

释慧皎撰，汤用彤校注：《高僧传》，中华书局1992年版。

司马光：《司马温公文集》，中华书局1985年版。

司马迁：《史记》，中华书局1982年版。

孙诒让：《十三经清人注疏·周礼正义》，中华书局1987年版。

王充：《论衡》，中华书局1985年版。

王国维：《静庵文集》，辽宁教育出版社1997年版。

王守仁著，吴光等编校：《王阳明全集》，上海古籍出版社1992年版。

王韬：《弢园文录外编》，中华书局1959年版。

王先慎：《韩非子集解》，中华书局1998年版。

王引之：《经传释词》，中华书局1956年版。

王引之：《经义述闻》，江苏古籍出版社1985年版。

王应麟：《困学纪闻》，商务印书馆1935年版。

萧统编，李善注：《文选》，中华书局1977年版。

许慎撰，段玉裁注：《说文解字注》，上海古籍出版社1988年版。

俞樾等著：《古书疑义举例五种》，中华书局1956年版。

赵翼：《陔余丛考》，中华书局1963年版。

郑玄注：《仪礼》，中华书局1985年版。

朱熹：《四书章句集注》，中华书局1983年版。

朱熹：《朱子语录》，中华书局1994年版。

朱彝尊：《经义考》，中华书局1998年版。

　　（二）现当代学者专著

包惠南：《文化语境与语言翻译》，中国对外翻译出版公司，2001年版。

《采掇英华》编辑委员会编：《采掇英华：刘殿爵教授论著中译集》，香港中文大学出版社2004年版。

蔡仁厚：《孔孟荀哲学》，台湾学生书局，1984年版。

蔡希勤：《孟子说》，华语教学出版社2006年版。

查昌国：《孟子与〈孟子〉》，山东文艺出版社2004年版。

陈福康：《中国译学理论史稿》，上海外语教育出版社2000年版。

陈其泰：《史学与中国文化传统》，学苑出版社1999年版。

陈器之：《孟子通译》，湖南大学出版社1989年版。

陈生玺主编：《张居正讲评〈孟子〉》，上海辞书出版社2007年版。

陈霞飞主编：《中国海关密档　赫德、金登干函电汇编（1874—1907）》，《中国海关密档》第7卷，中华书局1995年版。

邓球柏：《孟子通说》，湖南人民出版社2008年版。

丁四新：《郭店楚墓竹简思想研究》，东方出版社2000年版。

董洪利：《古籍的阐释》，辽宁教育出版社1993年版。

方梦之：《翻译新论与实践》，青岛出版社1999年版。

冯契：《中国古代哲学的逻辑发展》，上海人民出版社1983年版。

冯友兰：《中国哲学史》，中华书局1961年版。

傅佩荣：《傅佩荣解读孟子》，线装书局2006年版。

富金壁、牟维珍：《王力〈古代汉语〉注释汇考》，黑龙江人民出版社2004年版。

高令印、高秀华：《辜鸿铭与中西文化》，福建人民出版社2008年版。

葛兆光：《中国思想史》，复旦大学出版社2001年版。

郭建中编：《文化与翻译》，中国对外翻译出版公司2000年版。

郭绍虞主编：《中国历代文论选》，上海古籍出版社2001年版。

郭沂：《郭店竹简与先秦学术思想》，上海教育出版社2001年版。

韩喜凯：《名家评说孔子辨析》，齐鲁书社2008年版。

何晓明、周春健注说：《孟子》，河南大学出版社2008年版。

胡适：《中国哲学史大纲》，河北教育出版社2001年版。

黄俊杰编：《中国经典诠释传统1：通论篇》，华东师范大学出版社2008年版。

黄俊杰：《中国孟学诠释史论》，社会科学文献出版社2004年版。

季羡林：《禅与文化》，中国言实出版社2006年版。

荆门市博物馆编：《郭店楚墓竹简》，文物出版社1998年版。

李河：《巴别塔的重建与解构：解释学视野中的翻译问题》，云南大学出版社2005年版。

李零：《郭店楚简校读记》，北京大学出版社2002年版。

李明辉主编：《孟子思想的哲学探讨》，台北："中央研究院"中国文哲研究所筹备处，1995年版。

李平：《东海与西海——比较视野中的文本解读与文化思考》，上海文艺出版社2006年版。

李天虹：《郭店竹简〈性自命出〉研究》，湖北教育出版社2003年版。

李鍌等：《孟子高级解读》，海峡文艺出版社2009年版。

李玉良、罗公利：《儒家思想在西方的翻译与传播》，中国社会科学出版社2009年版。

李泽厚：《中国古代思想史论》，人民出版社1986年版。

梁涛：《郭店竹简与思孟学派》，中国人民大学出版社2008年版。

廖名春：《新出楚简试论》，台湾古籍出版有限公司，2001年版。

刘鄂培：《孟子大传》，清华大学出版社1998年版。

刘锦贤：《修身——孟子的生命哲学》，海南出版社2008年版。

刘靖之主编：《翻译论集》，生活·读书·新知三联书店1981年版。

刘利：《先秦汉语助动词研究》，北京师范大学出版社2000年版。

刘梦溪：《传统的误读》，河北教育出版社1996年版。

刘宓庆：《当代翻译理论》，中国对外翻译出版公司，1999年版。

刘笑敢：《诠释与定向：中国哲学研究方法之探究》，商务印书馆2009年版。

刘重德主编：《英汉语比较与翻译》，上海外语教育出版社2006年版。

马祖毅、任荣珍：《汉籍外译史》，湖北教育出版社2003年版。

蒙培元：《蒙培元讲孟子》，北京大学出版社2006年版。

孟祥才、胡新生：《齐鲁思想文化史：从地域文化到主流文化》，山东大学出版社2002年版。

牟宗三：《心体与性体》，上海古籍出版社1999年版。

潘德荣：《文字·诠释·传统：中国诠释传统的现代转化》，上海译文出版社2003年版。

潘文国主编：《翻译与对比研究2002年汉英对比与翻译国际研讨会论文集》，上海外语教育出版社2002年版。

任继愈主编：《中国哲学发展史》，人民出版社1983年版。

任俊华、赵清文：《大学·中庸·孟子正宗》，华夏出版社2008年版。

宋兴无：《当代西方文化概论》，吉林大学出版社2007年版。

宋志明等：《中国古代哲学研究》，中国人民大学出版社1998年版。

唐君毅：《中国哲学原论·原道篇》，中国社会科学出版社2005年版。

唐君毅：《中国哲学原论·原性篇》，中国社会科学出版社2005年版。

汪榕培：《比较与翻译》，上海外语教学出版社1997年版。

王庆节：《解释学、海德格尔与儒道今释》，中国人民大学出版社2004年版。

王兴业编：《孟子研究论文集》，山东大学出版社1984年版。

温公颐主编：《中国逻辑史教程》，上海人民出版社1988年版。

文松：《近代中国海关洋员概略——以五任总税务司为主》，中国海关出版社2006年版。

吴锡标主编：《儒学研究》，杭州出版社2006年版。

武汉大学中国文化研究院编：《郭店楚简国际学术研讨会论文集》，湖北人民出版社2000年版。

谢天振主编：《翻译的理论建构与文化透视》，上海外语教育出版社2000年版。

徐梵澄：《陆王学述》，上海远东出版社1994年版。

徐复观：《两汉思想史》，华东师范大学出版社2001年版。

徐复观：《中国人性论史》，华东师范大学出版社2005年版。

徐来：《英译〈庄子〉研究》，复旦大学出版社2008年版。

许钧：《翻译论》，湖北教育出版社2003年版。

严正：《五经哲学及其文化学的阐释》，齐鲁书社2001年版。

杨伯峻：《孟子译注》，中华书局1960年版。

杨国荣：《孟子的哲学思想》，华东师范大学出版社2009年版。

杨树达：《词诠》，中华书局1978年版。

杨泽波：《孟子评传》，南京大学出版社1998年版。

杨泽波：《孟子性善论研究》，中国社会科学出版社1995年版。

杨泽波：《孟子与中国文化》，贵州人民出版社2000年版。

岳峰：《架设东西方的桥梁：英国汉学家理雅各研究》，福建人民出版社2004年版。

曾振宇、齐金江：《中华伦理范畴——孝》，中国社会科学出版社2006年版。

詹庆华：《全球化视野：中国海关洋员与中西文化传播（1854—1950年）》，中国海关出版社2008年版。

张岱年：《中国古典哲学概念范畴要论》，中国社会科学出版社 1989 年版。

张岱年：《中国哲学大纲》，江苏教育出版社 2005 年版。

张岱年：《中国哲学发微》，山西人民出版社 1981 年版。

张岱年主编：《中国唯物论史》，河南人民出版社 1994 年版。

张立文等编：《中外儒学比较研究》，东方出版社 1998 年版。

张岂之主编：《中国儒学思想史》，陕西人民出版社 1990 年版。

张世英：《天人之际——中西哲学的困惑与选择》，人民出版社 1995 年版。

章启群：《意义的本体论：哲学诠释学》，上海译文出版社 2002 年版。

赵甄陶等英译，杨伯峻今译：《孟子》（汉英对照），湖南人民出版社 1999 年版。

周光庆：《中国古典解释学导论》，中华书局 2002 年版。

周建漳：《历史及其理解和解释》，社会科学文献出版社 2005 年版。

周予同：《周予同经学史论著选集》，上海人民出版社 1983 年版。

周志培：《汉英对比与翻译中的转换》，华东理工大学出版社 2003 年版。

邹昌林：《中国礼文化》，社会科学文献出版社 2000 年版。

［美］陈荣捷：《宋明理学之概念与历史》，中研院文哲所筹备处，2004 年版。

［美］成中英：《合外内之道——儒家哲学论》，中国社会科学出版社 2001 年版。

［美］杜维明主编：《思想·文献·历史 思孟学派新探》，北京大学出版社 2008 年版。

［美］邵东方：《文献考释与历史探研》，广西师范大学出版社 2005 年版。

［美］余纪元：《德性之镜：孔子与亚里士多德的伦理学》，中国人民大学出版社 2009 年版。

（三）译著

［美］安乐哲、罗思文：《〈论语〉的哲学诠释：比较哲学的视域》，余瑾译，中国社会科学出版社2003年版。

［美］安乐哲：《自我的圆成：中西互镜下的古典儒学与道家》，彭国翔编译，河北人民出版社2006年版。

［美］狄百瑞：《儒家的困境》，黄水婴译，北京大学出版社2009年版。

［美］杜维明：《人性与自我修养》，胡军、于民雄译，中国和平出版社1988年版。

［美］郝大维、安乐哲：《孔子哲学思维》，蒋戈为、李志林译，江苏人民出版社1996年版。

［美］郝大维、安乐哲：《通过孔子而思》，何金俐译，北京大学出版社2005年版。

［德］汉斯格奥尔格·伽达默尔：《哲学解释学》，夏镇平、宋建平译，上海译文出版社2004年版。

［英］麦高温：《中国人生活的明与暗》，朱涛、倪静译，时事出版社1998年版。

［美］江文思、安乐哲编：《孟子心性之学》，梁溪译，社会科学文献出版社2005年版。

［美］倪德卫：《儒家之道：中国哲学之探讨》，周炽成译，江苏人民出版社2006年版。

［美］尤金·A. 奈达：《语言文化与翻译》，严久生译，内蒙古大学出版社1998年版。

（四）文章

安延明：《西方文化中的"Sincerity"与儒学中的"诚"》，《世界哲学》2005年第3期。

边立红：《"君子"英译现象的文化透视》，《外语学刊》2006年第4期。

陈海燕：《〈孟子译注〉一处订误》，《宿州教育学院学报》2004年第 2 期。

陈可培、刘红新：《理雅各研究综述》，《上海翻译》2008 年第 2 期。

陈琳琳：《理雅各英译〈孟子〉研究》，硕士学位论文，福建师范大学，2006 年。

陈琳琳：《析论理雅各对〈孟子〉中些许成语典故的翻译》，《江西科技师范学院学报》2005 年第 3 期。

楚至大：《难能可贵与美中不足——评理雅各两段〈孟子〉的译文》，《中国翻译》1995 年第 6 期。

崔永禄：《试论中国经典文献外译的几个原则性问题》，《外语与外语教学》2007 年第 10 期。

段怀清：《理雅各〈中国经典〉翻译缘起及体例考略》，《浙江大学学报》2005 年第 3 期。

樊培绪：《理雅各、辜鸿铭英译儒经的不及与过》，《中国科技翻译》1999 年第 3 期。

范仲英：《谈谈中国姓名的英译问题》，《中国翻译》1990 年第 5 期。

郭尚兴：《论中国传统文化在跨文化翻译中的几个问题》，《河南大学学报》2001 年第 3 期。

郭振香：《多种诠释视域下的"乃若其情"》，《学术月刊》2009 年第 3 期。

何立芳：《理雅各英译中国经典目的与策略研究》，《中国研究》2008 年第 8 期。

何中华：《孟子"万物皆备于我"章臆解》，《孔子研究》2003 年第 5 期。

洪涛：《孟子辩辞的英译》，《聊城大学学报》2003 年第 3 期。

洪涛：《孟子英译所涉及的字义问题与文化问题》，《聊城大学学报》2002 年第 1 期。

胡瑞琴：《西方传教士对"四书五经"的翻译》，《世纪桥》2007 年第 12 期。

胡卫青：《中西人性论的冲突：近代来华传教士与孟子性善论》，

《复旦学报》2000 年第 3 期。

胡卫清：《近代来华传教士与孟子性善论》，《复旦学报》2000 年第 3 期。

胡治洪、丁四新：《辨异观同论中西——安乐哲教授访谈录》，《中国哲学史》2006 年第 4 期。

黄俊杰：《先秦儒家身体观中的两个功能性概念》，《文史哲》2009 年第 4 期。

黄玉顺：《孟子正义论新解》，《人文杂志》2009 年第 5 期。

季红琴：《〈孟子〉称谓翻译中人际功能的丢失与非等值重构》，《吉首大学学报》2009 年第 2 期。

蒋洪新：《赵甄陶英译诗词述评》，《外语与外语教学》2003 年第 12 期。

李葆华：《〈孟子〉阅读札记》，《清华大学学报》2006 年第 6 期。

李海霞：《〈论〉〈孟〉〈老〉〈庄〉伦理道德词语研究》，《重庆教育学院学报》2009 年第 2 期。

李明滨：《近代以来外国对中国文化典籍的翻译与研究》（上篇），《华侨大学学报》1998 年第 4 期。

李明滨：《近代以来外国对中国文化典籍的翻译与研究（下篇），《华侨大学学报》1999 年第 1 期。

李晓偲、樊勇：《17—18 世纪的儒学西传及其对欧洲哲学的影响》，《昆明理工大学学报》2008 年第 10 期。

李占平：《〈孟子〉词语札记》，《西安联合大学学报》2003 年第 1 期。

林溢婧、林金良：《〈孟子〉中"正""长""贤""轻""良"的形容词用法》，《泉州师范学院学报》2009 年第 3 期。

刘春琬：《〈孟子〉成语解读》，《河北师范大学学报》2002 年第 1 期。

刘红新：《特别翻译的背后——离散经历对辜鸿铭典籍英译的影响》，《齐齐哈尔大学学报》2008 年第 1 期。

刘笑敢：《反向格义与中国哲学方法论反思》，《哲学研究》2006 年第 4 期。

刘玉平：《孔子与中国古典文学的文化性格》，《孔子研究》1992 年第 2 期。

刘泽亮：《万物皆备于我"考辨》，《湖北大学学报》1992 年第 2 期。

鲁芳：《儒家"诚"范畴的发展》，《湖南师范大学社会科学学报》2007 年第 6 期。

马向辉：《不可通约性视阈下的王国维译论——〈书辜氏汤生英译中庸后〉一文的现代阐释》，《求索》2008 年第 2 期。

马有、敏春芳：《孟子解读献疑》，《甘肃社会科学》2007 年第 2 期。

毛毓松：《〈孟子〉文中的一个句读问题》，《齐鲁学刊》1985 年第 2 期。

蒙培元：《〈性自命出〉的思想特征及其与思孟学派的关系》，《甘肃社会科学》2008 年第 2 期。

黔容：《也谈孟柯"万物皆备于我"的命题》，《文史哲》1984 年第 6 期。

乔长路：《关于孟轲哲学思想的几个问题》，《哲学研究》1981 年第 12 期。

秦桦林、凌瑜：《〈孟子·尽心下〉一则句读献疑》，《古汉语研究》2005 年第 2 期。

任伟：《大中华文库版〈孟子〉文本外注释研究》，《重庆科技学院学报》2008 年第 7 期。

任伟：《试论中国译者在汉籍英译中的角色——以〈孟子〉为例》，硕士学位论文，四川大学，2005 年。

宋新：《理雅各——从传教士到传播中国文化的使者》，《国际关系学院学报》1997 年第 2 期。

汪长林：《〈孟子〉"冯妇"章句读之再商榷》，《安庆师范学院学报》2002 年第 4 期。

王东波：《理雅各与中国经典的译介》，《齐鲁学刊》2008 年第 2 期。

王东波:《〈论语〉英译比较研究——以理雅各译本与辜鸿铭译本为案例》,博士学位论文,山东大学,2008年。

王辉:《理雅各英译儒经的特色与得失》,《深圳大学学报》2003年第4期。

王辉:《理雅各与〈中国经典〉》,《中国翻译》2003年第2期。

王佳娣:《明末清初汉籍西译及中学西传》,《湖南工程学院学报》2006年第2期。

王其俊:《论孟子的社会变迁观》,《中国哲学史》1994年第6期。

王鑫磊:《先秦典籍中"小人"一词词义变化及原因》,《河北学刊》2007年第1期。

王彦坤:《试谈训诂方法的发展》,《语文研究》2006年第4期。

王勇:《20年来的〈论语〉英译研究》,《求索》2006年第5期。

吴志刚:《准确理解原作是典籍英译的关键——理雅各英译〈孟子〉指瑕》,《重庆科技学院学报》2009年第5期。

肖宇:《从训诂学角度看中国典籍英译》,硕士学位论文,西南大学,2009年。

杨建祥:《孟子"熟仁"之考辨》,《孔子研究》2009年第6期。

杨平:《〈论语〉的英译研究——总结与评价》,《东方丛刊》2008年第2期。

杨平:《评西方传教士〈论语〉翻译的基督教化倾向》,《人文杂志》2008年第2期。

杨泽波:《孟子气论难点辨疑》,《中国哲学史》2001年第1期。

尹洁:《〈孟子〉"比化者"献疑》,《兰州学刊》2009年第S1期。

余敏:《从理雅各英译〈孟子〉看散文风格的传译》,硕士学位论文,华中师范大学2001年。

岳峰:《关于理雅各英译中国古经的研究综述——兼论跨学科研究翻译的必要性》,《集美大学学报》2004年第2期。

岳峰:《架设东西方的桥梁——英国汉学家理雅各研究》,博士学位论文,福建师范大学2003年。

岳峰：《理雅各宗教思想中的中西融合倾向》，《世界宗教研究》2004 年第 4 期。

曾振宇：《儒家孝论的发生及其变异》，《文史哲》2002 年第 6 期。

张春亮：《理雅各翻译的〈论语〉》，《天津外国语学院学报》2001 年第 2 期。

张季平：《孟轲"万物皆备于我"辨析》，《文史哲》1984 年第 3 期。

张景贤：《论中国古代上帝观之特点》，《历史教学》1992 年第 2 期。

张静：《理雅各〈孟子〉翻译研究》，硕士学位论文，山东大学，2008 年。

张觉：《〈孟子〉存在句式变换研究》，《古汉语研究》2002 年第 4 期。

张觉：《"执热"新解》，《九江师专学报》2001 年第 4 期。

张小波：《关于理雅各和辜鸿铭〈论语〉翻译的对比研究》，《株洲工学院学报》2000 年第 4 期。

张小波、李方秀：《语篇、语境与中国古典哲学概念的英译》，《湛江海洋大学学报》2006 年第 2 期。

张小波：《强势语下的无奈——辜鸿铭古籍英译的归化》，《湛江海洋大学学报》2004 年第 5 期。

张映先、张小波：《虚实有度 译笔菁华——读汪榕培〈庄子〉英译》，《湖南师范大学社会科学学报》2003 年第 5 期。

赵文源：《文化词语的翻译——比较〈孟子〉的两个英译本》，硕士学位论文，中国海洋大学，2005 年。

周淑萍：《宋代孟子升格运动与宋代儒学转型》，《史学月刊》2007 年第 8 期。

庄荣贞：《杨伯峻〈孟子〉译注指瑕》，《长春师范学院学报》2001 年第 3 期。

二 英文文献

Alan K. L. Chan, *Mencius: Contexts and Interpretations*, Honolulu: University of Hawai'i Press, 2002.

Arthur Waley, "Notes on Mencius", *Asia Major*, new series, No. 1, 1949.

Arthur Waley, *Three Ways of Thought in Ancient China*, London: G. Allen & Unwin Ltd, 1939.

Carsun Chang, "The Significance of Mencius", *Philosophy East and West*, Vol. 8, No. 1/2, 1958.

Chai, Ch'u, and Winberg Chai, *The Sacred Book of Confucius, and Other Confucian Classics*, New York: University Books, 1965.

Chun-chieh Huang, Gregor Paul, and Heiner Roetz, *The Book of Mencius and Its Reception in China and Beyond*, Wiesbaden: Harrassowitz, 2008.

David Hinton, *Mencius*, Washington, D. C. : Counterpoint, 1998.

David S. Nivison, "On Translating Mencius", *Philosophy East and West*, Vol. 30, No. 1, 1980.

D. C. Lau, *Mencius*, London: Penguin Books, 1970.

Donald B Wagner, *A Mencius Reader*, Copenhagen: NIAS, 2004.

D. R. Jonker, "Review: Mencius by D. C. Lau", *T'oung Pao*, Second Series, Vol. 59, Livr. 1/5, 1973.

Earle J. Coleman, "Review: Mencius by D. C. Lau", *Philosophy East and West*, Vol. 22, No. 1, 1972.

E. Edwards, "Review: Mencius by L. A. Lyall", *Bulletin of the School of Oriental Studies*, Vol. 7, No. 1, 1933.

E. H. S, "Review: The Four Books: Confucian Analects, the Great Learning, the Doctrine of the Mean, and the Works of Mencius by James Legge", *Journal of the American Oriental Society*, Vol. 86, No. 2, 1966.

Giles Lionel, *The Book of Mencius*, Westport, Conn. : Greenwood Pr. , Pub. , 1942.

Homer H. Dubs, "Review: Mencius by Leonard E. Lyall", *The Journal of Philosophy*, Vol. 30, No. 26, 1933.

Irene Bloom, "Mencius Arguments on Human Nature", *Philosophy East and West*, Vol. 44, No. 1, 1994.

James Behuniak Jr, *Mencius on Becoming Human*, Albany: State University of New York Press, 2005.

James Legge, *The Chinese Classics with a Translation, Critical and Exegetical Notes, Prolegomena, and Copious Indexes* Vol. I, Taipei: SMC publishing Inc., 2001.

James Legge, *The Works of Mencius*, New York: Dover Pub., Inc, 1970.

J. J. L. Duyvendak, "Review: Mencius by Leonard A. Lyall", *The Journal of Philosophy*, Vol. 32, No. 13, 1935.

Kwong-loi Shun, "Mencius on Jen-hsing", *Philosophy East and West*, Vol. 47, No. 1, 1997.

Lauren Pfister, "James Legge's Metrical Book of Poetry", *Bulletin of the School of Oriental and African Studies*, Vol. 60, No. 1, 1997.

Legge, Helen E, *James Legge: Missionary and Scholar*, London: The Religious Tract Society, 1905.

Leonard A Lyall, *Mencius*, London: Longmans, Green and Co, 1932.

Leonard A Lyall, *The Sayings of Confucius: A New Translation of the Greater Part of the Confucius Analects*, London: John Murray, 1907.

Lien-sheng Yang, "Review: Mencius: A New Translation Arranged and Annotated for The General Reader by W. A. C. H. Dobson", *Harvard Journal of Asiatic Studies*, Vol. 25, 1964.

Newmark, Peter, *Approaches to Translation*, Shang-hai: Shanghai Foreign Language Education Press, 2001.

Ning Chen, "The Concept of Fate in Mencius", *Philosophy East and West*, Vol. 47, No. 4, 1997.

Norman J. Girardot, *The Victorian Translation of China: James Legge's*

Oriental Pilgrim Age, Berkeley: University of California Press, USA, 2002.

Peter A. Boodberg, "The Semasiology of Some Primary Confucian Concepts", *Philosophy East and West*, Vol. 2, No. 4, 1953.

Ted Slingerland, "The Conception of Ming in Early Confucian Thought", *Philosophy East and West*, Vol. 46, No. 4, 1996.

W. A. C. H. Dobson, *Mencius: A New Translation Arranged and Annotated for the General Reader*, Toronto: University of Toronto Press, 1963.

Ware, James R., *The Sayings of Mencius*, New York: The New American Library of World Literature, 1960.